크립토 디톡스

현명한 알트코인 투자 지침서

저자 크립토 노마드

KB201927

크립토 디톡스

현명한 알트코인 투자 지침서

저자 크립토 노마드

목 차

1부
왜 '크립토 디톡스'가 필요한가

1. 투기 열풍과 중독적 양상

2. 마켓 메이커들과 시장 구조

3. 디톡스의 의미와 필요성

2부
잘못된 기대와 감정에서 벗어나기

3부
디톡스를 위한 투자 원칙

4부
위험 자산 시장 이해와 대응 전략

5부

크립토 디톡스를 위한 실전 가이드

6부
현명한 알트코인 투자 지침

7부
지속 가능한 투자자로 거듭나기

프롤로그

___

2025년 1월, 트럼프 미국 대통령 당선인은 취임식을 앞두고 직접 자신의 밈코인을 발행했습니다. 미국 대통령이 직접 밈코인을 발행했다는 사실만으로도 충격적인 일이었는데, 출시 직후 단기간에 1만% 이상 폭등하며 시장을 뒤흔들었습니다. 암호화폐 시장에 유입된 자금이 빠르게 트럼프 밈코인으로 몰려들면서 전 세계적인 관심이 집중되었고, 결국 미국 대통령이 주인공이 된 전례 없는 암호화폐 투기판이 펼쳐졌습니다.

트럼프 밈코인이 단기간에 폭발적인 상승세를 보이며, 암호화폐 시장의 투기적 심리를 극도로 자극했습니다. 단기간에 수십 배 이상의 수익을 기대한 투자자들이 몰려들었고, 이에 따라 시장에서는 통제 불가능한 급등장이 펼쳐졌습니다. 그러나 곧바로 가파른 조정이 찾아오면서 많은 개인투자자들이 큰 손실을 입거나 극심한 심리적 스트레스를 겪게 되었습니다. 여기에 더해, 일부 투자자들은 이러한 폭등 사례를 보며 다시금 '다음 기회를 잡아야 한다'는 강한 갈망을 키우기도 했습니다. 이는 빠른 시간 안에 큰돈을 벌고 싶다는 욕망이 얼마나 강하게 작용하는지를 보여주는 현상이기도 합니다.

사실 암호화폐 시장이 폭발적인 관심을 받기 시작한 것은 불과 몇 년 되지 않았습니다. 하지만 그 짧은 기간 동안, 한탕주의 심리와 투기적 열풍이 전 세계 투자자들을 휩쓸었습니다. 주식이나 부동산 등 기존의 위험 자산 시장에서는 보기 힘든 극단적인 변동성, 24시간 쉬지 않고 돌아가는 시장, 그리고 언제든 단기간에 큰돈을 벌 수 있다는 환상이 사람들을 강하게 끌어당겼습니다.

SNS와 커뮤니티에서는 '이번에 코인을 잘 골라 대박을 냈다'는 수익 인증 글을 쉽게 접할 수 있습니다. 하지만 며칠 뒤에는 해당 코인이 90% 폭락했다는 소식이 함께 들려오기도 합니다. 밤낮없이 시세를 확인하느라 잠을 설치고, 아침에 일어나면 계좌 잔고가 반토막 나 있는 상황도 흔합니다. 이러한 시장에서는 단순한 투자를 넘어 중독에 가까운 심리적 함정이 도사리고 있습니다. 실제로 몇 년 전까지만 해도 크립토 시장은 투자보다는 도박에 가까운 무언가로 인식되곤 했습니다. '너 아직도 코인 하냐?' 같은 표현 역시 이 시장 자체를 도박과 유사한 성격으로 바라보는 대표적인 사례라고 볼 수 있습니다.

코인 시장, 크립토 마켓에서 도박적이거나 투기적인 요소를 줄이고, 보다 안정적이고 건강한 방식으로 투자할 수는 없을까? 이러한 고민에서 탄생한 개념이 바로 '크립토 디톡스(Crypto Detox)'입니다. 말 그대로 도박적이고 중독적인 관점에서 벗어나자는 의미를 담고 있습니다. 하지만 크립토 디톡스가 코인 투자를 그만두자는 뜻은 아닙니다. 핵심은 중독적인 투자 행태에서 벗어나 보다 건강한 방식으로 투자하는 것입니다. 사실, 많은 투자자들이 암호화폐를 단순한 투자 수단으로만 바라보며, 그것이 혁신 산업의 일부라는 점을 간과하곤 합니다. 따라서 투자자로서 올바른 관점과 태도를 갖춘다면, 단순한 투자 수익을 넘어 블록체인 혁신 산업에도 기여할 수 있을 것입니다.

이 책에서는 암호화폐 시장에서 '투자'와 '투기'의 차이점을 구분하는 기준을 살펴보고, 중독적 심리가 어떻게 형성되는지, 그리고 이를 어떻게 극복할 수 있는지를 다양한 관점에서 접근합니다. 단순히 투자 대가들의 조언이나 기법을 나열하는 것이 아니라, 심리학과 행동경제학, 암호화폐 시장 구조 분석을 통해코인 시장에서의 도박적 행태를 어떻게 제어하고, 보다 합리적인 투자로 이어갈 수 있을지를 실천 가이드의 관점에서 다룰 것입니다.

단순히 '지금 사라, 지금 팔아라'식의 단기 매매 팁이 아니라, 장기적인 관점에서 무엇을 보고 배우며 시장에 참여해야 할지를 고민하는 것이 핵심입니다.
이 과정에서 금리나 유동성과 같은 거시경제의 흐름, 그리고 암호화폐와의 연관성도 중요한 요소로 포함됩니다. 나아가, NFT와 디파이 혁신 등 새로운 패러다임이 투자에 미치는 영향까지 깊이 고민해볼 수 있다면 더욱 의미 있는 접근이 될 것입니다.

한탕주의가 만연한 상황에서 '누군가는 큰돈을 벌었다더라'는 성공담이 끊임없이 들려오지만, 정작 대규모 손실을 본 사례들은 쉽게 가려집니다. 이는 SNS와 미디어가 극적인 이야기만 강조하고, 실패나 사기는 금방 묻혀버리는 구조와도 맞물려 있습니다. 이 책을 통해 투자자들이 보다 넓은 시야를 가지도록 돕고, 표면적인 성공담 뒤에 숨겨진 함정을 경계할 수 있도록 하면서도, 암호화폐 시장이 가져올 미래적 가능성을 균형 잡힌 시각에서 바라볼 수 있도록 하고자 합니다.

- 왜 코인 시장에서 중독 현상이 심각하게 나타날까?
- 단기 시세 등락에 휘둘리지 않고 장기적 안목을 가지려면 어떻게 해야 할까?
- 정신적·재정적 건강을 함께 지키는 투자자는 어떤 원칙을 지킬까?
- 블록체인 암호화폐 기술이 가져다줄 미래 혁신의 방향은 무엇일까?

이 질문들에 대한 답을 찾아가는 과정이 바로 크립토 디톡스의 핵심입니다.

'언젠가 나도 대박을 낼 수 있다'는 막연한 기대나 환상이 아니라, 계획적이고 지속 가능한 투자 철학을 구축해 나가는 길입니다. 그리고 그 길에서 우리는 심리적 안정, 장기적인 성공 투자, 나아가 더 큰 삶의 가치까지도 추구할 수 있다고 생각합니다.

이 책에서는 투기 열풍의 실체와 중독 메커니즘, 계정·자산 관리, 시장 변동성 대응법, 규제 이슈와 보안 사고, 장기 투자 습관과 학습 방법, 그리고 투자를 넘어 더 큰 가치를 발견하는 여정까지, 크립토 디톡스의 전반적인 과정을 단계적으로 안내할 것입니다. 이 책이 혼란스러운 코인 시장에서 방향을 찾지 못했던 독자 여러분께 명확한 가이드가 되어주고, 건강한 투자 마인드를 정립하는 출발점이 되길 진심으로 바랍니다.

이제, 코인 시장의 거센 파도 속에서도 중심을 잡고, 투자자로서 내면적 성장까지 도모할 수 있는 '디톡스' 여정을 시작해 보겠습니다.

1부

왜 '크립토 디톡스'가
필요한가

1

투기 열풍과
중독적 양상

주식 시장이나 암호화폐 시장 같은 위험 자산 시장에서 흔히 접할 수 있는 표현 중의 하나는 '초심자의 행운'입니다. 처음 시장에 준비없이 들어와 투자를 단행했는데, 말 그대로 운빨을 통해 2~3배 수준의 큰 수익을 얻게 되는 상황을 의미합니다. 초심자의 행운이 무서운 것은 적잖은 사람들이 이걸 행운이라고 생각하지 않고 자신의 재능이라고 착각하기 때문입니다.

예를 들어 보겠습니다. 암호화폐 시장에 첫발을 디딘 초심자 A씨는 100만 원을 투자했다가 200만 원의 수익을 얻었습니다. 운 좋게 급등 종목에 올라타서 단기 수익을 올릴 수 있었던 것입니다. 주변에서는 '처음이니까 운이 좋았다'라고 말했지만, A씨는 이걸 자신의 투자 재능으로 확신했습니다. '나는 감이 좋은 것 같아'라는 착각이 시작된 순간부터 A씨는 더 과감하게 투자에 달려들게 됐습니다. 제대로 리서치를 하지 않은 채 처음 들어보는 알트코인에 손을 대기 시작하고, 선물 시장을 기웃거리면서 과감하게 레버리지를 쓰기 시작합니다. 초심자의 행운으로 얻은 성공을 반복할 수 있으리라고 믿으면서, 점점 투자금 규모를 불려나가게 되고, 급기야 대출을 통해 투자금을 최고조 수준으로 극대화시킵니다. 하지만 시장 상황이 급격하게 바뀌고 있는데도 리스크 관리는 뒷전이었고, 무리한 베팅을 멈출 줄 몰랐습니다. 결국 이런 무지성 대응은 대규모 손실로 이어질 가능성이 무척 높고, 이런 우려가 현실화되면 극심한 스트레스가 따라오기 마련입니다.

이처럼 초심자의 행운은 운과 실력을 구분하지 못하게 만들고, 크립토 디톡스가 요구하는 철저한 준비 없이, 막연하게 시장에 뛰어들도록 유혹하는 대표적 함정입니다.

'크립토 디톡스'라는 개념은, 단순히 코인 시장에서 손을 떼거나 규제를 강화해야 한다는 뜻이 아닙니다. 오히려 과열된 투기 열풍과 중독적 양상을 인식하고, 좀 더 건강하고 지속 가능한 방식으로 암호화폐 투자에 접근하자는 제안이라고 할 수 있습니다. 이번 장에서는 한탕주의 심리와 급등 급락에 빠지게 되는 이유, 그리고 다른 위험 자산보다 암호화폐가 더 중독적인 이유를 살펴보면서 왜 우리에게 크립토 디톡스가 필요한지 짚어보도록 하겠습니다.

'한탕주의' 심리와
급등·급락에 빠지는 5가지 이유

크립토 디톡스가 필요한 이유를 이해하기 위해서는 왜 우리가 암호화폐 시장에서 쉽게 도박적, 중독적 심리에 빠지는지, 왜 한탕주의라는 깊고도 빠져나오기 어려운 덫에 빠지기 쉬운지를 이해할 필요가 있습니다. 한탕주의 심리에 빠지기 쉬운 데는 여러 가지 복합적인 요인이 있습니다. 특히 급변하는 시장 상황, 검증되지 않은 수많은 정보들이 쏟아지는 SNS 미디어 환경, 여기에 암호화폐 시장의 특수성이 교차하면서 투자자들의 심리는 극단적 수준의 자극을 경험하게 됩니다.

1. '한탕주의'에 대한 욕망과 심리적 배경

사람들은 빠르고 쉬운 부의 축적을 꿈꾸고, 무언가 한 번에 인생을 바꿀 수 있는 기회를 잡고 싶어 합니다. 특히 SNS나 유튜브 등에서 '단기간에 몇 배를 벌었다'는 극단적 성공담이 확산될수록, 불특정 다수는 '나도 저렇게 될 수 있지 않을까'라는 막연한 기대를 품게 됩니다. 현실적으로는 일시적인 특수 상황이나 과장된 마케팅일 가능성이 높은데도 불구하고, 한탕주의에 대한 욕망은 이러한 자극에 더 쉽게 반응하기 마련입니다. 그렇다 보니 벼락 거지가 될 수 있는 가능성은 저 멀리 던져두고, 벼락 부자가 될 수 있을지 모른다는 막연한 희망 내지는 망상을 가지고 시장에 접근하게 되는 것입니다.

이와 더불어, 저금리와 경기 침체 같은 거시적 환경이 사람들의 불안을 더 키우면서, 단기간에 부를 이루지 않으면 도태될 것 같다는 불안감을 조성하기도 합니다. 취업은 어렵고 월급은 제자리 걸음인 상황에서 한 번에 인생이 뒤바뀌었다는 성공 사례는 강렬한 유혹으로 작용합니다. 이때 암호화폐 시장은 마치 '누구나 빠른 시일 내에 큰 돈을 벌 수 있다'는 이미지로 각인되기 쉽고, 무리한 투자가 늘어나는 악순환을 야기합니다.

한탕주의에 대한 욕망은 단순히 금전적 욕심에 국한되지 않고, 주위 사람들에게 인정받고 싶다는 마음으로 이어지기도 합니다. 나도 한번 시도해서 대박을 내보겠다는 의식이 커질수록, 위험을 충분히 고려하지 않은 채 감정적으로 투자 결정을 내릴 가능성이 커집니다. 때때로 이런 감정이 극대화되면 될수록 허황된 벼락 부자의 꿈은 비참한 벼락 거지의 현실로 이어지기도 합니다.

2. 급등·급락의 메커니즘과 투자자 심리

암호화폐 시장에서 자주 볼 수 있는 급등 급락 현상은 투자자들의 두려움(Fear)과 욕망(Greed)을 극단적으로 자극합니다. 일단 가격이 오르기 시작하면 '지금 올라타지 않으면 영영 기회를 놓칠 것 같다'는 FOMO(Fear Of Missing Out)가 작동해 더 많은 매수세가 유입되고, 가격을 더욱 끌어올리는 결과로 이어집니다. 이렇게 일정 시점까지 가격이 치솟으면, 뒤늦게 진입한 투자자들은 '더 늦으면 기회를 놓치겠다'는 불안감에 더욱 초조해지기 마련입니다.

마켓 메이커나 대규모 자금을 가진 세력들은 이런 심리를 이용해 의도적으로 가격을 급등시킨 뒤 엄청난 이익을 챙기고 빠져나가는 펌프 앤 덤프(pump & dump) 전략을 자주 활용합니다. 간단히 말해, 특정 코인을 집중 매집해 가격을 높인 뒤, 큰 폭으로 오른 시점에 대량 매도해 수익을 확보하는 방식입니다. 그 후에는 가격이 상상 이상으로 빠르게 빠지면서 개인 투자자들이 손실을 떠안게 되고, 이들이 공포 심리 속에서 매도하는 패닉 셀에 빠지면서 더 빠르게 시세 폭락으로 이어집니다.

심지어 이런 폭등 폭락을 반복하는 종목들은 각종 커뮤니티나 미디어에서 화제가 되고, 다음 급등 종목을 찾으려고 하는 투자자들을 끌어들이는 계기로 작용하기도 합니다. 그 결과, 한 번 불이 붙은 투기 심리는 쉽게 꺼지지 않고, 시장 전체의 변동성을 비이성적으로 높이는 악순환이 이어집니다.

3. 비이성적 과열과 정보 비대칭

급등·급락장이 연출될 때는 '이렇게 오르는 걸 보면 역시 대박이다'라는 식의 확증 편향이 투자자들 사이에서 작동합니다. 자신이 이미 믿고 싶은 정보만 받아들이고, 시장이 과열됐다는 신호나 냉정한 분석은 무시하기 쉽습니다. 게다가 사람들은 자신이 속한 커뮤니티나 SNS 채널에서 들리는 이야기들을 진실로 받아들이기 쉬워서 객관적 분석보다는 합리화된 전망이나 기대를 우선시하게 됩니다.

또, 암호화폐 시장 특유의 정보 비대칭도 심각한 문제로 작용합니다. 기관 투자자나 대형 자금을 운용하는 세력, 마켓 메이커들은 훨씬 빠르고 정확한 정보를 얻을 수 있지만, 일반 개인 투자자들은 주로 소문이나 간접적인 공짜 자료에 의존합니다. 유튜브, 텔레그램 단톡방, 트위터, 디스코드 등 여러 온라인 채널에서 퍼지는 메시지들은 검증이 어려운 경우가 많습니다. 그 결과, '이 코인은 무조건 오른다'는 식의 낙관론이 확산될 때는 그 근거를 충분히 따져보지 않고 매수하는 투자자가 늘어나게 됩니다.

여기에 더해, 사람들은 오르는 코인과 프로젝트에는 이유가 있을 것이라고 가정하는 경향이 있습니다. 실질적인 혁신이나 가치가 부족한 종목이 급등한다는 것은 일시적인 이슈나 바이럴 마케팅 효과일 수도 있고, 세력급 자본이 작정하고 시세를 띄우는 것일 수도 있습니다. 사실상 시장 조작 차원에서 일어나는 상황인데도, 정보 접근성이 제한된 우리같은 개인 투자자들은 그럴 만한 이유가 있다고 오인하게 되는 것입니다. 이런 상황이 거듭되면, 점점 더 비이성적이고 투기적인 분위기가 시장 전반에 깔리게 될 수밖에 없습니다.

4. 도박적 성향의 강화

암호화폐 시장에서는 큰 손실이나 이익이 가져오는 스릴과 흥분이 도파민 분비를 자극해, 중독과 유사한 심리 상태로 빠지기 쉬운 환경이 조성됩니다. 한 번 큰 수익을 맛본 투자자는 같은 쾌감을 다시 느끼고 싶어서 계속 높은 리스크를 감수합니다. 반대로 손실을 본 투자자는 '원금만이라도 회복해야 한다'는 절박함 때문에 무리한 추가 매수, 이른바 물타기에 나서기도 합니다. 적절한 시점에 적절한 전략을 가지고 물타기를 해서 매수 단가를 낮추는 것은 때로는 좋은 방법이 될 수 있지만, 적잖은 경우 감정적으로 무리하게 물타기를 하면서 이러지도 저러지도 못하는 상황에 빠지기도 합니다.

이처럼 감정이 과열된 상태에서는 합리적 판단보다 즉흥적 결정을 하게 될 가능성이 커집니다. 예를 들어, 시세가 오르는 종목을 보며 '이번에도 따라 사면 되겠지'라는 식으로 접근하거나, 시장 흐름을 객관적으로 분석하기보다 '지금 안 사면 기회를 놓치는 게 아닐까'라는 생각에 매몰될 수 있습니다. 그 결과, 손해가 누적되더라도 한탕주의 심리가 워낙 강해진 상황에서는 쉽게 멈추지 못하게 됩니다.

일부 투자자들은 실제로 도박과 비슷한 중독 증상을 겪기도 합니다. 매일 시시각각 밤낮 없이 시세를 확인하며 불안에 떠는가 하면, 일상생활과 인간관계에까지 영향을 미칠 정도로 과도하게 매매에 몰두하기도 합니다. 이런 상황에 빠지면, 시장 변동성에 더 민감해지면서 단기 등락에 일희일비하게 되고, 결국 장기적인 투자 전략이나 원칙을 세우기 힘들어집니다.

5. 사회·문화적 요인

남들도 다 한다는 사회적 분위기와 압박도 한탕주의 심리를 키우는 결정적인 원인이 아닐까 생각됩니다. 주변에서 '이번에 암호화폐로 돈 좀 벌었다'는 이야기를 접하면, 그 사람이 어떤 위험을 감수했는지, 얼마나 오랜 시간 심리적 어려움을 겪었는지 등은 고려하지 않고 성과만 부각시켜 보게 됩니다. 그러면서 본인도 뒤처질 것 같은 조급함이 커져서 무리하게 돈을 끌어다가 투자하는 경우도 적잖이 접할 수 있습니다.

온라인 커뮤니티나 SNS는 익명성을 배경으로 하다 보니, 자극적인 성공담이 실제보다 부풀려지거나 왜곡되어 전해질 위험이 있습니다. 여기에 더해, 경제적 양극화나 취업난, 생활비 상승 등으로 미래에 대한 불안감이 커진 상황에서 '이대로는 평생 돈을 벌 수 없다. 집 한 채도 살 수 없다'는 식의 인식이 확산될 수밖에 없습니다. 결국 사람들은 암호화폐 시장이 주는 '단기간에 크게 오를 수 있다'는 희망에 쉽게 유혹을 느끼고, 한탕주의적 투자에 뛰어들게 되는 것입니다.

일각에서는 이러한 흐름을 사회적 현상이나 집단적 열광으로 진단하기도 합니다. 실제로 많은 사람이 비슷한 시점에 대거 시장에 진입하고, 함께 기대감을 높였다가, 실망과 공포 속에 한꺼번에 빠져나가는 사이클이 반복되고 있기 때문입니다. 이 과정에서 누군가는 수익을 내며 돈을 벌지만 또 다른 누군가는 대규모 투자 실패가 안겨주는 절망 속에 빠지기도 합니다.

결국 우리에게 필요한 것은 냉정함

트럼프 밈코인처럼 극단적인 급등 사례가 발생할 때마다 도박적, 중독적 심리는 더 두드러지게 나타납니다. 단기간에 폭발적으로 오르는 것에 대한 기대와 흥분, 그리고 곧이어 닥칠 수도 있는 급락에 대한 두려움과 패닉 셀이 맞물려, 결국 시장에서 쉽게 지치거나 심각한 스트레스에 시달릴 수 있습니다. 이럴 때일수록 냉정하게 시장을 바라볼 수 있는 자세와 자신만의 원칙에 기반한 투자 전략이 필요한데, 이게 그렇게 말처럼 쉽지 않다는 게 문제입니다.

암호화폐 시장의 특성상, 급등 이후 급락이 찾아오는 시점이 예측하기 어렵다는 점을 늘 염두에 둬야 합니다. 600원에 거래되던 특정 코인이 폭등하면서 2000원에 거래되고 있다고 가정해 보겠습니다. 이런 상황에서 일부 인플루언서들은 '이 코인은 이제 2000원 아래에서 거래되기 어렵다' 라는 말을 아무렇지 않게 던집니다. 그러면 사람들은 이 말을 곧이곧대로 믿고 2000원 이상의 가격에서도 별다른 불안감 없이 매수합니다. 개인적으로는 이런 멘트는 가장 무책임하고 한심하다고 생각합니다. 저런 방식으로 시세가 형성된 종목은 거의 대부분 다시 저점 테스트를 하게 마련이고, 2000원 이하에서 매수할 기회가 반드시 온다는 걸 경험이 조금 있으신 분들은 모두 느끼실 것입니다.

　이런 상황들을 흔하게 접할 수 있는 곳이다 보니, 한탕주의적 접근을 경계하고, 리스크 분산과 관리를 우선하는 태도가 중요합니다. 단기적 차익만을 노리기보다, 스스로 투자하는 자산의 가치나 사용 사례를 꼼꼼히 확인하는 습관을 들이는 것이 장기적으로 더 안정적이고 바람직한 길이라는 사실을 잊지 않아야 합니다. 상당히 원론적이고 교과서적인 표현이지만, 이런 기본을 무시하면 내 자산의 기본이 무너져내릴 수 있다는 점을 명심해야 합니다.

다른 위험 자산보다
암호화폐가 더 중독적인 이유

암호화폐 시장에서는 크고 작은 급등·급락이 거의 매일 일상처럼 나타납니다. 이 과정에서 투자자들은 한탕주의를 넘어서는 강렬한 심리적 동요를 경험하게 됩니다. 그렇다면 주식이나 선물 같은 다른 위험 자산과 비교했을 때, 왜 유독 암호화폐 투자가 더 중독적이라는 평가를 받게 된 것일까요?

1. 24시간 실시간 거래 체계

전 세계 주요 주식 시장이나 선물 옵션 시장은 개장과 폐장 시간이 정해져 있고, 주말에는 거래가 중단됩니다. 반면, 암호화폐 시장은 1년 365일, 24시간 내내 거래가 가능합니다. 다시 말해, 투자자들이 마음만 먹으면 언제든 아무 때나 시장에 접속해 매매할 수 있다는 뜻이기도 합니다.

항상 열려 있는 시장은 심리적 휴식 시간을 제대로 주지 않는다는 특징이 있습니다. 주가가 폭락할 때는 '내일 아침까지 기다려야 한다'는 물리적 제약이 오히려 심신을 가라앉히는 계기가 되기도 합니다. 몸과 마음을 이완시키고 재충전의 시간이 강제적으로 만들어지는 셈입니다. 하지만 암호화폐 시장에서는 새벽 3시에도 폭락을 목격하면 즉시 손절하거나, 반대로 추가 매수를 할 수 있습니다. 1년 365일, 24시간 내내 마음만 먹으면 정신 나간 사람처럼 차트만 바라볼 수 있는 곳이 바로 암호화폐 시장입니다.

자고 일어났는데 손실을 보고 있으면 어쩌나 싶어서 잠도 제대로 못 이룰 수 있는 곳이 암호화폐 시장입니다. 언제든 끊임없이 매매할 수 있다는 점은 투자자들을 중독적 상태로 몰고 가는 중요한 요인이라 할 수 있습니다.

2. 높은 변동성과 극단적인 단타 매매

암호화폐는 주식보다 변동성이 훨씬 높습니다. 물론 양자 컴퓨터가 한창 주목받은 2024년 말 미국 증시에 상장된 양자 컴퓨터 관련주들의 흐름을 보면, 이게 주식인지 코인인지 헷갈릴 정도의 급격한 변동성을 보이기도 합니다. 다만 일반적인 관점에서는 위험 자산 시장의 최고봉은 그래도 아직은 크립토 마켓이 아닐까 생각됩니다. 하루 만에 20~30% 정도 가격이 움직이는 일도 빈번하고 의미 있는 악재가 하나 터졌다하면 30% 이상 빠지는 경우도 익숙한 곳이 바로 암호화폐 시장입니다. 거래소에서 상장폐지 공지가 난 종목이 상장폐지 5시간을 앞두고 700% 수준의 급등을 보였다가 폭락하기도 합니다. 일부 소형 코인은 단 몇 시간 만에 수십 배 상승했다가 다시 폭락하기도 하고, 트럼프 밈코인이 보여줬듯이 하루이틀 사이 1만% 폭등하기도 하고 70%가 빠지기도 합니다. 이렇게 롤러코스터같은 흐름이 이어지면, 투자자들은 때로는 스릴을, 더러는 흥분을 느끼게 되기 마련이고 그렇게 중독적 양상으로 이어질 수 있습니다.

원래 도박이 재미있는 이유는 결과가 예측 불가능하기 때문입니다. 암호화폐 역시 가격 움직임을 정확히 예측하기 어렵고, 잠깐의 틈을 노려 큰 수익을 낼 수도 있다는 기대가 커지기도 합니다. 그렇다 보니 결과적으로 더 자주 시장에 접속하고, 작은 등락에도 예민하게 반응하게 되면서 중독적 행동 패턴이 강화됩니다. 이렇다 보니, 10% 급락 나오면 세상을 다 잃은 것 같기도 하다가, 10% 급등이 나오면 세상을 다 가진 것 같은 감정을 느끼게 되는 것입니다.

3. 탈중앙화된 거래와 익명성

전통적 금융 시장은 증권사, 금융 당국 등 기관이라는 제도적 틀 안에서 감독을 받습니다. 물론 암호화폐도 각 나라의 규제가 점차 강화되고 있지만, 여전히 중앙화 거래소와 탈중앙화 거래소(DEX), 개인 간(P2P) 직거래 등 다양한 방식으로 거래가 이루어지고 있습니다. 좋게 말하면 블록체인 혁신, 비판적 관점에서 말하면 어느 정도의 규제 공백이 자리하고 있는 것입니다.

이 과정에서 투자자들은 신원 확인(KYC) 절차가 상대적으로 간소하거나, 심지어는 없이도 거래가 가능한 경우를 경험하게 됩니다. 익명성이 보장되는 거래는 단기 시세 차익을 노리는 투기적 심리를 더욱 부추길 수 있습니다. 자신이 어떤 위험을 감수하고 있는지, 얼마나 급하게 매매를 하고 있는지 주변에서 제어하기 어렵기 때문에 더 쉽게 중독 상태에 빠져든다고 바라볼 수도 있습니다.

4. 커뮤니티와 미디어의 실시간 자극

암호화폐 생태계에서는 텔레그램, 디스코드, 트위터, 레딧 등 각종 온라인 커뮤니티가 활발하게 돌아갑니다. 이를 통해 투자자들은 시시각각 '지금 사야 한다', '곧 00% 오른다', '지금 놓치면 후회한다'와 같은 메시지를 실시간으로 접할 수 있습니다. 특히 해외 시장이 주도권을 쥐고 있는 경우가 많다 보니, 낮과 밤을 가리지 않고 정보가 흘러넘칩니다. 어디까지가 사실과 정보에 기반을 둔 것인지, 아니면 막연한 기대 심리에 기반을 두고 있는지 명확히 판단한다는 것은 사실상 불가능합니다.

미디어 역시 화제성 뉴스를 빠르게 생산하기 때문에 여기서도 '어떤 코인이 몇 시간 만에 몇 십 배가 됐다'라는 뉴스가 쉴 새 없이 쏟아냅니다. 이런 정보의 폭주 속에서 FOMO심리가 더욱 강해지고, 가만히 시장 상황을 지켜보기보다는 즉각적이고 충동적인 매매로 이어지는 경우가 많습니다.

5. 비교적 낮은 진입 장벽과 투명하지 않은 시장 구조

주식이나 선물 옵션 시장에 진입하기 위해서는 어느 정도 기초 지식과 증권 계좌 개설, 종목 분석이 필요합니다. 하지만 암호화폐의 경우에는 모바일 앱에서 몇 분 만에 가입 절차를 끝내고 손쉽게 매수를 시작할 수 있습니다. FOMO 심리가 강화되는 상황에서, 상대적으로 낮은 진입 장벽은 개인 투자자들의 유입을 촉진하며, 시장 전체가 단기간에 과열되는 현상을 더욱 부추기는 역할을 합니다

아직도 많은 암호화폐 프로젝트들은 불투명한 백서나 엉성한 로드맵을 내세우고, 막대한 마케팅 비용으로 투자자들을 끌어들이기도 합니다. 제대로 된 검증 없이도 단시간에 상장해버리는 알트코인들까지 고려하면, 시장 참여자들은 때때로 이 시장이 정상적인 투자의 공간이라기보다는 도박장에 가깝다고 느낄 수도 있습니다. 이런 분위기에서, 합리적 투자보다는 '일단 뛰어들고 보자'는 심리가 확산되어 중독성을 높이게 됩니다.

2

마켓 메이커들과
시장 구조

보이지 않는 세력이
시장에 미치는 영향

암호화폐 시장 이면에는 유동성을 공급하거나 시세를 조종하는 보이지 않는 세력이 존재합니다. 그중 가장 대표적인 것이 바로 마켓 메이커 (Market Maker)입니다. 주식이나 선물 시장에서도 등장하지만, 암호화폐 시장에서 마켓 메이커는 상대적으로 훨씬 자유롭고 투기적인 방식으로 활동합니다. 일반 투자자 입장에서는 이러한 거대 자금 세력이 이끌어가는 흐름을 구체적으로 파악하기가 쉽지 않기 때문에 시장이 급등락할 때마다 개인 투자자들이 큰 피해를 보거나 이른바 폭탄 돌리기의 희생양이 되곤 합니다.

1. 마켓 메이커의 기본 개념

1) 전통 금융에서의 마켓 메이커

전통적인 금융 시장에서 마켓 메이커는 일정한 스프레드를 두고 매수 호가와 매도 호가를 제시해 시장에 유동성을 공급하는 주체를 의미합니다. 시장이 원활히 작동하도록 도와주는 중간자 역할을 하면서 안정적인 거래 환경을 제공하기도 합니다. 예를 들어, 주식 시장에서는 지정 유동성 공급자(LP)나 일부 대형 증권사가 마켓 메이커 역할을 맡는 경우가 있습니다. 이들은 특정 종목의 매도 매수 주문을 상시적으로 제시하는 방식으로 시장의 유동성을 높이고 거래가 원활히 이뤄지도록 돕는 중요한 역할을 하게 됩니다.

2) 암호화폐 시장에서의 마켓 메이커

반면, 암호화폐 시장의 마켓 메이커들은 규제에서 비교적 자유롭기 때문에 기존 금융권과는 다른 양상을 보이는 경우가 많습니다. 거래소의 거래량을 인위적으로 높여주거나 특정 알트코인의 시세를 단기간에 수십~수백 퍼센트 올리는 방식으로 투기적 이익을 노리는 행태가 자주 목격됩니다. 특히 거래량이 낮은 코인일수록 적은 자금으로도 가격을 손쉽게 움직일 수 있어서 상대적으로 취약할 수밖에 없습니다. 이 과정에서 개인 투자자들은 사실상 시세 조작에 가까운 장난에 노출되기 쉬운 것이 현실입니다. 급격한 가격 급등세가 펼쳐질 때, 막연한 '한방'을 노리고 뛰어드는 개인 투자자들은 결과적으로 불길로 뛰어드는 불나방이 되기 십상입니다.

2. 펌프 & 덤프(Pump & Dump)의 메커니즘: 3단계 시나리오

마켓 메이커들이 선보이는 펌프 앤 덤프 양상은 크게 세 단계로 나뉩니다. 먼저 코인을 대량 매집해 놓고, 의도적으로 시세를 끌어올린 뒤, 개인 투자자들이 몰려들면 한꺼번에 매도해 버리는 방식입니다.

1) 저가 선매집: 이른바 고래 또는 마켓 메이커 등으로 불리는 시세 조작 세력은 유동성이 낮거나, 주목받지 못하는 코인을 미리 저가에 대량 매집합니다. 이들은 보통 여러 지갑을 사용해 물량을 분산 매입하거나,

OTC(장외거래) 등을 통해 조용히 매집하는 경우도 있습니다. 이때, 코인의 백서와 로드맵, 개발 상황 등은 크게 중요하지 않습니다. 중요한 것은 시총이 낮고, 그래서 적은 자금으로도 시세를 통제하기 쉬운가 하는 점입니다.

2) **시세 급등 유도**(펌핑): 막대한 매수 주문을 빠른 시간 안에 집중적으로 넣어 코인의 거래량을 폭발적으로 증가시킵니다. 거래소에 올라오는 '호가창'을 보면, 갑작스럽게 큰손 매수가 들어와 가격이 단숨에 몇 십 퍼센트씩 오르는 경우가 바로 이런 과정입니다. 동시에 텔레그램, 디스코드, SNS 등을 통해 호재성 루머를 퍼뜨리거나, 인플루언서를 통해 '지금 투자하지 않으면 늦는다', '마지막 기회다'라는 식의 정보를 흘립니다. 개인 투자자들은 FOMO(Fear of Missing Out)에 휩싸여, 고점에 가까운 가격에 무작정 뛰어들기 쉽습니다. 만약 글로벌 사이즈로 마케팅이 이뤄지면, 짧은 기간에 수천~수만 명이 몰려들어 가격이 적게는 몇 배, 많게는 10배 이상 뛰는 광경이 연출되기도 합니다.

3) **대량 매도 이후 폭락**(덤핑): 가격이 목표치에 도달하거나 개인 투자자가 대거 유입됐다고 판단되면, 조작 세력은 매집했던 물량을 갑작스럽게 시장에 쏟아냅니다. 일종의 출구 전략으로, 목표 구간에서 큰 이익을 현금화하는 것입니다. 매도 물량이 대량으로 나오면서 시세가 급격히 떨어지고, 뒤늦게 추격 매수로 들어온 개인들은 어쩔 수 없이 고점에 물려 손실을 떠안습니다. 이때 개미들의 패닉 셀(Panic Sell)까지 겹쳐 더 큰 폭락이 나올 수 있습니다. 고래나 마켓 메이커들이 급격한 차익실현을 할 때 뒷도

모르고 불나방처럼 달려는 개인 투자자들은 이걸 다 떠안게 되는 겁니다.

3. 시장에 미치는 부정적 영향

1) 투자자 보호 장치의 부재

전통 금융 시장은 시세 조작이 의심되면 거래소나 금융 당국이 즉각 조사에 나서고, 심할 경우 거래 정지 조치도 취할 수 있습니다. 하지만 암호화폐는 글로벌로 분산돼 있고, 거래소마다 규정도 다릅니다. 특정 거래소가 아무리 적극적으로 대응해도, 다른 거래소나 탈중앙화 플랫폼에서 똑같은 조작이 재현될 수 있습니다. 규제 명확성이 강조되는 시기라서 예전보다는 개선된 상황이기는 하지만, 마음만 먹으면 악용할 수 있는 규제 공백은 여전합니다.

2) 시장 왜곡과 신뢰 추락

펌핑과 덤핑이 자주 일어나면, 암호화폐 시장 전반이 도박판이나 작전판이라는 인식이 퍼지기 쉽습니다. 사실 블록체인을 활용한 혁신적 결과물들을 보여주는 경우도 많은데, 프로젝트 본연의 기술이나 가치보다 단기적 투기에만 집중하게 되면 결과적으로 산업 발전 자체가 지체될 수도 있습니다. 장기적으로 신뢰도가 떨어지면 신규 자금 유입이 둔화되고 건전하고 유망한 프로젝트조차 피해를 볼 수 있습니다. 그나마 다행인 것은 최근 들어서 암호화폐 시장이 과거 개인 투자자들이 주도했던 시장에서 기관 투자자들이 주도하는 시장으로 전환되고 있다는 점입니다. 2024년 1월 미국에서 비트코인 현물 ETF 출시 이후 기관 자금의 유입이 이뤄지고 있다 보니, 시장의 안정성도 상대적으로는 개선되고 있는 모습입니다.

3) 소수 세력에 의한 자본 편중

암호화폐 시장은 때에 따라서는 펌핑과 덤핑을 주도하는 세력급 자본만 막대한 이익을 챙기고, 뒤늦게 들어온 개인 투자자들은 대거 손실을 떠안을 수 있는 구조를 꽤 선명하게 보여주기도 합니다. 의도했든 안 했든 결과적으로 봤을 때 반복적 시세 조작 행위로 인식되는 양상들이 포착되다 보니, 이로 인해 개인 투자자 중 상당수는 크게 손실을 보고 시장을 떠나게 됩니다. 결국 자본이 소수에게 집중되는 결과로 이어질 수 있습니다. 정신 제대로 차리지 않은 상태에서는 상황에 따라 나도 모르게 작전 세력 장난질에 탈탈 털릴 수도 있는 것입니다.

4. 개인 투자자들이 느끼는 어려움

1) 정보 비대칭성과 내부 정보

마켓 메이커들은 막대한 자본력 외에도 다양한 내부 정보를 접하거나, 특정 거래소와 고래 투자자들과의 커넥션을 통해 시세 흐름을 미리 읽고 움직일 수 있습니다. 반면 개인 투자자들은 뉴스 기사나 소셜 미디어로만 시장을 접하고, 그렇게 무료 정보에 의존할 수밖에 없기 때문에, 이미 어느 정도 가격이 오르고 나서 한발 늦게 뒤따르는 경우가 많습니다. 일반화시킬 수는 없지만 이미 50% 이상 오른 종목이 더 오를 수 있다는 호재성 재료가 있다는 소식을 가지고 있다면, 이미 단기 고점일 가능성이 높습니다. 이처럼 마켓 메이커들과 개인 투자자는 접할 수 있는 정보의 수준 자체가 질적, 양적으로 다르기 때문에 개인 투자자들이 감정적으로 접근하게 되면, 그저 무기력하게 당할 수밖에 없는 것입니다.

2) 재정 거래(Arbitrage)의 활용

암호화폐 시장은 전 세계 수많은 거래소가 동시에 열려 있고, 거래소마다 유동성 수준과 가격 편차가 다릅니다. 마켓 메이커들은 이 점을 적극적으로 활용해, 한 거래소에서 가격을 끌어올린 뒤 다른 거래소와의 가격 차이로 이익을 얻는 식의 재정 거래 전략을 구사하기도 합니다. 이런 과정은 시장 전체 시세를 뒤흔들어놓고, 개인 투자자 입장에서는 '도대체 왜 이런 일이 벌어지는지' 감을 잡기 어렵게 만듭니다.

3) 심리적 압박과 손실 위험

가격이 빠르게 움직일수록 사람들은 극심한 스트레스와 조급함에 시달리게 됩니다. '놓치면 안 된다'는 FOMO와 '이대로 가면 전부 잃을 수도 있다'는 공포가 교차하면서, 합리적인 판단보다는 감정적으로 대응하게 됩니다. 그 결과, 마켓 메이커들의 의도대로 움직이는 시세 변동에 그대로 휘말려 손실을 키우는 사례가 빈번히 발생합니다. 고래가 차익 실현을 할 때 개미는 공포에 던지에 되고, 개미가 던진 물량을 고래는 저가에 받아먹는 손바꿈도 이 시기에 발생하곤 합니다. 가격이 떨어졌을 때 저가 매수를 단행하고, 가격이 반등했을 때 차익 실현을 해야 하는데, 적잖은 초보 투자자들의 경우 가격이 이미 크게 올랐을 때 더 오를 것을 기대하고 추격 매수에 나서고, 그즈음 고래들이 차익 실현을 하면서 가격이 폭락하면 더 폭락할 게 무서워서 패닉 셀을 하는 것입니다. 수익을 얻기 위해 해야 할 행동을 정반대로 하다 보니, 결국 남는 것은 손실뿐입니다.

5. 규제와 자율 사이에서

1) 글로벌 규제의 한계

많은 국가들이 암호화폐 산업에 대한 규제를 점진적으로 강화하고 있지만, 특정 국가에서 규제를 높이면 규제가 덜한 다른 국가로 자금이 이동해버리는 것이 현실입니다. 가장 대표적인 것이 미국 바이든 행정부 당시의 상황입니다. 다소 기준이 모호한 상태에서 일률적인 규제에 집중한 나머지 암호화폐 기업들이 규제 명확성이 보장되는 곳으로 본사를 이전하는 사례가 생겼습니다. 이들의 대표적인 행선지 중 하나가 블록체인 친화성을 강조하고 있는 아랍에미리트의 두바이 같은 곳이었습니다. 상황에 따라서 글로벌 규제의 한계 지점이 생길 수 있는데다 국경을 초월해 거래되기 때문에, 전 세계가 동시에 동일한 규제를 적용하지 않는 이상, 마켓 메이커들의 작전을 완전히 근절하기 어렵습니다. 우호적인 관점에서는 블록체인 디파이 혁신, 비판적인 관점에서는 규제 공백을 틈탄 마켓 메이커들의 실상이라고 할 수 있는 부분입니다.

2) 유동성 공급자로서의 긍정적 역할

물론 마켓 메이커가 항상 '나쁜 존재'인 것만은 아닙니다. 거래가 활발하지 않은 코인이나 신규 프로젝트에도 유동성을 공급해서 시장을 활성화하는 측면도 있습니다. 이런 긍정적인 상황이 우호적인 시너지를 내면 참 좋겠지만, 문제는 시세 조작이나 펌핑·덤핑으로 인한 폐해가 너무 심각하다는 것입니다. 결국 투명하고 공정한 시장 조성을 위해 어느 정도의 제도화와 규제 장치가 필요하다는 의견이 꾸준히 제기되고 있습니다.

6. 건전한 시장을 위해 필요한 자세

가장 중요한 것은 뭐니뭐니해도 시장 구조를 이해하려는 노력이 아닐까 합니다. 마켓 메이커의 존재와 펌핑·덤핑 메커니즘을 이해하면, 급등 종목이 나타났을 때 무턱대고 따라가기보다 '무슨 자금이, 어디서 어떻게 유입되고 있는가?'를 살피는 습관을 들일 수 있습니다. 이유를 알 수 없는 가격 펌핑이 나왔을 때 '일단 들어가고 보자'라는 심리를 셀프 차단하는 결과를 만들어낼 수 있습니다. 아주 보수적으로 이야기하자면, 멍때리고 있다가 급등 종목에 올라타는 방식의 투자는 초보자라면 아예 시도하지 않는 것이 가장 좋은 전략 가운데 하나입니다.

체계적인 투자 원칙을 세우는 자세도 중요합니다. 분산 투자, 손절 기준, 목표 수익률 같은 기본 투자 전략을 확립해 두면 예상치 못한 변동에도 흔들리지 않고 대응하기가 수월해집니다. 단순히 '이 코인 지금 핫하대, 오른대, 더 오른대'라는 풍문에 의존하기보다는, 최소한의 리스크 관리 기법을 갖추는 것이 중요합니다. 물론, 이것은 말처럼 쉽지 않고, 굉장한 노력과 시간이 필요합니다. 이 부분은 하나하나 깊이 있게 짚어볼 예정입니다.

정보 선별 능력도 키워야 합니다. SNS나 유튜브 등의 콘텐츠는 이미 누군가 '시장을 띄우기 위해' 만든 홍보물일 가능성을 아예 배제할 수 없습니다. '유명 인플루언서가 이 코인을 소개했으니 오를 것'이라는 막연한 기대 대신, 직접 프로젝트 백서나 로드맵, 개발진 이력 등을 검토하는 노력이 필요합니다. 이것 역시 물론 쉽지 않습니다. 대부분의 프로젝트 백서는 영어로 작성돼 있어서 한국인 투자자가 접근하려면 나름의 의지와 노력이 필요합니다. 하지만, 이런 과정 없이 막연한 투기적 관점을 가지고 투자에 나설 경우에는 코인 투자를 통해 벼락 부자를 꿈꾸다 한 순간에 벼락 거지가 될 수 있다는 점을 명심해야 합니다.

장기적인 안목을 키우는 것도 중요합니다. 장기적으로 살아남을 프로젝트는 일시적 시세 급등락에 크게 좌우되지 않는 편입니다. 펀더멘털이 튼튼한 프로젝트라면 마켓 메이커의 일시적 장난에 크게 흔들리지 않을 가능성이 높습니다. 물론 시장 전체적인 상황에 따라서 가격이 크게 흔들릴 수 있겠지만, 그렇더라도 펀더멘털이 확실한 메이저 종목들은 시간의 흐름에 맞춰 자연스럽게 가격 회복을 이뤄내는 게 일반적입니다. 반면, 기술력이나 실제 활용성이 부족한 코인이라면, 단기적인 펌핑 이후 하락할 위험이 큽니다. 그래서 경험이 없는 초보 투자자라면 이유 없이 시세가 날뛰는 종목보다는 이미 자리를 잡은 메이저 종목들을 중심으로 접근하는 게 안전할 수 있습니다.

결국 마켓 메이커들은 암호화폐 시장에서 양날의 검과 같은 존재로, 긍정적인 역할(유동성 공급)과 부정적인 역할(시세 조작)을 동시에 수행하니다. 개인 투자자들은 이러한 보이지 않는 세력의 영향력을 인식하고, 스스로를 보호할 수 있는 지식과 원칙, 기준을 갖춰야 합니다. 규제가 예전보다 명확해졌지만, 마켓 메이커들은 마음만 먹으면 여전히 규제 공백을 악용할 가능성이 있습니다. 따라서 시장에서 살아남기 위해서는 냉정한 분석과 자제력이 필수 덕목임을 다시금 되새길 필요가 있습니다.

3

디톡스의
의미와 필요성

암호화폐 시장이 가지고 있는 독특한 특성때문에 '크립토 디톡스'라는 개념을 꼭 인식하고 실천해야 합니다. 투기적 심리가 무의식적으로 극대화될 수 있는 환경에서는, 자신의 투자 방식을 근본적으로 점검하는 것이 중요합니다. 마음가짐에 따라 정상적인 투자와 무리한 투기의 갈림길에서 올바른 길을 선택할 수 있기 때문입니다.

암호화폐 시장은 상당히 극적인 변동성을 품고 있습니다. 가격이 오를 때는 단숨에 큰 수익을 올릴 수 있을 것 같아 들뜨거나 흥분하기 쉽고, 반대로 갑작스럽게 하락할 때는 막대한 손실로 이어질까 두려운 심리적인 압박이 커지게 됩니다. 때에 따라 이런 상황이 하루에도 몇 번씩 반복되기도 합니다. 이처럼 감정의 롤러코스터를 탄 듯한 상태에서는 시장 상황에 사로잡혀 이성적 판단이 어려워집니다. 큰 등락을 겪다 보면 매매에 지나치게 집착하게 될 수 있고, 일상생활의 중요한 부분을 소홀히 하며 '코인 중독'에 가까운 모습을 보이는 경우도 어렵지 않게 접할 수 있습니다. 자고 있다가도 알람 소리에 일어나서 매수나 매도를 하는 상황, 일을 하다가도 시시때때로 시세를 확인하는 상황 등이 이런 경우라고 할 수 있습니다.

일시적 해독이 아닌
'지속 가능한 투자 마인드'

디톡스라는 표현은 해독(解毒)을 연상시킵니다. 하지만, 여기서 말하는 해독은 잠깐 시장을 떠나거나 일시적으로 거래를 쉬는 것에 그치지 않습니다. 예를 들어 '이제부터 몇 주 동안 거래소 계정을 닫아두겠다'거나 '차트를 아예 보지 않겠다'는 결심만으로는 근본적인 해결을 기대하기 어렵습니다. 휴식 뒤 다시 돌아왔을 때 같은 실수를 반복할 수 있기 때문입니다. 그래서 디톡스의 핵심은 투자로부터 한 발 물러나 '왜, 어떻게, 무엇을 위해 투자하는가'를 근본적으로 재점검하는 데 있습니다.

이를 위해서는 무엇보다 실제로 내가 추구하는 투자 목표와 가치가 무엇인지 생각해볼 필요가 있습니다. 단기간에 한탕주의를 노리는 것인지, 블록체인 기술에 대한 확신을 갖고 장기 투자를 목표로 하는 것인지, 아니면 자산 포트폴리오 다각화 차원에서 코인을 일부 편입한 것인지 등 다양한 동기가 있을 수 있습니다. 이 동기를 명확히 인식하면, 어느 정도의 위험과 변동성을 감내해야 하는지, 또 내가 감당할 수 없는 범위를 넘어섰는지를 판단하기 쉬워집니다. 예컨대 레버리지에 손을 대면서 '더 오르기만 하면 된다'는 도박적 심리로 일관하고 있다면, 그 순간부터 이미 코인 중독의 위험성에 발을 들여놓았다고 볼 수 있습니다. 디톡스는 이러한 상황을 인식하고, 과도한 투기나 중독적 매매 습관을 개선하도록 이끄는 과정입니다.

스스로 매매 기록을 남기고, 감정 변화를 관찰하는 습관은 디톡스에 큰 도움이 됩니다. 예를 들어 '얼마 이상 떨어지면 손절하겠다'라는 규칙을 미리미리 세워 두었음에도 불구하고, 막상 손실을 보면 '곧 반등할지 모른다'는 기대감에 손절을 미루거나 물타기를 하는 심리가 생깁니다. 이런 인간적 약점을 미리 인지하고 대비해 두면, 시장이 급변해도 충동적인 결정을 내리지 않을 수 있습니다. 다시 말해, 디톡스는 단순한 결심이나 휴식이 아니라 '심리적 안전판'을 구축하는 과정이라고 할 수 있습니다.

한편, 디톡스는 장기적으로 시장에 남아 있기 위한 체력과 지혜를 키우는 면에서도 중요하다고 생각합니다. 암호화폐 시장은 24시간 밤낮없이 돌아가고, 규제나 제도적 장치가 아직 온전하게 완비되지 않은 상황입니다. 당장 우리나라만 놓고 보더라도 '비트코인 현물 ETF 거래를 허용 하네마네', '법인 암호화폐 투자 허용하네마네' 이런 낮은 수준의 논의를 진행하고 있는 실정입니다. 게다가 각 국가마다 법령이 달라 예측하기 어려운 흐름이 전개될 수 있습니다. 이런 상황에서 하루하루 시세를 보며 일희일비하면, 심리적 소모가 상당해지고, 결국 정상적인 업무나 대인관계 등 다른 삶의 영역까지 영향을 받기 쉽습니다. 반면, 디톡스를 통해 스스로의 위험 감수 한계를 분명히 하고, 당장 거래량이 폭발적으로 늘어나는 종목을 보더라도 '검증된 정보가 충분한지' 또는 '어느 선까지는 감당 가능할지'를 차분히 따질 수 있다면, 똑같은 시나리오를 마주해도 훨씬 유연하고 건전하게 대응할 수 있습니다.

코인 중독으로부터 벗어나기 위한
첫걸음

코인 중독이라는 용어는 종종 과장처럼 들릴 수 있지만, 실제로는 사실상 중독 수준에 해당하는 경우를 어렵지 않게 접할 수 있습니다. 하루에도 수십 번, 수백 번씩 차트를 열어보지 않으면 마음이 불안하고, 밥을 먹거나 운전하다가도 차트를 확인하고, 시장이 조금만 흔들려도 극도로 예민하게 반응한다면 이미 초기에 진입했을 가능성이 있습니다. 이 상태가 더 심해지면, 가정이나 직장 문제, 대인관계까지 영향을 미쳐 심리적 위기 상황에 이를 수도 있습니다. 이런 극단적 상황을 막기 위해서는 먼저 자신이 어떤 상태에 놓여 있는지 솔직히 인정하는 것이 중요하다고 생각합니다. 손실이 났을 때 감정적으로 망연자실하거나 반대로 약간의 이득에 지나치게 도취된다면, 긴 호흡을 가지고 안정적으로 시장 대응을 하며 살아남기는 쉽지 않을 것입니다.

디톡스의 실천은 다양한 방식으로 이뤄질 수 있습니다. 일단 일정 기간 거래 빈도를 제한하거나 레버리지 없이 현물 위주로만 거래해 보는 것도 하나의 방법입니다. 또는 전문가 상담이나 또래 투자자 모임에 참여해 자신이 느끼는 불안과 고민을 공유함으로써 객관적 시선을 회복하는 방법도 있습니다. 중요한 것은 '투자를 완전히 끊고 떠나라'가 아니라, '중독적 요소를 차단하면서도 지속 가능한 투자 마인드를 만드는 방향'으로 나아가는 것입니다. 예컨대 '꼭 이렇게까지 심리적 부담을 안고 투자해야 하나?',

'이 정도 공포나 탐욕은 내가 통제 가능한 수준인가?' 등의 질문을 스스로에게 던져 보는 것만으로도 적지 않은 성찰의 기회가 될 수 있을 것입니다.

중독적 행태를 극복하는 핵심은 자기 나름의 원칙을 세우고 이를 지키는 훈련을 지속하는 데 있지 않을까 싶습니다. 무턱대고 '코인 시장은 위험하니 아예 손 떼야 한다'라는 식의 극단적 판단은 오히려 비현실적일 수 있습니다. 암호화폐가 갖는 기술적 가치나 앞으로의 발전 가능성을 믿는 사람이라면, 그 기회를 완전히 포기하고 싶지 않을 것입니다. 특히 미국 트럼프 행정부가 암호화폐 친화적인 정책 스탠스를 전폭적으로 보이고 있기 때문에 시간이 지나면 지날수록 암호화폐 시장을 혁신의 관점에서 바라보는 비중이 더 높아질 것으로 기대됩니다. 그러니까 이 시장과 산업 자체를 무시할 수도 없고 그래서도 안 된다는 것입니다. 결국 중요한 것은 '시장에 남되 중독되지 않는' 길을 찾는 것이고, 디톡스는 그 초석을 다지는 과정이라고 할 수 있습니다.

건강한 투자로 나아가기 위한
마음가짐

가장 이상적인 상황은 코인 투자를 통해 어느 정도 수익을 기대하면서, 시장이 흔들릴 때마다 감정적으로 휩쓸리지 않고 의연하게 대처하는 것을 떠올려 볼 수 있습니다. 이를 위해서는 코인 자체와 관련된 기술적, 경제적 흐름을 꾸준히 학습하는 태도, 무리한 레버리지나 몰빵 투자를 지양하는 분산 투자 원칙, 그리고 심리적 동요를 최소화할 수 있는 멘탈 관리가 필수적입니다. 디톡스는 투자자로 하여금 이런 요소들을 차근차근 갖추도록 돕는 실천적 장치라고 할 수 있습니다. 일종의 자기 점검이자 질서 재정비 단계라고 볼 수 있습니다.

특히, 차트를 끊임없이 들여다보고, 소셜 미디어나 커뮤니티에서 실시간으로 쏟아지는 소문에 즉각적으로 반응하면 중독을 가속화시킬 수 있습니다. 정보를 빠르게 파악하는 것은 굉장히 중요하지만, 그것이 곧바로 성공적인 투자로 이어지는 것은 아닙니다. 오히려 가짜 정보나 과장된 루머에 휘말려 매매 결정을 서두르게 되면, 뒤늦게 낭패를 보게 될 확률이 높습니다. 더군다나 소셜 미디어에서 유통되는 정보 중에는 팩트와 관계없는 루머 수준의 정보들도 넘쳐납니다. 그래서 우리는 디톡스 과정을 통해 '정보에 대한 태도'를 점검할 수 있고, 권위 있는 출처나 프로젝트의 실제 내용을 면밀히 검토할 여유를 갖출 필요가 있습니다. 그렇게 축적된 경험은, 단순히 귀가 얇은 팔랑귀 투자자가 아니라, 점진적으로 전문성을 갖춘 투자자로 나아가는 밑거름이 될 수 있습니다.

코인 시장이 앞으로 제도화 과정을 거치고, 규제나 안정 장치가 강화된다면, 중독적·도박적 투자 행태가 줄어들 것으로 기대할 수도 있습니다. 이른바 세력들이 장난을 치는 상황이 지금보다 훨씬 더 완화될 수 있기 때문입니다. 하지만, 규제와 제도가 아무리 정비되더라도 투자자의 내면에 자리한 욕망과 불안까지 완전히 통제하기는 어려울 것입니다. 결국, 나를 지킬 수 있는 것은 다른 누군가가 대신해 줄 수 있는 것이 아니라, 오롯이 나 자신의 몫임을 깨달아야 합니다. 디톡스는 개인 투자자가 욕망과 공포 사이에서 균형 있는 선택을 할 수 있도록 돕는 데 효과적입니다. 이를 통해 장기적으로 코인 시장을 건전하게 활용하고, 그 가능성을 현실적인 방식으로 끌어내는 투자자로 성장할 수 있습니다.

결국, 크립토 디톡스는 맹목적인 투자나 무절제한 매매 습관에서 벗어나도록 돕고, 개인의 삶과 재정적 안정을 우선하면서 암호화폐 시장과 건강한 관계를 맺을 수 있도록 하는 방향타 역할을 할 것입니다. 처음에는 다소 불편하거나 어색할 수 있지만, 중독으로 인한 에너지 소모를 줄이고, 깊이 있고 차분한 분석을 시도함으로써 자신의 투자 철학을 더욱 명확히 하는 계기가 될 수 있습니다. 나아가, 흔들리는 시장에서도 소신을 지킬 수 있는 투자자가 되기 위해서는 디톡스를 통한 자기 객관화 과정이 필수입니다. 이것이야말로 코인 투자와 함께 살아가되, 코인에 끌려다니지 않는 지속 가능한 투자 문화를 만들어가는 첫걸음이 될 수 있지 않을까, 생각됩니다.

2부

잘못된 기대와 감정에서
벗어나기

1

'한방' 신화의
허상

극소수의 성공 사례가 주는
과도한 맹신

2024년~2025년 사이 가장 극적인 폭등 폭락 상황의 실질적인 사례로 트럼프 밈코인을 빼놓기 어려울 것 같습니다. 미국 대통령이 취임식을 코앞에 두고 밈코인을 출시했다는 사상 초유의 상황, 그래서 가짜 뉴스 내지는 루머로 초반에는 치부됐지만 알고봤더니 진짜 뉴스였던 상황, 말 그대로 난리도 이런 난리가 없었습니다. 각종 커뮤니티와 X플랫폼에서는 트럼프 밈코인에 100달러를 투자해서 5만 달러를 벌었다는 식의 무용담이 쏟아졌고, 그걸 바라보던 대다수의 사람들은 허탈감에 시달리기도 했습니다. 이런 투자 성공담은 미디어와 유튜브 채널 등을 통해 빠르게 확산됐고, '몇 배? 수십 배? 아니, 수천 배도 가능하다'라는 식의 자극적인 표현이 화제성을 폭증시켰습니다. 이런 내용을 접한 투자자들은 대체로 두 가지 반응을 보였습니다. 첫째, '어서 비슷한 코인을 찾아서 나도 투자해야겠다'라는 조급함, 다음으로는 '내가 이 시점을 놓친 게 너무 억울하다'라는 박탈감입니다. 이런 상황을 더 드라마틱하게 만들었던 것은 트럼프 밈코인 출시 사흘 뒤, 영부인 멜라니아 밈코인까지 공식 출시됐던 것이고, 이 과정에서도 역시 누군가는 돈방석에 앉고 누군가는 큰 손실을 봐야 했습니다.

사실 정말 중요한 점은 그렇게 극적인 수익을 낸 사례는 전체 투자자 중 극히 일부에 불과하다는 것입니다. 더 나아가, 그 투자자들이 실제로 어떤 방법으로 수익을 얻었고, 이후에 언제 어떻게 매도했는지, 그리고 운이 얼마나 크게 작용했는지는 잘 알려지지도 않았고 확인할 수 있는 방법도 없습니다. 한방 신화의 특징은 이렇게 정보가 극도로 제한된 상태에서 소수의 성공만 부각되고, 나머지 대다수의 실패 사례나 중간 과정은 가려진다는 데 있지 않나 생각됩니다.

이번 장에서는 왜 이러한 극단적인 수준의 한방 신화가 확산되는지, 그리고 그것이 암호화폐 투자에 어떻게 악영향을 미치는지를 살펴보겠습니다.

1. 한탕주의를 부추기는 미디어와 SNS

한때 로또 만큼이나 유명했던 암호화폐 밈 코인들이 있습니다. 시바견을 마스코트로 사용하는 도지코인, 그 변종으로 수없이 생겨난 시바이누 같은 강아지 코인들, 그리고 최근에는 AI나 메타버스 등 새로운 이슈와 결합한 코인들도 등장했습니다. 이들 프로젝트의 상당수는 펀더멘털 측면에서 제대로 된 기술적 경제적 기반을 갖추지 못한 경우가 많습니다. 사실, '펀더멘털'이라는 단어를 언급하는 것조차 의미 없는 경우가 많습니다. 대부분의 경우, 실질적인 유틸리티와 전혀 관련이 없기 때문입니다. 뭔가 서브 컬쳐 분위기를 자아내는 캐릭터, 귀여움이 극대화된 캐릭터만 있을 뿐인, 말 그대로 밈코인데도 단기간에 가격이 폭등하는 사례가 빈번하게 나타나면서, '이 코인으로 몇 달 만에 수억 원을 벌었다'는 자랑들이 줄을 잇기도 했습니다.

문제는, 미디어와 SNS가 이러한 대박 스토리를 자극적으로 조명한다는 데 있습니다. 유튜브나 트위터, 텔레그램 등 각종 플랫폼에서는 조회수와 팔로워 수를 늘리기 위해 자극적인 제목과 화려한 썸네일을 사용하곤 합니다. 이런 콘텐츠나 정보를 집중적으로 접하게 되면 '나도 바로 투자하면 빠르게 수익을 낼 수 있을 것 같다'라는 착각이 자신도 모르는 사이에 자신을 장악해버립니다. 이런 심리에 휩쓸려버린 투자자들은 긴 호흡을 가지고 내용을 분석하고 정리하며 리서치를 진행하기보다는, SNS를 통해 전해지는 떠들썩하고 자극적인 성공담만을 기대하며 매수 결정을 내리기도 합니다. 나도 일단 투자를 하면 그들처럼 될 수 있을지 모른다는 막연한 기대감이 투자의 근거가 되는 것입니다. 일반적인 투자 기준에서 보면, 이는 최악의 저질 투자로 평가받기에 충분합니다.

물론 실제로 수익을 본 사람들도 존재합니다. 하지만 그게 운인지, 실력인지, 아니면 특정 세력이 의도적으로 펌핑을 일으켜 얻은 결과인지 구분하기 어렵습니다. 특히 중독적 상태가 심해질수록, 사람들은 이런 구분을 점점 신경 쓰지 않게 됩니다. 한방이라는 마법의 단어가 모든 경계심을 무너뜨리기 때문입니다. 너도 나도 한방, 그렇게 한방을 기대하지만 대체로 이런 경우는 아주 호되게 한방 크게 얻어맞고 나가 떨어지게 되는 결과로 이어지기도 합니다.

2. 극소수 성공담이 대다수를 왜곡시키는 이유

극소수의 성공담이 부풀려져서 대중에게 전파될 때, 한방 신화의 악영향은 더욱 더 강력해지기 마련입니다. 인간은 인지 편향 중 하나인 '생존자 편향(survivorship bias)'에 쉽게 빠지는데, 이는 성공 사례만 지나치게 강조하여 전체 상황을 오판하게 만드는 현상을 말합니다. 예를 들어, 주식이든 암호화폐 시장이든 간에 놀라운 수익률을 기록한 사람은 존재하고 나타나기 마련입니다. 하지만 대다수는 극소수의 성공 사례 뒤에 숨어 있는 수많은 실패 사례를 보지 못합니다. 예를 들어, 같은 시기에 동일한 자산군에 투자했는데 하락장에 물려 자금을 잃은 사람들의 이야기는 주목받기 쉽지 않습니다. SNS나 뉴스 기사 역시 '○○코인으로 수억 원 벌었다', '한 달 전에 이 코인 100만 원만 투자했더라면…'이라는 자극적 콘텐츠가 조회수를 확보하기 더 쉽기 때문에, 투자 손실 등 부정적인 내용은 상대적으로 덜 노출될 가능성이 높습니다.

결국 이처럼 편향된 정보에 노출되면, 다수의 투자자들은 '나도 하면 될 것 같은데?'라는 잘못된 확신에 빠질 가능성이 높아집니다. 그리고 조급해진 마음에 충분한 학습이나 검증 없이 쉽게 큰돈을 투입하게 될 가능성이 높아집니다. 이때 가장 문제가 되는 것은 아무런 준비나 기초 지식 없이 무리하게 투자했다가 곧바로 큰 손실을 보게 될 경우입니다. 이런 상황에 직면하면 투자자들은 '한방을 위해 한 번 더 질러봐야겠다'라는 악순환의 고리에 빠져들거나, 반대로 심각한 좌절감에 빠지기도 합니다. 앞서 예시로 살펴본 트럼프 밈코인만 하더라도 누군가는 0.003달러에 매수해 70달러에 매도하는가 하면, 누군가는 80달러에 매수해 30달러에 손절을 하기도 합니다. 정말이지 골때리는 상황적 대비입니다. 그런데 문제는 이게 영화나 소설 속 이야기가 아니라 우리가 실제로 접하는 현실이라는 것입니다.

3. '한방' 신화가 만들어내는 심리적 덫

한방 신화에 매몰되면, 투자자는 매우 비합리적인 선택을 반복하게 될 가능성이 높습니다. 예를 들어, 특정 코인에서 손실을 봤는데도 불구하고,

'다음에는 다른 코인으로 만회할 수 있을 거야'라는 근거없는 낙관적 기대를 품거나, '이번에도 한방으로 회복하지 못하면 더 큰 문제가 생긴다'고 스스로를 압박하며 더 큰 돈을 베팅하기도 합니다. 이건 정말이지 도박 심리와 큰 차이가 없습니다. 이런 경우가 많다 보니 몇 년 전까지만 해도 '너 아직도 코인하냐?' 이런 비아냥거리는 표현을 적잖이 접할 수 있었습니다. 코인 투자가 도박이나 다름없다는 뉘앙스가 깔려 있는 것입니다.

특히, 한방 심리는 사람들로 하여금 시장 분석이나 리스크 관리 대신 운에 의존하는 행태를 강화하기도 합니다. 코인 백서(white paper)를 꼼꼼히 읽어보면서 이 프로젝트가 뭐하는 프로젝트인지를 차분하게 리서치하거나, 프로젝트 팀의 이력을 파악하거나, 해당 코인이 시장에서 어떠한 역할을 하는지 충분히 학습하는 대신, 단순히 '이번에는 오를 거야'라는 기대만으로 매수 버튼을 클릭하게 되는 것입니다. 특히 온라인 커뮤니티나 SNS에서 '이번에 몇 배 갈 것'이라는 과장된 전망이 돌면, 이걸 곧이곧대로 믿고, 사실상 맹신 상태로 들어가는 투자자들도 적지 않습니다. 백서까지 살펴볼 시간적 여력이 없다면 최소한 코인마켓캡(coinmarketcap.com)에 들어가서 프로젝트 설명란이라도 살펴보는 것은 개인적으로는 최소한의 투자 예의라고 생각합니다.

더 큰 문제는, 여기서 한 번이라도 수익을 얻게 되면 그 행위가 강화 학습(Reinforcement Learning)처럼 뇌리에 각인될 수 있다는 것입니다. 즉, 잘못된 방식으로 돈을 벌었을 때 느끼는 쾌감이 이후 더 큰 위험을 감수하도록 부추기는 결과를 초래하는 것입니다. 한방에 대한 환상이 투자자 스스로를 '나는 행운을 타고난 사람' 내지는 '투자에 재능이 있는 사람'이라고 착각하도록 만드는 셈입니다. 이런 상황은 초심자의 경우 더 극대화될 수 있는데, 처음 투자하는 초심자들이 우연히 수익을 얻게 되는 '초심자의 행운'을 마치 투자 실력으로 착각하게 돼 더 큰 돈을 무리해서 끌어다 투자하는 경우도 적지 않게 목격할 수 있습니다. 물론 결과는 뻔합니다. 말 그대로 행운에서 시작됐기 때문에, 운에 기반을 둔 투자 결과는 불운으로 마감되는 경우가 많습니다.

한방 신화에 빠져 매수를 결정했지만, 실제로는 폭락 시점에 진입하여 큰 손실을 입은 사례는 생각보다 훨씬 많습니다. 앞서 언급한 트럼프 밈코인이 하루이틀 만에 수천 퍼센트 올랐다는 소식을 뉴스로 접한 A 씨가 높은 가격대에서 뒤늦게 뛰어들었다고 가정해 보겠습니다. 이미 한 차례 급등한 코인에 단기 조정이 찾아오면, A 씨는 단 며칠 만에 손실률이 50%가 넘는 상황에 부닥칠 수 있습니다. 특히 빚을 내서 레버리지 투자를 한 경우라면, 그 충격은 더욱 크게 다가올 수밖에 없을테고, 실제로 트럼프 밈코인은 이런 행태를 아주 극적으로 확인시켜줬습니다. 투자 자금이 청산되면서 마치 내 인생까지 청산되는 듯한 상황이 펼쳐지고, 그로 인해 감내해야 할 인생의 난이도가 극도로 높아질 수 있습니다.

누구는 이 코인으로 얼마를 벌었다고 하는데 정작 자신은 한방은 커녕 마이너스 수익으로 고전하고 있다면, 절망감은 더욱 깊어집니다. 이때 투자자들의 대표적인 반응은 두 가지입니다. 하나는 공포감에 매도, 다시 말해 패닉 셀을 단행해서 실제 손실을 확정짓는 것이고, 또 다른 하나는 '어차피 묻지마 투자니까 더 많이 사서 평균 단가를 낮추자'는 이른바 물타기를 시도하는 것입니다. 둘 다 바람직한 전략적 대응이라고 보기는 어렵지만, 한방 신화에 지배된 투자자일수록 냉정한 대처가 불가능합니다. 결국 잘못된 기대와 감정에 매몰된 채 시장에 참여하면, 오히려 한방에 모든 것을 잃을 수도 있다는 사실을 간과하게 됩니다.

4. 언론과 대중 심리가 만들어 낸 '과속 방지 턱' 없는 환경

암호화폐 시장에서는 종종 규제 당국의 예상치 못한 규제 정책이나 거래소의 상장 폐지 등으로 인해, 상승 흐름이 갑자기 꺾이는 일이 벌어지곤 합니다. 하지만 크립토 전문 미디어들이나 SNS에서는 이런 의미 분석이 필요한 내용보다는 '○○코인 대박 가능'이나 '수십 배 폭등 예상' 등과 같은 헤드라인에 더 집중하는 경우도 적지 않습니다. 의미는 있지만 재미없는 기사보다는 자극적인 단발성 기사가 소위 말하는 더 먹히는 기사가 될 수 있기 때문입니다.

이런 암호화폐 시장 상황은 과속 방지 턱이 없는 도로 환경과 비슷합니다. 암호화폐 시장에는 과속 방지 턱 역할을 해줄 제도나 안정 장치가 미흡하다는 의미입니다. 전통 금융 시장에서는 서킷브레이커나 상하한가 제도 등으로 극단적인 폭등과 폭락을 어느 정도 막을 수 있지만, 암호화폐 시장에는 그런 장치가 없거나 미비한 것이 현실입니다. 이처럼 빠르게 변하는 시장 환경에서는 대중 심리가 더욱 자극받고, 막연한 대박 심리에 휩쓸려 올인하려는 유혹이 커지기 마련입니다. 규제 명확성이 이전과 비교했을 때는 상대적으로 아주 선명해지고 있는 상황이지만, 말 그대로 여전히 현재 진행형인 상황이다 보니 규제 공백이 여전히 존재하는 상황이라고도 할 수 있습니다.

이때 냉정하게 시장 리스크를 파악해야 할 미디어들은 앞서 언급한 것처럼 대중의 클릭을 유도하기 위해 극소수의 성공 사례나 자극적인 광고성 재료를 부각하곤 합니다. 그렇게 되면 대다수 투자자들이 단기간에 '부자 될 수 있다'는 믿음을 확고히 하게 되고, 다른 한편으로는 커다란 낭패에 직면할 수 있다는 위험을 제대로 인식하지 못하게 됩니다. 결국 여기서도 중요한 것은 미디어가 전달하는 내용을 분별력있게 판단할 줄 아는 미디어 리터러시(media literacy) 능력입니다.

투자는 원래 시간을 들여 자산을 불려 나가는 행위입니다. 리스크와 리워드의 균형을 유지해야 한다는 것이 기본 원리입니다. 하지만 한방 신화나 대박 심리가 뿌리깊게 자리잡으면, 투자자가 모든 전략과 마인드를 단기 폭등 가능성과 기대에만 맞추게 됩니다. 의도하지 않았다고 하더라도 결과적으로 그렇게 되는 경우도 적지 않습니다. 그만큼 시장을 감싸고 있는 극적인 정서에서 중심을 잡는다는 것이 간단치 않다는 것을 의미하기도 합니다. 장기적으로 시장을 분석하거나, 프로젝트의 펀더멘털을 체크하거나, 위험 분산을 실행하기보다, 언제 폭등이 터질지 알 수 없는 상황에 무작정 베팅하는 행위가 반복되는 것으로도 정리할 수 있습니다.

사실 이런 태도를 적극적으로 인지하고 의식적으로 노력해 고치지 않는 이상, 중장기적으로는 손실 가능성이 오히려 커질 수밖에 없습니다. 비정상적인 폭등 종목에 걸어 놓은 자금이 모두 사라질 수도 있고, 설령 한번 큰 수익을 거두더라도 다음에는 더 큰 금액을 베팅하여 더 큰 손해를 볼 수도 있기 때문입니다. 특히 암호화폐 시장은 전통 금융 시장 대비 변동성이 훨씬 크고, 규제나 보호 장치도 아직 충분하지 않다는 점에서 건전한 투자 원칙 없이 뛰어드는 것은 매우 위험합니다. 더욱이 현물 거래가 아닌 선물 거래를 할 경우에는 단 한 번에 모든 걸 잃을 수도 있습니다.

5. 한방 심리에서 벗어나는 방법

그렇다면 어떻게 하면 이런 '한방' 신화의 허상에서 벗어날 수 있을까? 먼저, 우리가 흔히 접할 수 있는 무료 기사, 정보들 속에는 극소수 사례만 이 과도하게 부각된다는 사실을 우리 스스로 인지할 필요가 있습니다. 미디어나 SNS에서 어떤 코인이 단기간에 수백 배 올랐다는 이야기를 접했을 때, 그 이면에 도사리고 있을지 모를 실패와 위험, 운의 요소 등을 함께 떠올려야 합니다. 더 나아가 지금 벌어지고 있는 상황의 이슈적 배경을 찾는 노력이 필요합니다.

목표 수익률과 투자 기간을 명확히 설정하는 것도 중요합니다. 단타로 치고 빠지는 것 자체를 나쁘다고 할 수는 없습니다. 하지만 한방을 노리겠다는 막연한 기대만으로 진입하기보다는 명확한 진입 시점과 매수 근거, 수익 전략을 세워야 합니다. 예를 들어, 어느 시점에 얼마나 많은 물량을 매도하고, 손절 라인은 어디로 정할지, 투자금은 얼마나 분산할지를 구체적으로 결정해두는 방식을 생각해볼 수 있습니다.

이와 함께, 자신이 감당할 수 있는 수준 이상의 자금을 투입하지 말아야 합니다. 레버리지나 대출 등을 활용할 때는 당연히 더욱 더 신중해야 합니다. 암호화폐 시장에서는 예상치 못한 변동이 순식간에 일어날 수 있고, 그 과정에서 분위기 반전이 급격하게 벌어질 수 있기 때문에, 한 번의 잘못된 판단이 내 재정 상태뿐 아니라 심리적 건강까지 위협합니다. 이른바 '빚투'는 벼락 부자를 꿈꾸다 벼락 거지가 되는 전형적인 상황 중 하나입니다.

프로젝트와 시장 상황, 거시경제에 대한 학습과 정보 검증 등의 리서치는 기본 중의 기본입니다. 백서와 프로젝트 팀의 이력, 투자 유치 현황, 해당 코인의 실제 활용성, 유틸리티적 특징 등 기본적인 요소를 점검하고 나서 투자 여부를 판단해도 늦지 않습니다. 설사 곧 폭등할 것 같은 코인을 놓치더라도, 차분하게 공부하며 접근하는 것이 장기적으로 봤을 때 한탕주의적 접근보다 훨씬 더 안전한 길이라는 것을 깨달아야 합니다.

마지막으로 주변에서 들려오는 성공담이나 자극적 정보를 대할 때는 늘 회의적 시각을 유지하는 습관을 들이는 것이 좋습니다. 어떠한 정보라도 맹신하기보다는 '이게 정말 사실인가?', '이 성공담 뒤에는 다른 조건이나 상황이 있었던 게 아닌가?'를 생각해볼 필요가 있습니다. 투자에 있어서도 정보를 비판적 관점에서 소비하는 미디어 리터러시가 중요하다는 걸 새삼 느낄 수 있는 부분입니다.

6. 잘못된 기대와 감정에서 벗어나기

한방 신화는 투자 세계에서 끊임없이 재생산되는 오래된 유혹이기도 합니다. 투자 시장의 역사 속에는 언제나 한방 신화가 함께 했다고 해도 이상하지 않습니다. 암호화폐 시장은 특히나 더 높은 변동성과 낮은 진입 장벽이라는 특수성으로 인해 이런 유혹이 더욱 쉽게 번지고 깊게 자리 잡았습니다. 하지만 극소수의 성공 사례가 모두에게 적용되지 않는다는 것은 너무나도 당연한 사실입니다. 오히려 대부분의 사람들에게 그들이 염원하는 '한방'은 존재하지 않습니다. 그럼에도 불구하고, 과장된 성공담과 자극적인 뉴스는 투자자들의 기대와 감정을 휩쓸어버리기 십상입니다.

이제 우리는 정상적 투자 스탠스를 정립하기 위해 이 한방 신화의 허상을 직시해야 합니다. 성공 스토리 뒤에는 운이나 우연이 크게 작용했을 수도 있고, 실제로는 많은 투자자가 손실을 보고 있습니다. 투자는 마라톤과도 같아서 단기적인 폭등보다는 얼마나 지속 가능하고 합리적인 전략을 유지하느냐가 더 중요합니다. 무리한 기대와 감정적 판단을 배제하고, 냉철한 기준과 원칙으로 시장에 접근하는 태도가 결국 자신을 지켜주는 안전판이 됩니다.

암호화폐 시장에 뛰어들 때는 항상 스스로에게 되물어 볼 필요가 있다고 생각합니다. '지금 내가 기대하는 것은 구체적인 분석과 전략에 기반한 것인가, 아니면 막연히 '한방'을 기다리는 것인가?' 이 질문에 솔직히 대답할 수 있다면, 이미 '한방' 신화에서 벗어나 건전한 투자자의 길로 한 걸음 더 나아갔다는 방증일 것입니다.

초고수익 집착이 가져오는
위험성

암호화폐 시장에 입문하는 사람들 가운데 적잖은 경우는 한 번의 투자로 인생 역전을 노리는 심리를 은연 중에 품고 있는 것 같습니다. 앞서 언급한 한방 신화가 단기간에 극적인 수익을 얻는 사례만을 조명하며 부풀려지는 탓에, 초고수익을 추구하는 심리가 자연스럽게 확대 재생산되는 것으로도 바라볼 수 있습니다. 누군가는 지인의 사례나 온라인 커뮤니티에서 떠도는 성공담을 접하고, 또 다른 누군가는 유명 유튜버나 투자 고수로 알려진 인플루언서의 대박 기록을 보고 막연한 기대감을 갖게 됩니다. 하지만 시장에 참여해 실제로 매매를 진행하다 보면, 초고수익에 대한 집착이 얼마나 불안정하고 위험을 초래하는지를 깨닫기까지 그리 오랜 시간이 필요하지 않습니다. 막연한 기대 심리와 차가운 현실의 온도 차이가 너무 뚜렷하기 때문입니다.

초고수익을 지향하면서 한방 심리에 집중하게 된다는 것은 다른 말로는 리스크 관리에 실패할 수 있다고도 표현할 수 있습니다. 일정 수준 이상의 수익을 기대하며 근거 없이 막연하게 시장 대응을 한다는 것은, 대체로 그만큼 높은 변동성을 수반하는 자산에 노출되거나, 레버리지를 활용하는 등 무리한 투자 방식을 택할 수 있다는 것을 의미하기도 합니다. 예를 들어, 투자 경험이 부족한 상태인데도 불구하고, 다른 시장보다 훨씬 변동 폭이 큰 암호화폐 시장에서 단기간에 몇 배의 수익을 기대하는 사람들은 종종 레버리지를 곁들인 선물 거래나 파생 상품 매매에 발을 들이게 됩니다. 이런 접근 방식은 단기간에 수익을 극대화할 가능성도 열어주지만, 동시에 시장이 반대로 움직일 경우 순식간에 투자 금액이 사라질 수 있다는 치명적 위험을 안고 있습니다. 이런 위험이 현실이 되면, 투자자는 초대형 수익이 아니라 초대형 손실을 겪게 되고, 내가 감내해야 할 인생 난이도는 극대화될 수밖에 없는 환경에 처하게 됩니다. 만약 자신이 경험이 부족한 투자자라면 선물 거래나 파생상품 시장은 아예 쳐다도 보지 않는 것이 좋습니다.

1. 중독적 매매 습관이 만드는 악순환

교과서적인 표현이기는 하지만 원래 정상적인 투자자라면, 냉정하고 이성적인 판단을 바탕으로 자산 배분과 손절 라인 설정, 적절한 분산 투자 등을 실행하는 것이 정석이라 할 수 있습니다. 하지만, 초고수익을 노리는 사람들은 일반적 기대 수준의 수익률에 만족하지 못하고, 한 번의 폭등과 이를 통한 대박을 꿈꾸며 여유 자금 이상의 돈을 베팅하기도 합니다. 아니면 이미 수익이 난 상황에서 제대로 익절을 하지도 못하고 더 많은 수익을 바라다 결국 시장의 반전에 보기 좋게 당하기도 합니다. 특히, 한두 번 운 좋게 수익을 얻으면 '나는 특별한 투자 재능이 있다'라거나 '이제는 어느 정도 실력자가 됐다'는 오판을 하기도 합니다. 바로 이 오판이 과도한 레버리지, 더 큰 자산 투입, 무리한 매수와 매도를 부추기는 기폭제가 됩니다.

막연한 초고수익 지향은 투자자의 멘탈 관리와도 직접적으로 연결됩니다. 사람은 누구나 빠른 시간 안에 큰 성과를 내고 싶어 합니다. 아무리

발버둥쳐도 결코 이길 수 없는 게 시간의 힘인데, 그걸 어떻게든 이겨보려고 아등바등 애를 쓰는 것입니다. 엄연히 기다려야 할 시장의 시간이 있는데도 불구하고, 그런 건 깡그리 무시하고 내가 기대하는 나의 시간에만 방점을 찍는 것입니다. 하지만 시장은 결코 이런 투자자의 욕망을 배려해주지 않습니다. 예를 들어, 시가 총액이 작고 유동성이 낮은 알트코인들은 조금만 자금이 들어와도 폭발적으로 상승할 수 있습니다. 이때 '이 코인을 놓치면 안 된다'는 FOMO(Fear of Missing Out) 심리가 가세하면, 투자자들은 자신이 감당할 수 있는 범위를 넘어선 금액을 투입하기도 합니다. '이번 한 번이 마지막 기회'라고 스스로를 설득하며, 제대로 된 분석 없이 고점 근처에서 매수하는 경우도 흔합니다. 하지만 이렇게 불안정한 낮은 시총의 종목일수록, 반대로 빠른 폭락을 맞닥뜨릴 가능성도 훨씬 높습니다. 시장이 하락세로 돌아서는 순간, 초고수익을 기대하며 뛰어든 투자자들은 순식간에 손실을 떠안고 불안감에 사로잡혀 잘못된 대응을 반복하게 됩니다. 이건 앞서 살펴본 마켓 메이커들이 시장을 조작하는 전형적인 방식이기도 합니다. 하지만 이미 과잉 기대감으로 눈이 먼 개미 투자자들은 눈앞에서 내 투자금이 반토막 또는 그 이하로 폭락하는 광경을 보면서도 '곧 다시 오를 거야'라는 근거 없는 믿음에 매달려 시간을 허비하기도 합니다. 그게 아니라면, 기준점 없는 물타기를 시도하다가 손실을 키우는 경우도 부지기수입니다.

당연히 이런 투자 행태는 큰 스트레스와 압박감을 동반할 수밖에 없습니다. 매일같이 차트와 뉴스를 체크하고, 정신없이 시세변동을 좇다 보면, 일상적인 업무나 가족과의 시간을 소홀히 하게 됩니다. 잦은 매매에서 비롯되는 피로감은 점점 누적되어 투자자 스스로의 정신 건강에도 영향을 미칩니다. 작은 손실에도 극도로 예민해지고, 반대로 조금만 수익이 나도 과도한 자신감에 빠지는 감정의 롤러코스터를 반복하다 보면, 결국 투자로 얻고자 했던 이익이나 안정감과는 거리가 먼 소진 상태에 이르기 쉽습니다. 이런 상황에서 의연하게 매매 원칙을 지키고 손실을 받아들이기는 매우 어려운 일이기 때문에 결과적으로는 악순환의 고리가 완성됩니다. 더 행복해지기 위해 투자를 하는 것인데 투자를 하다가 행복과 더 멀어지게 되는 것입니다.

특히 초고수익을 노리던 투자자는 자신의 뜻대로 상황이 펼쳐지지 않게 될 경우 더 크게 베팅을 해서 한 번에 회복하려는 경향을 보이기도 합니다. 즉, 손실을 보전하려는 심리가 과도해져 레버리지나 신용 거래 한도를 높이는 것입니다. 하지만, 이건 거의 도박적 행태라 해도 무방합니다. 이미 손실을 봤다는 사실이 투자자의 이성을 흐리게 만들고, '이번 한 번만 터지면 다시 원금 회복'이라는 인식이 지배하는 순간부터는 일종의 묻지마 질주 상태에 빠져듭니다. 그 결과가 또다시 실패로 이어지면, 기존 손실은 물론 추가 자금까지도 잃게 되고, 경제적 파산이나 극단적인 심리적 위기로 내몰릴 수 있습니다.

초고수익 집착으로 인한 위험은 투자자 본인에게만 국한되지도 않습니다. 주변 지인이나 가족에게까지 '지금 투자하면 대박 난다'는 식으로 설득하는 단계에 이르게 되면, 단순히 투자금만 박살나는 것이 아니라 사적 관계, 가장 소중한 관계까지 박살날 수 있습니다. 이런 상황은 강세장 국면이 본격화됐을 때 흔히 접할 수 있습니다. 정도의 차이는 있겠지만, 가족들 적금을 깬 뒤 자금을 모아서 베팅하거나, 집을 팔아서 코인을 샀다가 투자에 실패했다는 에피소드는 그리 어렵지 않게 접할 수 있습니다. 투자금도 박살나고 사회적 관계도 파탄 나고 그렇게 내 인생도 박살나는 최악의 상황이 펼쳐질 수도 있는 것입니다.

2. 초고수익 집착에서 벗어나는 방법

그렇다면 초고수익, 막연한 한탕주의에 대한 집착에서 벗어나기 위해서는 어떻게 해야 할까요? 가장 중요한 것은 자신이 원하는 수익률과 리스크 허용치를 명확히 구분하고, 그 범위를 벗어나는 투자 방식은 철저히 배제하는 것이 중요하지 않을까 생각합니다. 예를 들어, 연 10~20% 수익률이라면 이미 다른 금융 상품에 비해 매우 높은 수준인데도 불구하고, 사람들은 암호화폐 시장이 주는 극단적 사례를 보고 '몇 배, 몇십 배도 가능하지 않을까?'라는 욕심을 키우곤 합니다. 그러나 이런 식으로 계속 기대치를 높이면, 현실적인 위험 관리가 불가능해집니다. '이 정도만 벌어도 충분하다'는 마인드를 가지면, 잠깐의 기회 손실을 감수하더라도 시장이 과열될 때 무리하게 뛰어들지 않을 수 있습니다. 또한 손실이 발생했을 때도 당황하기보다는 '원금 대비 어느 수준이면 이미 감내 범위'라는 생각으로 좀 더 유연하게 대응할 수 있습니다.

두 번째로는, 감정적 매매를 최대한 지양하기 위해 '트레이딩 플랜'을 미리 세워두는 방식이 도움이 됩니다. 예를 들어, 어떤 종목을 매수할 때, 미리 손절 라인과 목표 수익 구간을 설정해두는 방식입니다. 그리고 실제 시세가 그 구간에 도달하면 감정에 흔들리지 않고 기계적으로 계획대로 매도 또는 매수 결정을 내리는 훈련을 반복해야 합니다. 물론 시장 상황이 복잡하게 변하면 처음 세웠던 계획과 다르게 대응해야 할 때도 있지만, 최소한 감정적인 FOMO나 '에라 모르겠다'식 베팅보다는 훨씬 낫습니다. 전략적 계획 매매라는 게 사실 별거 아닌 게, 이 정도만 충실히 접근하며 노력해도 훌륭한 전략적 계획 매매가 가능합니다.

분산 투자와 현금 비중을 유지하는 것 역시 중요합니다. 초고수익에 집착하는 사람들은 보통 한두 종목에 과도하게 집중 투자하기 쉬운데, 이건 몰빵 리스크를 높이는 지름길입니다. 암호화폐 시장은 특정 알트코인이 단시간에 몇십 배 오르는 사례도 있지만, 반대로 개발이 중단되거나 상장 폐지되는 일도 허다합니다. 분산 투자를 하면 대박이라는 즐거움은 다소 줄어들 수 있어도, 큰 폭락을 맞았을 때 전부를 잃는 상황은 피할 수 있습니다. 또 현금 비중을 어느 정도 유지하면, 시장이 급락했을 때 추가 매수 기회를 포착할 수 있는 대응력도 확보하게 됩니다. 리스크 매니지먼트 역시 결국 기본에 충실하면 된다는 걸 되새길 수 있는 부분입니다.

여기에 더해 자신만의 투자 철학과 지적 호기심을 기르는 것도 좋은 방법입니다. 암호화폐 시장은 기술 발전이나 경제적 변화와 맞물려 빠르게 반응합니다. 단순히 '코인 가격이 오르니까 더 오를 것 같아서 매수해야지'라는 태도로는 초고수익을 노리는 이 험악한 경쟁판에서 살아남기 어렵습니다. 해당 프로젝트의 백서(white paper)나 개발 로드맵, 핵심 팀, 커뮤니티 활동 등을 꼼꼼히 분석하고, 블록체인 기술이 실제로 어느 분야에서 어떻게 쓰일 수 있는지 공부해 둔다면, 최소한 무분별한 묻지마 투자를 피할 가능성이 높아집니다. 높은 수익률을 올리는 사람들도 대부분은 시장 흐름과 기술 동향을 파악한 뒤 결판을 낸 경우가 많습니다. 그래서 초고수익을 향한 열망이 있다면, 그만큼의 지식과 준비도 뒷받침돼야 위험을 줄이면서 기회를 살릴 수 있습니다.

마지막으로, '초고수익 집착'은 투자자 스스로가 만들어낸 압박일 때가 많다는 점을 인식하는 것도 중요합니다. 사회적으로도 '짧은 시간 안에 성공해야 한다'는 압박감이나, 주식 부동산 등 다른 자산으로 인해 상대적 박탈감을 느끼는 심리가 작용할 수 있습니다. 주변에서 '나 얼마 벌었다'라는 이야기를 들으면, 본인도 서둘러 따라잡으려는 충동이 커지기 마련입니다. 하지만 이렇게 외부적 압박과 비교 심리에 휩싸이면, 정작 자신에게 맞는 투자 전략을 세우기보다 남의 성과나 속도에만 집착하게 됩니다. 장기적으로 보면, 이런 '뒷북 투자'나 '남 따라 매수'로 얻게 되는 것은 의외로 손실일 때가 훨씬 많습니다. 따라서 투자자 본인이 어떤 목표를 가지고, 어느 정도 기간과 위험을 감수할 계획인지부터 명확히 하고 시장에 임하는 자세가 필요합니다.

정리하자면, 초고수익 집착이 가져오는 위험성은 결코 가볍게 넘길 수 없는 문제입니다. 암호화폐 시장에서는 적은 자금으로도 큰 성과를 낼 수 있을 것 같은 기대가 쉽게 생기지만, 이건 동시에 치명적인 손실을 초래할 수도 있다는 것을 의미합니다. 하이 리스크 하이 리턴, 로우 리스크 로우 리턴은 불가분의 관계입니다. 그럼에도 불구하고 극단적인 예외적 사례만 보고 무턱대고 불나방처럼 시장에 뛰어든다면, 확률적으로는 실패하거나 중도 포기할 가능성이 훨씬 높아집니다. 그렇기 때문에 무엇보다 중요한 것은 현실적인 수익 목표를 설정하고, 위험 관리와 심리적 안정 장치를 마련해 두는 것입니다. 그렇지 않고서는 단발적인 대박 뒤에 이어지는 거센 폭락이나 시장 위기를 직면했을 때, 투자자로서의 삶 전체가 무너질 수도 있습니다. 결국 초고수익을 좇는 대신, 꾸준함과 원칙을 지키면서도 필요한 정보를 학습하고 대처 전략을 세우는 길만이 이 변덕스러운 암호화폐 시장에서 지속적인 생존과 성취를 기대할 수 있는 유일한 길이 아닐까 생각됩니다.

2

FOMO와 FUD
극복하기

주변 정보와 소문에
흔들리지 않는 법

암호화폐 시장은 24시간 전 세계적으로 거래가 이루어지고, 인터넷과 SNS 등을 통해 수많은 정보가 쉴 새 없이 쏟아집니다. 상황이 이렇다 보니, 개인 투자자들은 얼마든지 'FOMO(Fear of Missing Out)'와 'FUD(Fear, Uncertainty, Doubt)'라는 심리적 함정에 빠질 수 있습니다. FOMO는 시장이 상승할 때 '지금 사지 않으면 영영 기회를 놓치는 게 아닐까?'라는 두려움을, FUD는 시장이 하락하거나 부정적 뉴스가 돌아다닐 때 '이제 망하는 것이 아닐까?'라는 불안과 의심을 말합니다. 두 가지 모두 투자자의 냉정한 판단을 저해하고, 오로지 감정적 대응을 만든다는 공통점이 있습니다. 특히 암호화폐처럼 변동성이 큰 시장에서는 FOMO와 FUD가 빈번하게 교차하며, 주변에서 들리는 여러 소문과 자극적 기사로 인해 투자자가 감정 기복을 크게 겪게 됩니다. 이번 장에서는 이런 심리적 함정에 흔들리지 않고, 주체적으로 시장 정보를 선별하며 대응하는 방법에 대해 살펴보도록 하겠습니다.

1. FOMO에서 벗어나기

FOMO 심리는 암호화폐 시장이 급등할 때 특히 강하게 나타납니다. 예를 들어 특정 코인이 며칠 사이에 2배, 3배 올랐다는 사실이 퍼지면, 사람들은 해당 상승 흐름에 편승하지 못하면 큰 기회를 놓치는 것 아닌가 하는 조급함을 느끼게 됩니다. SNS나 유튜브, 텔레그램 채널 등에서 반복적으로 '더 늦기 전에 지금 들어가야 한다'라는 방식의 메시지가 노출되면, 마치 모두가 이미 투자해서 수익을 올리고 있는 듯한 느낌이 들기도 합니다. 그러면 나도 모르게 더 늦기 전에 올라타야 한다는 충동이 생기기 마련인데, 이건 한편으론 시장 흐름을 따르는 추격 매수 전략으로도 해석될 수 있지만, 대부분 감정적이고 단기적인 심리에 가까운 경우가 많습니다. '더 오를 것 같다, 지금 안 사면 후회할 것 같다' 이런 심리에 휩싸이는 것입니다. 실제로 이렇게 급등장에서 전략없이 뛰어드는 투자자들은 흔히 시장의 꼭지 부근에서 매수해서, 조정이나 하락이 오면 큰 손실을 보게 됩니다. 고점에 매수하고 저점에 매도하는 최악의 투자 방식에 나도 모르게 빠져버리는 셈이기도 합니다. 이게 바로 FOMO의 힘입니다.

이런 FOMO를 극복하기 위해서는 우선 '시장의 상승 요인이 무엇인지'를 객관적으로 파악하는 노력이 필요합니다. 해당 코인이 올라가는 이유가 기술적, 펀더멘털 차원의 발전이나 대형 파트너십 체결 같은 호재성 재료때문인지, 아니면 단순히 세력의 펌핑·덤핑이나 일시적인 시장 광기 때문인지 구분해야 합니다. 설사 근거 있는 상승이라고 해도 이미 많이 오른 시점에 추격 매수하는 것이 위험한지 아닌지를 냉정히 따져볼 필요가 있습니다. 많은 경우 암호화폐 가격은 짧은 폭등 뒤에 어느 정도 조정을 거치게 마련입니다. 더 단순화시켜서 표현하자면, 모든 급등 뒤에는 급락이 있고, 모든 폭락 뒤에는 폭등이 있다라고도 할 수 있습니다. 그래서 급등락 이후 조정 구간에서 더 적절한 진입 시점을 잡을 수도 있고, 아니면 프로젝트를 더 깊이 있게 리서치한 뒤 확신이 들 때 매수해도 늦지 않습니다. 하지만 일단 FOMO에 사로잡히면 '지금 놓치면 평생 후회할 것 같다'는 강박에 휩싸이게 되고, 이런 분석 과정을 생략한 채 무작정 매수 버튼부터 누르게 됩니다. 그리고 나서 많은 사람들이 말합니다. 내 손가락이 나도 모르게 움직여서 매수 버튼을 눌러버렸다고.

물론 이런 추격 매수가 운 좋게 1~2번 성공할 수도 있습니다. 하지만 장기적으로 보면 감정적으로 쫓아가는 투자는 위험 요소가 크다고 할 수 있습니다. 특히 가파른 상승 종목일수록 변동성도 크기 마련이고, 시장이 조금만 꺾여도 가차 없이 급락이 올 수 있습니다. 가장 근단적인 예시로 FTX 사태를 꼽을 수 있습니다. 말 그대로 시장이 줄줄 흘러내리는 상황은 아무도 예상치 못할 때 급격하게 찾아오곤 합니다. 나아가 주변에서 들려오는 이야기에만 의존해 투자하면, 실제 프로젝트의 기술력이나 팀의 역량과 잠재력, 거시적 경제 흐름 등 중요한 판단 요소를 놓치게 됩니다. 결국 FOMO에서 벗어나는 첫 걸음은 '지금이 과연 매수할 때인지, 아니면 시장이 과열돼 위험 신호를 보내고 있는지'를 이성적으로 진단하는 습관을 들이는 것입니다. 완벽한 이성적 판단을 내린다는 것은 우리같은 일반적인 개미 투자자들에게는 물론 어려운 일이지만, 이런 습관이 있고 없고는 비교 불가의 차이점이라고 생각됩니다. 일반화시키기는 어려울 수 있지만, 좀 더 솔직하게 표현하면 갑자기 급등 펌핑이 나오는 종목은 일단 기다려보는 게 정답지에 좀 더 가까울 확률이 높습니다.

2. FUD에서 벗어나기

반면, FUD는 하락장이나 부정적 뉴스가 나올 때 '이제 끝났구나'라는 불안과 의혹을 극도로 증폭시키는 심리를 의미합니다. 특히 암호화폐 시장은 규제 이슈나 글로벌 증시 변동, 거대 세력급 기관의 매도 움직임 등으로 인해 하루아침에 30~40%씩 폭락하기도 합니다. 때로는 법적 정책적 압박이 더해져서 심리적 공포가 시장 전체를 집어삼키는 상황이 벌어지기도 합니다. 이때 사람들은 '이 코인은 망했다', '이 시장은 죽었다', '이번 사이클 끝났다'는 발언을 쉽게 믿고, 조금만 더 버티면 반등할 수 있는 구간에서도 공황 상태로 매도를 택해버립니다. 이미 누적된 손실이 있는 투자자라면, 절망감에 빠져 원금 회복조차 기대하지 못하고 바닥 근처에서 물량을 털어버리기도 합니다.

FUD를 극복하기 위해서는 '하락의 원인과 규모가 정말로 치명적인가?'를 살펴보는 냉정한 분석이 필요합니다. 단기적인 가격 급락이 장기적으로 투자 가치가 사라졌다는 것을 의미하지는 않습니다. 예를 들어, 비트코인이나 이더리움, 리플 등 주요 알트코인의 역사를 보면, 과거에도 심각한 폭락을 여러 차례 수없이 겪었지만, 결국 기술적 발전과 글로벌 수요에 힘입어 반등에 성공해왔습니다. 물론 모든 코인이 그렇지는 않기 때문에, 프로젝트의 펀더멘털과 시장에서의 입지를 잘 따져봐야 합니다. 하지만 무턱대고 '이제 망했다'라는 소문에 휩쓸려 매도하는 것은 FOMO와 마찬가지로 감정적 매매의 또 다른 양상이 될 뿐입니다. 혹여 실제로 프로젝트가 망할 징후가 있다면, 해당 근거가 무엇인지, 예를 들어 개발 활동이 중단되었는지, 핵심 멤버가 이탈했는지, 자금 조달이 끊겼는지 등 구체적 사실을 확인한 뒤 결정하는 것이 좋습니다.

FUD는 또한 '확증 편향'과 결합해 투자자의 판단력을 더욱 흐리게 만들 수도 있습니다. 예컨대, 이미 어느 정도 손실을 본 상황에서 부정적인 뉴스만 계속 찾아보면 '이제 끝이다', '정말 끝났나보다'라는 확신만 키우게 되어서 회복 기회를 놓치게 되는 상황도 흔히 발생합니다. 반면 약간이라도 반등 조짐이 보이면, 과도하게 반등을 믿어버리고 적절한 손절 기회를 놓치기도 합니다. 이런 진퇴양난을 겪지 않으려면, 애초에 냉정하게 진입 가격과 손절 라인을 설정하고, 시장 변동에 휘둘리지 않는 원칙이 필요합니다. 이건 '지나친 낙관'이든 '과도한 비관'이든 모두 경계하게 만들고, 보다 더 객관적인 시각을 유지하는 데 도움이 됩니다. 이런 접근 방식은 사실 가장 기본 중의 기본인데, 원래 기본을 익히기가 가장 어려운 법입니다.

3. FOMO와 FUD를 통제하고 극복하는 방법

결국 FOMO와 FUD를 동시에 통제하기 위해서는, 주변 정보와 소문에 의존하지 않고 스스로 판단할 수 있는 근거를 마련하는 일이 핵심이라 할 수 있습니다. 다소 원론적인 표현이지만 단순화시키자면, 이 역시 결국 철저한 리서치로 귀결됩니다. 쉽게 말해 공부해야 한다는 것입니다. SNS나 커뮤니티에 떠도는 풍문 중에는 세력의 의도적 펌핑·덤핑을 유도하기 위한 가짜 뉴스나 과장된 호재 악재가 섞여 있을 가능성이 높습니다. 그래서 정말 믿을 만한 출처인지를 먼저 확인해야 하고, 해당 정보가 사실이라 해도 시장 가격에 얼마나 반영됐는지를 따져봐야 합니다. 예를 들어 어떤 코인이 대형 거래소에 새로 상장된다는 소식은 분명 호재로 작용할 수 있지만, 상장 직전에 가격이 이미 크게 올라버렸다면 실제 상장 이후에는 오히려 큰 폭의 조정이 급격하게 찾아올 수도 있습니다. 반대로 특정 프로젝트가 소송에 휘말렸다는 뉴스가 나오면, 당장은 악재처럼 보여도 실제 소송 결과가 나오기까지는 오랜 시간이 걸릴 수 있고, 중간에 다른 이슈가 시장 흐름을 바꿔놓을 수도 있습니다.

주변 정보와 소문에 흔들리지 않는 법을 구체적으로 실천하기 위해서는, 다음 같은 과정을 생각해볼 수 있습니다.

먼저, 정보 출처를 파악합니다. 뉴스가 어느 미디어를 통해 보도되었는지, 해당 미디어가 과거에도 암호화폐 관련 오보나 편파적 보도를 한 적은 없는지를 확인하는 것입니다. 트위터나 텔레그램, 디스코드 등에서 유통되는 정보라면, 발신자가 누구인지, 그 사람이 실제로 프로젝트 팀이나 기관 투자자와 관련이 있는지, 아니면 단순히 영향력을 높이려는 개인인지를 살펴보아야 합니다. 보통 기성 올드 미디어의 경우에는 소식이 가장 느린 경우가 많고, 역시 글로벌하게 봤을 때 가장 빠른 정보의 장은 트위터입니다. 물론 트위터에서는 속도감있는 정보가 돌아다니기 때문에 진짜와 가짜를 구분해야 하는 건 어쩌면 당연한 과제인지도 모르겠습니다. 그만큼 뜬소문도 많다는 의미입니다.

둘째, 사실 여부와 시점, 영향 범위를 평가합니다. 예를 들어 '어느 나라 정부가 암호화폐 전면 금지를 선언했다'라는 소문이 퍼졌다고 가정해 보겠습니다. 실제로 그 나라의 정부 기관이 공식 발표를 했는지, 해당 조치가 언제부터 시행되는지, 전체 시장에 얼마만큼 영향을 미치는지 등을 구체적으로 살펴보고 분석해야 합니다. 단순한 추측 기사나 오래된 뉴스를 재탕하며 재활용하는 사례도 많기 때문에, 정보를 접한 시점과 실제 이슈가 발생한 시점이 일치하는지도 체크해야 합니다. 물론, 이게 말이 쉽지 굉장한 노력과 시간이 필요합니다. 제대로 된 투자라는 게 얼마나 어려운 부분인지를 다시금 느낄 수 있는 대목이기도 합니다.

셋째, 적절한 대응 전략을 마련해야 합니다. 정보가 사실이고 시장에 큰 영향을 미칠 것이 확실하다면, 보유 물량 일부를 줄이거나 현금 비중을 늘릴 필요가 있을 수도 있습니다. 반면 정보가 과장된 것으로 보이거나 이미 어느 정도 가격에 반영되었다고 판단되면, 굳이 흥분해서 매도할 필요는 없을 것입니다. 혹은 오히려 '악재 과잉 반영'에 따른 저점 매수 기회를 노릴 수도 있습니다. 이렇듯 정보가 주는 시사점과 시장 반응 사이의 간격을 분석하는 과정이 필요합니다.

넷째, 기본적인 원칙과 심리적 안정 장치를 마련해야 합니다. FOMO와 FUD는 모두 감정적 동요에서 비롯됩니다. 따라서 미리 자신만의 투자 원칙을 세워두고, 그 원칙에서 벗어나는 상황이 오더라도 허둥거리지 않도록 대비해야 합니다. 예를 들어 '현금 30% 이상은 항상 보유하겠다'라든지, '어느 정도 상승하면 일부 수익을 실현하고 나머지만 계속 끌고 가겠다'와 같은 규칙을 구체화해 놓으면, 추격 매수나 패닉 셀 가능성을 낮출 수 있습니다. 또한 마음이 흔들릴 때마다 차트를 끊임없이 보거나 커뮤니티를 기웃거리기보다는 스스로가 정립한 체크 리스트를 확인하며 대응 방향을 잡는 것이 바람직합니다. 저는 개인적으로 목표한 수익률에 도달하면 무조건 투자금액의 50%를 매도하면서 일부 수익화하는 전략을 핵심 공식으로 활용합니다. 이건 사람에 따라서 말 그대로 케이스 바이 케이스인데, 주변을 둘러보면 100% 수익이 나면 그때 투자 원금만 회수하는 방식으로 나름의 기준을 세우는 경우도 있습니다. 내게 필요한 기준은 과연 무엇일까, 고민하고 적용하는 노력이 필요하지 않을까 생각됩니다.

물론 정보 수집은 투자에 있어 매우 중요한 단계입니다. 문제는 그 정보가 충분히 검증된 것인지, 혹은 지나치게 낙관적이거나 비관적인 해석이 섞여 있는지 분별하지 못한 채 받아들이는 데 있습니다. 또한 과도한 정보량으로 인해 인지 과부하가 걸리면, 오히려 어떤 결정을 내려야 할지 몰라 방황하는 상황에 빠질 수도 있습니다. 이런 경우, 여러 출처를 한꺼번에 확인하기보다 신뢰할 만한 몇몇 전문 채널을 추려서 주기적으로 살펴보는 전략이 도움이 됩니다. 쉽게 말하면 내가 믿고 신뢰할 수 있는 검증된 채널을 중심으로 정보를 소비하라는 것입니다. 특히 발 빠른 트레이딩이 아니라 장기 투자에 방점을 두고 있다면, 시세의 사소한 변화나 루머성 뉴스에 일일이 반응하기보다 큰 흐름과 펀더멘털 위주로 접근하는 편이 더 안정적일 수 있습니다.

여기서 한발 더 나아가, 주변에서 '이 종목, 이 소식 진짜 대박이다'라는 식의 뜬소문을 전해 들었을 때는 일단 어느 정도 사실 검증이 되었는지를 물어보는 습관이 중요합니다. 상대가 막연히 '카톡방에서 들었다'거나 '트위터에 누가 올렸다'라는 식이라면, 그 정보가 조작 내지는 과장됐을 가능성도 배제할 수 없습니다. 암호화폐 시장에는 의도적으로 가격을 끌어올리거나 떨어뜨리기 위해 거짓 정보를 유포하는 세력도 존재하기 때문입니다. 따라서 기본적으로는 '누가, 언제, 왜 그런 이야기를 했는가?'를 확인한 뒤, 실제 프로젝트 측의 공식 발표나 검증된 외신 보도를 추가로 찾아보는 것이 안전합니다.

FOMO와 FUD를 극복하기 위해서는 근본적으로 개인 투자자가 시장을 통제할 수 없다는 사실을 받아들이는 마음가짐도 필요합니다. 아니, 좀 더 직설적으로 표현하자면 '내 마음대로 되는 것은 하나도 없다'라고 기본 전제를 까는 것이 가장 속 편한 방식이 될 수도 있습니다. 시장은 때로 전혀 예측하기 힘든 방향으로 움직이고, 충분히 검증된 정보라 해도 그대로 가격에 반영되지 않을 때가 많습니다. 그렇기 때문에 결국 중요한 것은 시장 바깥에서 오고 가는 정보에 끌려다니지 않고, 스스로의 투자 원칙과 목표를 지키며 균형감 있게 대처하는 자세가 아닐까 싶습니다. FOMO와 FUD는 모두 '놓칠까 두렵고, 불확실하니 걱정된다'는 감정에서 비롯되지만, 아이러니하게도 그 감정이야말로 시장에서 가장 흔히 악용되는 요소이기도 합니다. 마켓 메이커나 대형 투자자들이 심리를 조종해 펌핑·덤핑을 유도하기도 하고, 악재 뉴스를 과장해 개인투자자들을 패닉 셀로 몰아넣기도 합니다.

4. 냉정함은 나의 힘

결국 주변 정보와 소문에 흔들리지 않으려면, 무엇보다 냉정함을 길러야 합니다. 냉정함은 하루아침에 생기지 않습니다. 작은 매매부터 기록하고, 그때그때 어떤 심리 상태에서 의사 결정을 내렸는지 점검하는 훈련을 거듭해야 합니다. 기본 내공이 쌓였을 때 형성될 수 있는 것이 냉정함입니다. 예를 들어, '이번에는 불안감이 커서 빨리 팔았는데, 결과적으로 팔지 않았어도 괜찮았다'라거나, '너무 초조해서 무리하게 레버리지를 썼다가 크게 손실을 봤다' 같은 실제 사례를 매매 일지에 기록하고, 재발을 방지하는 장치를 마련하면 좋습니다. 또한 시장에서 흔한 루머나 공포와 환희의 분위기를 여러 번 접하다 보면, 점차 그 패턴을 파악하게 되고 이번에도 비슷한 심리전이 벌어지고 있다는 것을 인지할 수 있게 됩니다. 물론, 이것 역시 말이 쉽지 굉장히 아주 많이 어려운 부분입니다. 결론은 동일합니다. 상당한 노력과 시간이 필요하다는 것입니다.

사실 FOMO와 FUD는 어느 정도 인간의 본능적 성향과 맞닿아 있기도 합니다. '이 기회를 놓치면 뒤처질 것 같다'는 조급함이나, '이제 모든 것이 무너질 것'이라는 극단적 비관은 우리 사회 곳곳에서 발견되는 심리적 편향과도 유사한 면이 있습니다. 그렇지만 암호화폐 시장처럼 변동성이 큰 곳에서는 이 편향이 투자자에게 치명적으로 작용할 가능성이 더 높습니다. 뉴스 한 줄에 갑자기 시세가 20~30%씩 급등락하기도 하기 때문에 감정적으로 대응하지 않기가 정말 쉽지 않은 경우가 많습니다. 그렇기 때문에 더욱 체계적인 원칙과 냉정함이 요구된다고 볼 수 있습니다.

결론적으로, FOMO와 FUD는 암호화폐 시장에서 피하기 어려운 심리적 파도와 같습니다. 하지만 그 파도를 정면으로 맞서기보다는 최대한 미리 대비하고 감정이 아닌 분석과 원칙에 의존해 움직이는 훈련을 체계화시키면, 주변 정보나 소문에 덜 흔들릴 수 있습니다. 특히 암호화폐 시장은 24시간 열려 있고, 각 나라에서는 다양한 규제가 쏟아지고 있습니다. 특히, 프로젝트마다 성공 가능성이 크게 엇갈린다는 점에서 이걸 명확히 예측하거나 예단한다는 것이 사실상 불가능합니다. 이런 점에서, 언제 어디서 예상치 못한 이슈가 터질지 알 수 없기 때문에 더 어려운 시장이기도 합니다. 이런 불확실성을 전제로 삼는다면, '이런 정보가 나왔으니 무조건 사거나 팔아야 한다'는 식의 단편적 결정은 피할 수 있습니다. 대신 '이 정보가 실제로 사실이라면, 시장에 어떤 영향을 미칠 가능성이 있는지'를 분석하고, 이미 세워둔 시나리오별 대응책에 맞춰 매매를 진행하는 것이 훨씬 안전할 수 있습니다.

결국 주변 정보와 소문에 흔들리지 않는 법은 단순히 '자제심을 갖자', '냉정함을 유지하자' 수준의 말로 끝나는 일이 아닙니다. 적극적으로 정보를 가려내고, 사실 여부를 검증하면서 시장의 반응을 복합적으로 검토하는 과정이 필수적입니다. 그리고 그 모든 과정을 '감정이 아닌 이성'의 틀로 묶어내야, 비로소 FOMO와 FUD를 어느 정도 컨트롤할 수 있습니다. 한두 번의 성공 경험으로 우쭐하지 않고, 단발적인 실패에 좌절하지도 않으며, 긴 호흡으로 시장을 바라보는 태도가 결국 시장에서 살아남는 열쇠가 아닐까 싶습니다. 감정적 대응 심리가 폭발하기 쉬운 암호화폐 투자 환경에서 냉정함을 지키고 주변 정보에 맹목적으로 휘둘리지 않는 것은 쉽지 않지만, 그만큼 실천할 가치가 있고 또 실천이 가능할 때 시장이 주는 기회를 놓치지 않을 가능성이 훨씬 높아집니다.

감정적 매매와
계획적 매매의 차이

크립토 마켓에서 감정적 매매 자극을 받는 상황은 부지기수입니다. 신규 종목이 상장됐을 때, 아니면 정반대로 상장 폐지를 앞두고 있을 때, 예상 밖의 호재가 갑자기 터졌을 때, 해당 종목의 차트는 하늘을 뚫으려는 듯이 올라갑니다. 여러가지 상황 중에 가장 아찔하게 느껴지는 것은 상장 폐지 몇 시간 전에 수백 퍼센트 폭등 양상을 보이다 다시 거대한 폭락 장세를 보이는 상황이 아닐까 싶습니다. 마지막까지 불태우며 개미 투자자를 자극하는 크고 작은 세력들의 시세 조종은 알면서도 당할 수 있다는 점에서 더 어렵게 느껴지는 부분입니다.

FOMO와 FUD는 인간의 불안과 욕망을 자극해 투자 판단을 흐리게 만듭니다. 그리고 이를 가장 극명하게 드러내는 것이 바로 '감정적 매매'입니다. 반대로 '계획적 매매'는 이런 감정의 파도를 일정 부분 제어하면서, 미리 설정해 둔 원칙과 시나리오에 따라 움직이는 방식입니다. 암호화폐 시장은 예측 불가능한 이슈와 극단적 변동이 일상다반사처럼 벌어지는 곳이기 때문에, 얼마나 '계획적으로 매매를 운영하느냐'가 장기 생존과 투자 성과의 핵심 변수로 작용합니다.

1. 감정적 매매의 특징과 위험성

감정적 매매를 한마디로 표현하자면, 투자자가 외부 사건이나 시세 변화에 즉각적으로 반응해서 사전에 세웠던 원칙을 벗어나거나 분석 과정 없이 충동적으로 매수나 매도를 결정하는 행태를 의미합니다. 예를 들어, 갑자기 특정 코인이 급등한다는 소식을 듣고, 아무런 고민 없이 '나도 빨리 타야겠다', '이러다 나만 수익을 못내겠다'라고 생각하며 따라붙는 추격 매수 상황을 떠올려 볼 수 있습니다. 아니면 몇몇 악재 뉴스가 퍼지자마자 '더 큰 손실을 보기 전에 빨리 던져야겠다'라며 패닉에 가까운 매도를 하게 되는 방식입니다. 이러한 행동의 공통점은, 당장 눈앞에 보이는 시세의 움직임이나 자극적인 뉴스에 매몰돼 투자자 자신의 장기 전략이나 목표를 망각한다는 데 자리하고 있습니다.

감정적 매매는 상황에 따라서 일시적으로 수익을 낼 수도 있습니다. 때로는 '분위기에 휩쓸린 추격 매수'가 운 좋게 추가 상승 구간과 맞아 떨어져서 대박을 낼 수 있고, 공포에 빠져 패닉 셀을 한 직후에 시세가 더 하락해 추가 손실을 피할 수도 있습니다. 하지만 이런 결과는 순전히 확률과 운에 달린 부분입니다. 몇 번 성공했다고 해서 자신의 전략이나 능력이 탁월하다고 착각하기 쉽고, 이후 반복해서 같은 행동을 할 때 결국 큰 손실을 낳기도 합니다. 운은 결국 운일 뿐 절대 실력과 비례할 수가 없습니다. 특히 감정적 매매 과정에서 투자자가 시장을 객관적으로 바라보는 것은 불가능하다는 점에서 더 큰 심각성을 내포합니다. 수익을 냈을 때는 '내가 잘했다'라고 착각하고, 손실을 봤을 때는 '그저 운이 나빴다'며 자기 합리화하는 경향이 커집니다. 이렇게 되면 나중에 냉철하게 매매 결과를 복기하거나 교훈을 삼기도 어렵습니다. 감정적 매매는 처음부터 끝까지 모든 과정이 부적절합니다.

감정적 매매를 유발하는 대표 요인은 앞서 짚어본 FOMO와 FUD입니다. 주변에서 '이번 기회를 놓치면 영영 뒤처진다'는 이야기가 들릴 때, SNS에서 모두가 '나 이만큼 벌었다'라며 자랑할 때, 투자자는 쉽게 초조함을 느낍니다. '지금이라도 들어가야 할까? 이미 늦은 건 아닐까?'라는 불안감이 스멀스멀 피어오릅니다. 반대로 부정적 뉴스가 터지거나 갑자기 폭락장으로 분위기 전환이 이뤄지면 '이러다 전 재산을 잃는 게 아닐까?' 하는 공포가 급속도로 퍼집니다. 이때마다 마음속에서는 '손절이라도 하자'는 목소리와 '아니야 곧 반등할 거야'라는 근거 없는 희망이 뒤섞이면서 내적 자아 갈등이 벌어집니다. 이 갈등을 적절히 정리하지 못하면, 결국 충동적인 선택을 반복하게 되고, 시세가 반대 방향으로 움직일 때마다 허둥지둥 대응하는 악순환이 계속됩니다.

세계보건기구(WHO)나 미국정신의학회(APA)는 '행동 중독(Behavioral Addiction)'이 전통적 도박 뿐만 아니라 고위험 금융 투자 활동에도 적용될 수 있다고 바라보고 있습니다. 감정적 매매로 인해 나타나는 우울, 불안, 수면 장애 등이 도박 중독과 유사한 패턴으로 진행될 수 있는 것을 시사합니다. 예를 들어, 지난 2021년 레딧(Reddit)의 한 암호화폐 커뮤니티에서 진행한 비공식 설문에서 '코인 매매가 내 일상·직장 생활에 부정적 영향을 주고 있다'라고 대답한 참가자가 50%에 달했다는 글이 공유된 적이 있었는데, 댓글을 통해 자신이 겪는 불면증, 가족 갈등, 불안 장애 등을 호소하는 사례가 여럿 등장해 상당한 관심을 받기도 했습니다.

감정적 매매가 거듭되면 정신적 피로도 크게 쌓입니다. 하루 종일 시세 변동에만 촉각을 곤두 세우고, 차트가 조금만 움직여도 흥분하거나 좌절하게 되다 보니 일상생활이나 업무에도 지장을 초래할 수밖에 없습니다. 더불어 지인이나 가족과의 관계가 멀어지거나, 제대로 된 휴식과 수면을 취하지 못해 건강이 나빠지기도 합니다. 실제로 감정적 매매는 '코인 중독'의 주요 메커니즘 중 하나로 지목됩니다. 단기 등락에 일희일비하면서 충동 거래를 반복할수록 더 자극적인 변동을 좇게 되고, 그런 시장에서 이성적 판단력이 약화되는 것은 자연스러운 수순입니다.

2. 계획적 매매의 개념과 장점

그렇다면 계획적 매매란 무엇일까? 간단히 정리하면, 투자를 시작하기 전에 어느 정도의 시나리오와 원칙을 세워 놓고, 실제 매매에서 그 원칙을 되도록 충실히 따르는 것입니다. 예를 들어 '시세가 일정 수준 상승하면 일부 수익을 실현한다', '하락이 예상 범위를 넘어가면 손절한다', '장기 보유가 목적이기 때문에 단기 변동은 참고 견딘다' 등등의 구체적 가이드라인을 사전에 미리 설정해 두는 것입니다. 그리고 시장이 실제로 그 구간에 도달하거나, 설정해둔 변수가 충족될 때만 매매를 실행합니다. 물론 시장 상황이 예측불허, 변화무쌍하다 보니까 계획대로 되지 않는 때도 있지만, 무작정 감정에 휩쓸리는 것보다 훨씬 더 차분하게 상황에 접근하고 컨트롤할 수 있습니다.

계획적 매매의 가장 큰 이점은 '감정 개입의 폭을 줄인다'는 데 있습니다. 사람이라면 당연히 수익이 나면 기쁘고, 손실이 나면 두려움을 느낍니다. 하지만 사전에 미리 매매 계획을 세워두면, 그 계획을 실행하는 시점에서는 이미 어느 정도 심리적 시뮬레이션을 끝낸 상태가 됩니다. 예컨대 '이 구간에서 매도할 것이다'라고 설정해뒀다면, 실제 시세가 그 구간에 도달했을 때 심리적으로 과도한 흥분이나 욕심을 누를 수 있습니다. '더 갈 수도 있으니 조금 더 들고 가볼까?'라는 충동 대신, '원래 목표했던 수익률을 달성했으니까 여기서 계획대로 이익 실현을 하자'라고 의연하게 대응할 수 있습니다. 반대로 하락장에서도 계획을 세울 때 미리 '이 정도 손실 범위면 내가 감내할 수 있다. 그 이상이면 손절한다'라고 정해둔다면, 예상치 못한 급락 상황이 펼쳐지더라도 막연한 패닉에 빠지지 않고 기계적으로 계획된 매도를 전략적으로 진행할 수 있습니다.

또 계획적 매매는 성장과 학습을 촉진시킵니다. 매매가에 계획대로 이루어지지 않았어도, 왜 그런 차이가 생겼는지 복기하는 과정이 진행된다는 점에서 그렇습니다. 예를 들어 '예상보다 시장 반응이 빠르고 강해서, 내 매도 구간 전에 크게 폭등하거나, 반대로 너무 이른 매도 타이밍을 잡아서 후회했다'는 식으로 분석할 수 있습니다. 그리고 그 분석 결과를 다음 매매 계획에 반영하게 되기 때문에 점차 매매 능력이 발전할 가능성이 높습니다. 반면 감정적 매매의 경우, 매매 결과에 대해 '아, 그때 내가 너무 겁이 나서 팔아버렸어'라는 식의 주관적·감정적 이유만 남길 가능성이 높기 때문에 구체적인 개선책을 찾기 어렵습니다.

3. 감정적 매매를 방지하고 계획적 매매를 실현하는 방법

1) 매매 일지 작성
매매 일지를 쓰면 자신이 왜 그 시점에 매수나 매도를 했는지, 어떤 심리 상태였는지를 객관적으로 기록할 수 있습니다. 나중에 복기할 때 '이 매매는 단순히 불안이나 욕심 때문에 했구나'라든지, '여기선 미리 세웠던 기준을 지키지 못했구나'라는 점을 명확히 파악하게 됩니다. 이런 과정을 반복하면, 점점 감정적 매매를 줄이고 계획적 매매 비중이 늘어나는 선순환의 가능성을 높일 수 있습니다.

2) 명확한 목표 수익률과 손절 라인 설정

계획적으로 매매하기 위해서는 '어느 정도 이익이 나면 일부 혹은 전부 매도한다', '어느 정도 손실이 발생하면 물타기 대신 손절을 선택한다'와 같은 나름의 명확한 규칙이 필요합니다. 이때 목표 수익률이나 손절 라인은 시장 분위기에 따라 조정이 필요할 수도 있지만, 너무 자주 바꾼다면 결론적으로 감정적 매매와 다름없어집니다. 최대한 일정 범위 내에서 운용하면서 극단적 상황에서만 유연성을 발휘할 수 있도록 해야 합니다. 물론, 이게 말은 참 쉽고 명확하게 표현할 수 있는데 막상 실전에서 핸들링하기 굉장히 어렵기때문에 단단한 의지를 가지고 꾸준히 공부하는 과정이 평소에 선행돼야 합니다.

3) 장단기 포트폴리오 분리

암호화폐 시장에서 감정적 매매를 방지하기 위해서는 장기 보유용 자산과 단기 트레이딩용 자산을 구분해 관리하는 것도 하나의 방법이 될 수 있습니다. 장기 보유 종목은 기술 개발이나 펀더멘털이 견고하다고 믿는 프로젝트를 중심으로 선별해서, 단기 변동에 크게 휘둘리지 않고 묻어두는 방식입니다. 반면 단기 트레이딩용 종목은 상대적으로 작은 비중으로만 운용하면서, 미리 정한 목표와 손절 라인을 짧게 잡고 실행합니다. 이렇게 구분을 해두면, 장기 자산이 단기 등락으로 흔들리는 것을 방지하고, 트레이딩용 자산에서는 감정적 결정을 최소화하기 위한 매매 계획을 엄격하게 적용할 수 있습니다. 트레이드(Trade)와 인베스트(Invest)의 개념을 명확히 구분하는 관점에서도 바라볼 수 있는 부분입니다.

4) 여유 자금 활용과 레버리지 자제

감정적 매매를 유발하는 중요한 원인 중 하나는 '규모가 작든 크든 잃으면 안 되는 돈으로 투자하는 것'입니다. 생활비나 대출받은 돈, 혹은 가족과 지인에게 빌린 돈 등은 약간의 손실만 발생해도 극도의 스트레스를 안겨줍니다. 이런 상황에서는 시세가 조금만 빠져도 불안해져서, 무리한 추격 매수나 성급한 패닉 셀이 잦아질 확률이 높아집니다. 따라서 투자는 여유 자금 범위 내에서만 단행하고, 레버리지는 정말 최소한으로 하거나 아예 쓰지 않는 것이 좋습니다. 이것만으로도 감정적으로 휘둘릴 여지가 크게 줄어듭니다. 개인적으로는 어느 정도 전문 트레이더 수준의 경험과 능력을 가지고 있지 않다면 레버리지라는 단어는 머릿속에서 아예 지워버리는 것을 권유하곤 합니다.

5) 멘탈 관리와 현실적 기대치 설정

감정적 매매를 유발하는 가장 큰 심리는 '빨리 돈을 많이 벌고 싶다'는 욕망과 '지금 당장 손실을 피하고 싶다'는 공포입니다. 이 둘을 적절히 통제하기 위해서는 자신이 기대하는 수익률과 감당할 수 있는 손실률에 대해 현실적인 기대치를 설정하는 것이 필수입니다. 예컨대 '이번 달 안에 원금을 2배로 만들겠다'처럼 비현실적인 목표는 매매 과정에서 조급함을 부추길 수밖에 없습니다. 시장 흐름이 조금이라도 어긋나면 초조해지면서 감정적 매매에 빠지기 쉽습니다. 반면 '올해 안에 10~20% 정도 수익률을 노려보겠다'는 식의 현실적이고 장기적인 목표를 세운다면, 단기 변동에 크게 흔들리지 않는 태도를 유지하기가 훨씬 수월해집니다.

4. 감정적 매매와 계획적 매매의 차이: 사례 비교

1) 감정적 매매: A라는 투자자는 친구가 '지금 이 코인 안 사면 두고두고 후회한다'고 강조하자, 분석이나 리서치 과정 없이 성급하게 매수부터 단행합니다. 다행히 그날 시세가 더 올라 단기 수익을 얻었지만, 다음 날 아침에 부정적 기사가 나오면서 시세 급락이 시작됩니다. 눈뜨자마자 차트를 보고 놀란 A는 '이제 망했다'라며 급하게 전량 매도합니다. 그런데 이 코인은 다음 주에 프로젝트 개발 이벤트가 발표되면서 오히려 더 큰 상승을 이어갑니다. A는 '다시 사야 하나?' 망설이다가 이미 가격이 많이 오른 시점에서 또 추격 매수를 합니다. 그리고 조금만 조정이 와도 잃을까 봐 불안해 하다가 결국 손실을 안은 채 매도하는 상황이 반복됩니다.

2) 계획적 매매: B라는 투자자는 실제 매수를 단행하기 전에 해당 코인에 대한 펀더멘털 분석과 기술 로드맵을 우선 검토합니다. 그리고 나서 '프

로젝트가 실현될 때까지 6개월 정도 보유하겠다'라고 결정하면서 기준점을 설정합니다. 매수 진입 가격을 정해두고, 만일 예상보다 가격이 크게 빠지면 일부만 손절하거나 일정 비중을 더 살 계획도 미리 수립해 놓습니다. 실제로 투자를 실행한 뒤, 어느 날 시세가 갑자기 30% 뛰어오릅니다. 주변에서는 '더 간다'라고 열광하지만, B는 '목표 수익률의 절반 이상 달성했으니 일부 이익을 실현하겠다'는 계획대로 절반을 매도합니다. 이후 가격이 더 올라도 욕심부리지 않고, 남은 절반 물량으로 추가 상승을 노리면서 동시에 미리 설정한 손절 라인을 그대로 유지합니다. 하락장이 오면 설정된 손절 지점에서 기계적으로 대응한다는 계획인 것입니다. 이런 방식으로 계획대로 전략적으로 움직이면, 감정적으로 마음이 흔들려도 매매 방식은 안정적으로 유지될 가능성이 훨씬 높아집니다.

위 두 가지 사례 비교에서 보듯, 감정적 매매는 결과적으로 '시세에 끌려다니는' 경향이 크고, 계획적 매매는 '내가 시세의 일부를 일정한 원칙으로만 취하겠다'는 태도를 지향합니다. 전자의 경우에는 때로 한 번에 큰 수익을 낼 수도 있지만, 장기적으로는 투자자의 멘탈과 자산을 모두 위협하는 '지속 불가능한' 투자 방식입니다. 반면 후자는 때로는 지루하고 아깝게 놓치는 기회가 있어 보일 수 있지만, 꾸준한 학습과 복기 과정을 거치면 장기적 성과와 정신적 안정이라는 두 마리 토끼를 잡을 수 있습니다.

5. 감정적 매매를 줄이고 계획적 매매를 늘려가는 길

감정적 매매와 계획적 매매의 차이는 '투자를 대하는 태도의 차이'라

할 수 있습니다. 감정적 매매는 FOMO와 FUD 같은 심리 요인에 그대로 휩쓸려 성급한 판단을 하게 만듭니다. 시세 변동에 즉각 반응하는 것이 순간적인 재미를 줄 수는 있지만, 수익보다 손실을 볼 가능성이 크고, 정신적 스트레스도 심합니다. 또한, 장기적인 투자 실력 향상과는 거리가 멉니다. 반면 계획적 매매는 매 순간 감정이 아닌 원칙과 시나리오를 우선해서 전략적으로 움직입니다. 이를 통해, 변동성 높은 암호화폐 시장에서도 어느 정도 일관된 결과를 기대할 수 있습니다. 더 나아가, 매매 후 복기를 통해 분석과 학습을 지속할 수 있다는 점에서도 큰 이점이 있습니다.

물론 인간은 완벽하게 감정을 억제할 수 있는 존재가 아니기 때문에, 계획적 매매를 100% 추구하는 것은 쉽지 않습니다. 어떤 때에는 돌발 뉴스에 따라 빠르게 계획을 수정하고 대응해야 할 수도 있습니다. 그러나 기본적인 틀을 갖춰 놓고, 매매 일지 작성이나 멘탈 관리, 분산 투자 등을 통해 감정적 요인을 최대한 제어하려는 노력을 기울이는 것만으로도 투자 성과와 삶의 균형이 크게 달라질 수 있다고 생각합니다.

결국 암호화폐 시장에서 살아남기 위해서는 단순히 좋은 코인을 발굴하거나 타이밍을 맞추는 문제를 넘어서, '감정과 분리된 매매 시스템'을 구축할 수 있느냐가 중요합니다. 결국은 멘탈 싸움이라는 말이 괜히 나오는 게 아닙니다. 그리고 이건 FOMO와 FUD를 극복하고, 중장기적으로 안정된 투자 습관을 확립하는 데 핵심이 되는 요소이기도 합니다. 다소 번거롭게 느껴질지라도 확고한 원칙과 시나리오를 바탕으로 매매 결과를 복기하며 개선해나가는 과정이야말로, 불확실성이 크고 심리적 변수도 많은 암호화폐 시장에서 지속적으로 성과를 낼 수 있는 유일한 길이라 할 수 있습니다.

3부

디톡스를 위한
투자 원칙

1

투자 목표와
시간 관점 정립

투자를 시작할 때 가장 먼저 고민해야 할 부분 중 하나는 바로 투자 목표를 명확하게 설정하고, 이것을 달성하기 위한 시간적 관점을 정립하는 것입니다. 자칫 무계획적 진입이나 묻지마 투자는 손실 위험과 가능성을 키울 뿐만 아니라, 감정적 매매와 투자 중독으로도 이어질 수 있습니다. 이번 장에서는 이른바 단타로 표현되는 단기 매매부터 중장기 투자까지 다양한 시간 관점에서의 투자 방식을 살펴보고, 각자의 상황과 성향에 맞는 방법을 찾는 과정이 왜 중요한지 살펴보겠습니다.

단타와 중장기 투자,
나에게 맞는 투자 방식 찾기

단순히 '돈을 벌겠다'라는 추상적이거나 포괄적 개념은 투자의 목표가 될 수 없다고 생각합니다. 보다 더 구체적인 내용들이 설정돼 있어야 합니다. 예를 들어 결혼 자금 마련, 은퇴 이후 생활비 확보, 또는 몇 년 뒤 주택 구입 자금 확보처럼, 구체적인 실행 가능성을 전제로 깔고 있어야 혹독한 투자 시장에서 살아남을 수 있는 힘을 만들 수 있습니다. 뿐만 아니라 목표 달성이라는 현실적 결과물을 손에 쥘 가능성이 높아지기 때문에 중요한 부분이라고 할 수 있습니다.

투자 목표와 기간이 명확하면, 일시적인 시장 변동에 흔들리지 않고 객관적인 판단을 내릴 수 있습니다. 예를 들어, 3년 뒤로 잡아둔 자녀 교육 자금 마련이 목표라면, 단기 시세 변동에 자주 반응하기보다는 중장기적 시각에서 시장을 관찰할 수 있습니다. 이를 통해 우리는 리스크를 관리할 수 있습니다. 리스크에 휩싸이거나 끌려다니는 게 아니라 리스크를 주체적으로 관리한다는 게 핵심입니다. 목표 달성에 필요한 금액이 어느 정도인지, 그리고 목표 시점까지 얼마의 시간이 남았는지를 고려하면, 투자 가능 금액과 손실 허용 범위도 자연스럽게 설정됩니다. 이건 무리한 투자를 막고, 본인이 감당할 수 있는 범위 내에서 매매 결정을 내리도록 돕습니다. 비단 암호화폐 시장 뿐만 아니라 대부분의 자본 시장 모두에 적용되는 부분입니다.

동기 부여 역시 중요합니다. 다소 추상적일 수 있는 '수익 추구'라는 목표 대신, 구체적인 목표를 설정하면 그 자체로 동기 부여가 됩니다. '이번 투자로 학비를 마련한다', '여행 경비를 준비한다'등 명확한 목적 의식은, 충동적 거래를 자제하고 차분하게 공부하도록 유도하는 긍정적 역할을 합니다. 물론 '이번 투자로 인생을 역전한다'라고 설정을 하는 것도 동기 부여는 되겠지만, 이렇게 다소 추상적이고 극도로 드라마틱한 목표를 설정해 버리면 투자 과정 전체가 드라마틱한 흥분과 불안으로 물들 수 있고, 인생 역전하려다 패가망신 하는 상황으로 이어질 수도 있습니다. 그렇기 때문에 그게 뭐가 됐든 현실화 가능성은 언제나 중요합니다.

투자 목표를 설정하는 과정은 자신이 처한 재무 상황, 미래 계획, 그리고 삶의 우선 순위를 점검하는 기회이기도 합니다. '크립토 디톡스' 관점에서 보았을 때, 무작정 높은 수익률만 추구하는 태도에서 벗어나 보다 균형 잡힌 투자 사고방식을 정립한다면, 분명 우리의 목표에 한 발 더 가까이 다가서 있을 가능성이 높아질 것입니다.

1. 투자를 결정짓는 핵심 요소, 시간 관점

투자 세계에는 다양한 전략이 존재하지만, 이걸 크게 구분하자면 단기 투자(단타)와 중장기 투자로 나눌 수 있습니다. 어떤 관점을 선택하느냐에 따라 자산 배분 방식, 리스크 허용 범위, 매매 빈도 등이 달라집니다. 따라서, 본격적으로 투자에 나서기 전에 자신이 얼만큼의 시간을 투자에 할당할 수 있고, 어느 정도의 속도로 결과를 기대하는지가 명확해야 합니다.

1) 단기 투자(단타)란?

- 주로 하루에서 몇 주 정도의 단기간에 걸쳐 시세 차익을 노리는 투자 방식
- 시장 흐름을 실시간으로 모니터링하고, 기술적 지표나 차트 분석에 따라 매매 타이밍을 포착
- 높은 변동성에서 이익을 노릴 수 있지만, 결과적으로 손실 위험도 큰 편
- 성공하기 위해서는 시장 경험, 기술적 분석 능력, 심리적 안정감이 필수적

2) 중장기 투자란?

- 적게는 몇 달, 길게는 몇 년 동안의 투자 기간을 설정하고, 단기 시세 변화가 아닌 해당 종목의 근본적 가치에 집중
- 프로젝트의 기술력, 팀 역량, 토큰 이코노미 등 펀더멘털 요소를 분석해 미래 성장 가능성에 주목
- 단기 변동성에 일희일비하기보다는 느긋한 시각에서 시장 흐름을 파악
- 매매 횟수가 적어 비교적 멘탈 관리가 수월하고, 자금의 안정적 운용이 가능

여기서 중요한 것은, 자신의 성향과 라이프 스타일, 투자 기간의 여유를 감안해 어떤 방식을 택할 것이냐는 점입니다. 모든 투자자가 단타를 해야 하는 것도 아니고, 중장기 투자만이 무조건 옳은 것도 아닙니다. 각각의 장단점을 이해한 뒤, 개인적 상황에 맞춰 조합하거나 선택할 필요가 있습

니다. 결국 나에게 최적화된 투자 정답지는 누군가 만들어주는 게 아니라 나 스스로 정립해야 한다는 것이 중요합니다.

참고: 단타 vs. 중장기 투자 장단점 비교

a) 단타의 장점

- 높은 수익 기회: 변동성이 큰 암호화폐 시장에서 단기간에 큰 수익을 낼 수 있는 기회를 잡을 수 있음
- 빈번한 시장 기회: 24시간 돌아가는 시장 특성상 작은 시세 변동도 자주 발생해 짧은 주기로 이익을 실현할 가능성이 높음
- 시장 경험 확장: 다양한 종목과 이슈에 빠르게 노출되면서, 적절한 노하우를 습득하면 경험치가 빠르게 쌓일 수 있음

b) 단타의 단점

- 심리적 부담과 스트레스: 실시간으로 시세를 체크해야 한다는 부담감, 결과에 따라 감정 기복이 심해 일상생활에 지장을 줄 수 있음
- 높은 수수료: 매매 횟수가 많아지면 수수료와 스프레드, 슬리피지 비용도 누적돼 실제 수익률이 기대보다 낮아질 수 있음
- 판단 실수 위험: 순식간에 가격이 급변하는 시장 특성상, 진입과 청산 타이밍을 놓치면 큰 손실로 이어질 수 있음

c) 중장기 투자의 장점

- 안정적 멘탈 유지: 일시적 하락에도 장기 전망을 믿고 버틸 수 있기 때문에 단기 시세에 덜 흔들림
- 시간 관리 이점: 매일 시장을 들여다볼 필요가 없기 때문에, 직장이나 학업, 다른 일상 병행 용이
- 복리 효과: 장기적으로 우상향이 예상되는 종목에 지속적으로 투자하면 복리 이익을 노릴 수 있음

d) 중장기 투자의 단점

- 기회비용 발생: 장기간 보유하는 동안 다른 종목의 급등 기회를 놓칠 수 있음
- 지속적 모니터링 필요: 중장기 투자라도 무작정 '묻고 잊기' 방식은 상황에 따라 위험할 수 있고, 시장이나 프로젝트 상황 변화를 꾸준히 점검해야 함
- 자금 회전율 감소: 자금이 묶여 있기 때문에 다른 투자 기회를 포착하기 위한 유동성이 부족할 수 있음

2. 자신에게 맞는 투자 방식을 찾는 방법

제가 진행하는 유튜브 방송을 통해서도 늘 강조하는 부분이지만 투자에는 정답이 없다고 생각합니다. 같은 종목에 투자하더라도 어떤 사람은 단타로 수익을 내고, 다른 누군가는 장기 보유로 더 많은 이익을 얻기도 합니다. 중요한 것은 자신이 처한 '상황'과 '투자 성향'을 객관적으로 파악하는 것입니다. 다음과 같은 과정을 통해 본인에게 적합한 투자 방식은 뭔지 고민해 보셔도 좋을 것 같습니다.

a) 재무 상태 평가

· **생활 자금과 투자 자금 분리:** 우선 비상금이나 생활비처럼 절대 건드려서는 안 될 자금이 얼마인지 구분해야 합니다. 여윳돈의 규모를 결정하는 과정입니다.

· **투자 가능 금액 설정:** 감당 가능한 손실 규모와 기대 수익률을 고려해, 무리하지 않는 선에서 투자금을 설정합니다.

b) 시간적 여유와 관심도

· **투자에 할애할 수 있는 시간:** 본업, 학업, 가정 등 실제 생활에 지장이 없는지, 시장 상황을 상시 모니터링할 여유가 있는지 확인합니다.

· **시장 공부 의지:** 단타 투자자는 기술적 분석과 차트 패턴, 이벤트에 민감해야 합니다. 이를 위한 꾸준한 공부가 가능한지 미리 고민합니다.

c) 심리적 안정감과 위험 선호도

· **위험 수용 능력**: 변동성에 대해 느끼는 불안감이 크다면, 중장기 위주로 접근하는 것이 심리적으로 안정적일 수 있습니다.

· **멘탈 관리**: 단타에서 연속 손실은 심리적 압박이 극도로 커질 수 있어서, 이걸 감당할 수 있을지 확실히 판단해야 합니다.

d) 목표 기간과 기대 수익률

· **목표 달성 시점 역산**: 1년 뒤, 3년 뒤, 또는 5년 뒤 등 구체적인 목표 시점을 설정하고, 그 시점에 필요한 자금 규모를 산출합니다.

· **현실적인 기대 수익률 설정**: '1년에 수십 배'처럼 비현실적인 기대보다는 시장 환경과 본인의 역량을 고려해 온당한 수준의 목표를 정합니다. 막연하게 벼락 부자만을 꿈꿨다가는 벼락 거지 신세가 될 수도 있다는 점을 늘 명심해야 합니다.

3. 단타와 중장기를 병행하는 혼합 전략

실제로 많은 투자자들은 단타와 중장기 투자를 혼합하는 방식을 채택합니다. 예를 들어, 장기적으로 전망이 밝다고 판단되는 코인을 일정 비중을 주기적으로 매입하고 장기적으로 보유하면서, 나머지 자금은 단타로 운용해 시장 변동을 적극 활용하는 식입니다. 이런 방식의 혼합 전략의 장점은 다음과 같습니다.

이런 혼합 전략을 사용하면 무엇보다 유연성 확보가 가능합니다. 시장이 단기 과열되거나 급락이 예상되는 시점에 전략적으로 대응할 수 있기 때문입니다. 심리적인 안정감을 가질 수 있다는 점도 장점입니다. 장기 보유를 통해 투자 포트폴리오의 큰 기둥을 세우고, 단타 투자는 부차적인 활동으로 설정해서 과도한 스트레스를 줄일 수 있습니다. 병행 전략을 통해 리스크를 분산할 수도 있습니다. 특정 전략에만 집중하지 않는 방식을 통해 분산 투자의 효과를 높이고, 예측 불가능한 상황에서도 버틸 체력을 확보할 수 있습니다.

하지만, 이 역시 무계획적 실행은 위험합니다. 명확한 기준이나 원칙 없이 병행하다 보면, 단타와 장타의 경계가 모호해져서 오히려 심리적 혼란을 부추길 수 있기 때문입니다. 워낙 변동성이 크고, 이 변동성을 활용해 인위적인 조작까지도 벌어지는 시장이기 때문에 계획과 전략은 언제나 중요한 기본 전제입니다.

4. 투자 목표와 시간 관점 정립: 디톡스에 미치는 영향

제가 정의하는 '크립토 디톡스'는 단순히 코인 중독에서 벗어나는 것만을 의미하지 않습니다. 그 핵심은 투자자로서의 건강한 태도와 지속 가능한 투자 습관을 구축하는 것이 핵심이라고 할 수 있습니다. 이런 맥락에서 투자 목표와 시간 관점을 명확히 세워 두는 것은 디톡스 과정에 큰 영향을 미칩니다.

먼저 충동적인 매매를 방지할 수 있습니다. 명확한 목표와 계획이 있으면, 눈앞의 시세 변동에 흔들려 충동적으로 매매하는 일을 줄일 수 있습니다. 뿐만 아니라 합리적 리스크 관리가 가능합니다. 목표 시점과 목표 금액을 고려하면, 무리하게 투자 자금을 늘리거나 위험한 레버리지를 사용하는 일을 피할 수 있습니다. 목표과 관점이 정립되면 위험 자산 시장에서 가장 중요하다고 할 수 있는 멘탈 관리에도 도움이 됩니다. 단타든 중장기 투자든, 어느 시점에 어떻게 대응할지 미리 결정해 둔다면, 예상치 못한 시장 급등락에도 심리적 동요가 비교적 적습니다.

참고: 실천을 위한 몇 가지 팁

1. 투자 일지 작성: 매매 내역과 함께 '매수·매도 근거', 매매 시점에서의 '심리 상태', '매매 결과'등을 기록하면, 시간이 지나면서 자신만의 투자 패턴을 파악할 수 있습니다.

2. 목표 재점검 주기 설정: 분기별이나 반기별로 투자 목표와 전략을 다시 살펴보고, 시장 상황이나 개인 사정이 바뀌었는지 평가합니다.

3. 작은 규모로 테스트: 큰돈을 투자하기 전 소액으로 전략을 시험해 보고, 시행착오를 통해 경험을 쌓으면 안전장치를 마련할 수 있습니다.

4. 객관적 데이터 활용: SNS나 커뮤니티에서 떠도는 정보만 맹신하지 말고, 백서나 공식 발표 자료, 프로젝트 팀의 경력 등을 종합적으로 참고해야 합니다.

5. 시간과 목표가 만드는 디톡스의 토대

투자 목표와 시간 관점을 정립하는 것은 투자 활동의 가장 기초 단계입니다. 이와 동시에 '크립토 디톡스'를 실천하는 데 필요한 정신적 토대를 형성시킬 수 있습니다. 시장의 단기 변동에 좌우되지 않고, 자신의 재무 상황과 성향에 맞는 투자 전략을 구사하는 과정이야 말로 건강한 투자 습관의 시작이 될 수 있습니다.

누구에게는 단타 방식의 투자가 적합할 수 있고, 또 다른 누구에게는 중장기 투자가 더 적절할 수 있습니다. 또 어떤 사람은 두 가지를 병행하면서 시너지를 얻어내기도 합니다. 중요한 것은 투자자로서 자신의 한계를 정확하고 명확하게 인지하고, 자신이 처한 현실에 맞춰 계획적으로 대응하는 자세입니다. 이 과정에서 인지 편향이나 자기 합리화, 도박적 심리에 빠지지 않도록 꾸준히 스스로를 점검해야 합니다.

'결국 시간이 시장을 이긴다'라는 말도 있지만, 이건 단순히 '무작정 오래 버티면 된다'는 의미는 아닙니다. 뚜렷한 목표와 전략을 설정하고 적절히 시간을 활용할 때 비로소 시장의 단기 변동성을 뛰어넘을 수 있는 힘이 생기는 것입니다. 목표와 시간이 명확하면 단기 등락에도 흔들리지 않는 안정감과 자신감을 확보할 수 있습니다.

결국, 어떤 방식으로 투자하든 자신의 인생 전체를 바라보는 관점이 가장 중요합니다. 코인은 도구일 뿐, 인생의 목표는 따로 있다는 사실이 중요하기 때문입니다. 이걸 올바른 관점으로 인지할 때 우리는 암호화폐 시장의 급등락 속에서도 중심을 잡을 수 있고, 중독적이거나 투기적인 함정에 빠지지 않게 됩니다. 목표와 시간을 설정하는 간단한 습관이 크립토 디톡스의 문턱을 낮춰 줄 것이고, 궁극적으로는 좀 더 건강하고 책임감 있는 투자 문화를 만들어 나가는 데 기여할 것이라고 생각합니다.

'코인은 도구일 뿐, 인생의 목표는 따로 있다' : 마인트 세팅

암호화폐 시장이 급격히 빠른 속도로 성장하면서, 적잖은 사람들은 단기간에 대규모 이익을 낼 수 있다는 기대감으로 몰려들기도 합니다. 1년도 채 되지 않는 기간에 시세가 몇배 씩 뛰는 종목을 바라보고 있으면 벼락부자 기대감을 갖는 게 이상하지는 않습니다. 하지만 이같은 시장의 급부상 이면에는 급락, 스캠, 해킹 등 수많은 위험이 도사리고 있고, 무엇보다 시장 자체가 대단히 변동성이 큰 투기적 성격을 가지고 있습니다. 그렇기 때문에 우리는 '크립토 디톡스'라는 틀에서, 스스로를 중독적 투자 성향으로부터 보호하고, 더 건강하고 장기적인 시각을 유지해야 할 필요가 있습니다.

이 지점에서 가장 핵심이 되는 통찰은 바로 '코인은 도구일 뿐, 인생의 목표는 따로 있다'라는 마인드가 아닐까, 생각합니다. 암호화폐 마켓에서 흔히 접할 수 있는 표현 중에 '코인 시장은 결국 멘탈이다'라는 말이 있기도 한데, 왜 이 마인드가 중요한지, 그리고 그것이 실제 투자와 일상생활에서 어떻게 구현될 수 있는지 살펴보겠습니다.

1. 코인을 인생 전부로 착각할 때 발생하는 문제들

1) 금전적 이득이 삶의 유일한 가치가 되는 상황

암호화폐 투자를 하면서 큰 수익을 경험하거나, 또 그런 사례를 주변에서 많이 듣게 되면, '돈을 많이 버는 것'이 곧 삶의 전부처럼 느껴질 때가 있습니다. 물론 재무적 안정이 주는 편안함은 무시할 수 없는 가치입니다. 이른바 경제적 자유를 얻게 되면 최소한 돈이 없어서 내지는 돈 때문에 내 인생이 꼬일 가능성은 현저히 낮아지기 때문입니다. 하지만, 특정 시점에서의 수익이 영구적으로 온전하게 보장되는 것도 아니고, 인생의 모든 의사결정을 경제적 이득에만 집중하게 되면 다른 중요한 가치를 놓치기 쉽습니다. 돈이 많아서 편안하게 살아가는 사람도 많지만, 돈이 많아서 삶이 피곤해지는 경우도 많습니다.

예를 들어, 가족이나 친구와의 관계, 자기계발, 취미 활동 같은 요소들은 돈과는 다른 차원의 만족감을 줍니다. 하지만, 코인 시세에 정신이 팔려 있으면, 의미 있는 인간관계나 자기계발의 기회를 희생 재물로 바치게 되고, 결국 삶의 균형이 무너지는 결과로 이어질 수 있습니다. 이건 곧 감정적 번아웃, 사회적 고립감, 무기력증 등으로 이어지기도 합니다.

2) 과도한 스트레스와 심리적 압박

시세 변동에 하루 종일 신경을 곤두세우고, 코인 가격이 1%만 떨어져도 속이 울렁이는 경험을 해본 분들이 많을 겁니다. 사실 이건 초보 투자자 누구나 경험하게 되는 감정입니다. 일상적인 업무나 학업을 하면서도 머릿속에는 시세 그래프가 떠나지 않고, 이로 인해 집중력이 떨어지거나 불안 증세가 심해질 수 있습니다. 정상적인 생활 패턴이 깨지고, 밤낮이 뒤바뀌어 건강이 악화되기도 합니다.

이런 상태가 지속되면, 설사 잠깐 큰 수익을 얻어도 스트레스를 감당하기 어려워지는 역설적 상황에 빠집니다. 코인을 삶의 목적으로 삼거나 대하는 순간, 시장의 작은 움직임에도 과민 반응을 보이게 되고, 평온함이나 행복감을 유지하기가 쉽지 않게 됩니다.

3) 도박적 심리와 중독 증상

정상적인 투자라면 철저한 분석과 전략적 접근을 통해 합리적 판단을 내리려고 노력합니다. 물론 정상적인 투자자라고 해도 변덕스러움의 끝판왕이라고 할 수 있는 코인 시장에서 살아남기 위해 때로는 비합리적인 감정의 영역에 빠지기도 합니다. 여기서 중요한 건 어려운 상황과 감정 속에서도 합리적인 전략적 태도를 견지하려는 노력입니다.

하물며 전략적 태도를 유지하려고 노력해도 잘못된 판단을 할 수가 있는데, 코인 자체를 인생의 전부 또는 한탕주의의 도구로 인식하게 되면 그건 투자가 아니라 잃을 수 없는 게임, 절대로 포기할 수 없는 게임이 되어버립니다. 극단적으로 모든 자산을 올인하거나, 대출과 레버리지를 남용하는 등, 사실상 도박에 가까운 행태로 흘러가기 쉽습니다.

도박적 심리는 한 번 빠지면 쉽게 빠져나오기 어려운 중독 증상으로 이어질 가능성이 높고, 이 경우 스스로 할 수 있는 크립토 디톡스 수준이 아니라, 더 강력한 심리적 치료나 상담이 필요한 지경으로 이어질 수도 있습니다.

2. '코인은 도구'라는 사고방식이 주는 장점

1) 수단과 목적의 구분

투자 목적을 분명히 해두면 우리는 코인을 '하나의 재정적 투자 도구'로 대할 수 있습니다. 다시 말해, 어떤 사업을 준비하거나, 주택 구입 자금을 마련하거나, 미래의 삶을 위한 씨앗 자금 정도로 코인을 바라보는 것입니다. 이건 코인을 절대적이고 궁극적인 목표로 삼는 태도와는 근본적으로 다릅니다.

목적이 명확할수록, 수단에 대한 선택지도 다양해지기 마련입니다. '이 종목이 오를 것 같으니 일단 들어간다'라는 방식이 아니라, '나의 최종 목표는 5년 뒤 특정 금액의 종잣돈을 마련하는 것'이라는 틀에서, 코인 투자의 비중을 적절히 조절하거나, 시세가 과열됐을 때 일부 이익을 실현하고 안전 자산으로 옮기고, 혹은 현금 비중을 늘리는 방식으로 체계적 의사 결정이 가능합니다.

2) 감정적 매매에서 벗어나기

코인을 단순한 투자 도구로 바라보게 되면 단타와 스윙, 중장기 투자 각각의 장단점을 파악하고 목적에 맞게 매매 방식을 조합할 수 있습니다. 이렇게 설정되면 '지금 매수해야 이익을 놓치지 않는다'는 조급함에 휩쓸리지 않고 자신의 계획과 원칙에 근거해 투자 타이밍을 조절할 수 있습니다.

이런 과정은 FOMO나 FUD 같은 감정적 함정에 빠지지 않도록 해줄 수 있고, 시장이 갑자기 크게 출렁이더라도 별다른 동요 없이 매매 전략을 유지할 수 있는 안정감을 줍니다.

3) 일상의 균형 회복

코인을 수단으로 삼는 사고방식은 결국 투자에 할애하는 시간과 에너지를 적절히 배분하도록 유도합니다. '코인만 열심히 하면 된다'는 방식이 아니라, 코인도 중요하지만 가족, 취미, 업무, 학업 같은 다른 삶의 영역도 함께 돌보게 되는 것입니다. 이는 투자에서 오는 심리적 스트레스를 완화하고, 더 나은 판단력을 유지하는 데 도움이 됩니다.

삶이 균형을 이루게 되면, 투자 결과가 나쁘더라도 전체 인생을 망치는 절망적인 상황으로 이어지지 않을 가능성이 훨씬 더 높아집니다. 또 장기적으로 볼 때도 다양한 경험과 시각을 통해 코인 시장의 흐름을 더욱 객관적으로 바라볼 수 있게 됩니다. 일상의 균형은 비단 투자 시장에서 뿐만 아니라 우리 삶 전반에서도 인생의 만족도와 안정성 유지키시는 중요한 대들보 가운데 하나입니다.

3. 인생 목표를 구체적으로 설정하기

'코인은 도구다'라는 말은, 우리의 인생 전체를 어떻게 그려 나갈지 고민해야 한다는 뜻이기도 합니다. 그 기본이 바로 목표 설정입니다. 이를 위해선 아래와 같은 과정을 거쳐 보는 것이 도움이 될 수 있습니다. 다소 일반적인 이야기로 생각될 수도 있지만, 이렇게 일반적인 것들을 지키기가 왜 그렇게 어려운지 모르겠습니다.

1) 삶의 우선순위 점검

· **가족·인간관계:** 가장 중요하게 생각하는 관계는 무엇이며, 그 관계를 유지·발전시키기 위해 필요한 것은 무엇인가?

· **직업·커리어:** 앞으로 어떤 분야에서 일을 하고 싶으며, 자기계발을 위해 얼마나 시간을 투자할 것인가?

· **건강·취미:** 규칙적인 운동, 영양 관리, 취미 활동 등 건강과 여유를 유지하기 위해 필요한 루틴은 무엇인가?

이를 통해 '내가 왜 돈을 벌고 싶은가?'라는 질문에 대한 답을 보다 구체적으로 도출할 수 있습니다. 돈 자체가 목적이 아니라, 가족과 함께하는 행복, 자아실현, 혹은 사회 기여 등 더 넓은 맥락에서 재정적 자유를 바라봐야 합니다. 그래야 투자가 좀 더 투자스러워지고, 투자의 성공 가능성을 좀 더 높일 수 있습니다.

2) 기간과 규모를 정하기

· 3년 뒤, 5년 뒤, 10년 뒤 어디서 무엇을 하고 싶고, 얼마나 자금을 필요로 하는가?

· 이를 달성하기 위해 지금부터 매달 얼마를 투자하거나 저축해야 하는가?

목표가 구체적일수록 행동 지침이 명확해집니다. 예를 들어, '5년 안에 1억 원의 종잣돈을 모으고 싶다'라는 목표가 있다면, 연평균 수익률과 적립 투자 규모를 계산해 어느 정도의 리스크를 감수할지 판단할 수 있습니다.

3) 자기 성향 이해

• 나는 단기 시세 변동에 민감하게 반응하는 편인가, 아니면 느긋한 편인가?

• 위험을 감수하더라도 빠른 시일 안에 자본의 규모를 키우고 싶은가? 아니면 안정적으로 자산을 지키며 키우고 싶은가?

이런 질문에 대한 답을 바탕으로 암호화폐 투자의 비중을 결정하고, 단타·중장기 투자 등 투자 전략을 구체화합니다. 코인은 도구이기 때문에 내 삶의 목표와 성향에 따라 코인과의 거리를 조절하는 것이 가능합니다.

4. 실제 투자 과정에서 코인을 도구로 활용하기

1) 분산 투자 및 현금 비중 관리

코인을 도구로 삼는 투자자는 절대로 전 재산을 한 종목에 몰빵하지 않습니다. 오히려 주식, 채권, 예적금, 부동산 등 여러 가지 자산을 적절히 섞어 분산시킵니다. 이를 통해 특정 코인에 대한 의존도를 낮추고 전체 포트폴리오의 안정성을 높입니다. 사실 코인 프로젝트를 블록체인 혁신의 관점에서 바라보자면 월가의 금융 대기업들과의 관련성, 빅테크·AI 기업들과의 연관성에서도 바라볼 수 있습니다. 예를 들어, 월가에서 AI 테마 종목들이 시대적 혁신을 일군다면 암호화폐 시장에서 주목받는 AI 테마 코인들을 살펴볼 수 있고, AI관련 코인 뿐만 아니라 주식 투자까지 함께 병행해서 진행할 수도 있습니다. 굳이 특정 코인 한 두 개에 몰빵할 이유도 없고, 그것보다 더 나은 대안이 얼마든지 있다는 점도 고민해 보시면 좋을 것 같습니다.

또, 시장이 과열된 시점이거나 목표 수익률을 달성했을 때는 일부 수익을 실현해 현금 비중을 늘리는 전략도 중요합니다. 이렇게 하면, 예상치 못한 하락장이 왔을 때도 유연하게 대처할 수 있고, 생활 자금을 보전함으로써 일상에 지장을 주지 않습니다.

2) 명확한 손절 라인과 목표 가격 설정

코인을 삶의 전부로 여기는 투자자들은 손실을 견디기 어려우면서도 정작 손절하지 못하는 경우가 많습니다. 중독적 심리가 이미 의사 결정에 결정적 영향을 미치고 있기 때문입니다. 그래서 대부분 '이걸 못 버티면 인생이 끝난다'라고 착각합니다. 하지만 코인을 도구로 바라보는 사람은 사전에 손절 라인과 목표가를 설정해 냉정하게 대응합니다. 여윳돈을 가지고 전략과 계획을 세운 뒤 여러 포트폴리오 종목 가운데 하나를 대하는 사람과 특정 종목에 몰빵하면서 도박적 심리를 기본으로 삼는 사람은 참으로 큰 차이점을 느끼게 해줍니다.

결국 이런 단순한 과정을 잘만 지키면 감정적 매매에 빠지지 않고, 큰 손실을 보기 전에 자금을 보호할 수 있습니다. 물론 손절 뒤에 시세가 반등하는 아쉬운 상황도 생길 수 있지만, 결과적으로는 장기적으로 위험을 통제하는 데에 큰 도움이 될 것입니다.

3) 투자 외적인 영역에 대한 투자

코인을 도구로 삼는 사람은 투자 외적인 영역, 예를 들어 자기계발, 직업 역량 강화, 건강 관리 등에 대한 투자도 적극적으로 해 나갑니다. 재테크를 넘어, 자신이 좋아하고 잘하는 분야에서 지속적으로 성장하기 위한 인적 자본 투자라 할 수 있습니다.

결국, 코인 투자로 얻는 수익은 우리의 삶을 더 풍성하게 만드는 여러 가지 요소 중 하나일 뿐입니다. 이걸 인식하는 게 중요합니다. 자기계발이나 대인 관계에 투자하는 것은 돈으로 직접적인 보상이 나오지 않을 수도 있지만, 장기적으로는 더 큰 만족과 안정감을 가져다줄 수 있습니다.

5. 인생의 목표가 가져다주는 디톡스 효과

크립토 디톡스는 단순히 코인 중독을 막는 것에 그치지 않습니다. 그 궁극적인 목표는, 투자로 인해 삶이 무너지는 것을 방지하고, 오히려 투자를 통해 더 건강한 삶을 영위하는 데 있습니다. 다소 뜬구름 잡는 이야기로 들릴 수 있지만, 디톡스 관점에서 기본만 잘 지켜도 충분히 암호화폐 시장을 즐기면서 대응할 수 있습니다. 그래서 '코인은 도구이고, 인생의 목표는 따로 있다'라는 마인드는 디톡스 효과를 극대화할 수 있다고 생각합니다. 줄여서 '코.도.인.따'꼭 기억하시면 좋겠습니다.

1) 투자 스트레스 완화

코인에 인생을 걸지 않는 태도는 곧 마음의 여유로 연결됩니다. 물론 손실이 발생하면 누구나 아쉽고 힘들겠지만, '인생 전부가 무너진다'라는 극단적 사고까지는 가지 않게 됩니다. 이건 투자자의 멘탈을 지켜주고, 더 합리적이고 이성적인 투자 판단을 가능하게 합니다. 투자 전반 과정에서 멘탈 관리가 얼마나 중요한지는 경험자 분들은 모두 아실 것입니다. 아니, 사실상 다른 어떤 공부보다 멘탈 관리가 더 중요하다고 해도 이상하지 않습니다.

2) 합리적 재정 운용

분명한 목표가 있는 투자자는, 목표를 달성하기 위한 자금 계획과 투자 전략을 세워 놓습니다. 그 결과, 지나친 레버리지나 무계획적인 전 재산 투입 등이 줄어들고, 생활 자금을 안전하게 분리·보관하면서 투자하는 습관이 형성됩니다.

3) 실패를 학습의 기회로 삼기

코인을 전부로 삼는 사람은 작은 실패에도 크게 낙담하고 쉽게 패닉에 빠집니다. 반면, 인생의 목표가 뚜렷한 사람은 실패나 손실도 과정 중 일부로 받아들이며, 이를 복기하고 학습함으로써 더 나은 투자자로 거듭납니다.

4) 균형 잡힌 삶의 추구

인생의 목표가 단지 돈에만 있지 않다면, 자연스레 다른 가치를 위해 시간을 투자하게 됩니다. 이를테면 자기계발, 인간관계, 사회적 활동 등에 더 많은 에너지를 쏟을 수 있고, 이로 인해 개인의 삶이 다채롭고 풍요로워집니다.

실천 가이드: '코인은 도구일 뿐, 인생의 목표는 따로 있다'(코도인 따)를 내 삶에 적용하기

1. 목표 재점검: 이미 세운 목표가 있다면 주기적으로 재확인하고, 필요에 따라 수정합니다. 한치 앞을 모르는 게 사람의 인생이기 때문에 언제 바뀔지 모를 계획을 유연하게 조정할 필요가 있습니다.

2. 포트폴리오 구성 시 삶의 우선 순위 반영: 재무 설계와 포트폴리오 구성은 가능한 한 가족, 커리어, 건강, 취미 등과의 균형을 고려해야 합니다.

3. 코인을 바라보는 관점 점검: '이 종목만 오르면 인생 역전'이라는 생각이 든다면, 과도하게 코인에 올인하고 있는 것은 아닌지 스스로 점검할 필요가 있습니다.

4. 공부와 자기계발 병행: 시장 분석, 블록체인 기술 이해 등 코인 공부도 좋지만, 자신의 본업이나 장기적 커리어 발전을 위한 공부도 놓치지 않아야 합니다.

5. 심리적 안정 장치 마련: 멘탈 관리와 충분한 휴식은 필수입니다. 스트레스가 극심해질 때, 때로는 시장에서 잠시 물러나 마음을 재정비하는 것도 좋습니다.

6. 코인을 통한 삶의 확장, 그리고 진정한 자유

'코인은 도구일 뿐, 인생의 목표는 따로 있다, 코도인따.' 이 문장을 늘 되새긴다면, 우리는 코인 투자라는 놀이 기구에서 과도한 롤러코스터를 경험하지 않고 차분하게 즐길 수 있습니다. 설사 롤러코스터 상황을 갑자기 겪게 되더라도 감정적 패닉에 빠지기 보다는 그 자체를 하나의 과정으로 인식할 수 있습니다. 코인은 우리가 인생을 더 풍요롭게 누릴 수 있도록 돕는 하나의 수단이지, 그 자체가 삶의 목적이 되어서는 안 됩니다.

궁극적으로 재테크의 최종 목표는 단순히 돈을 많이 버는 것을 넘어, 좀더 가치 있고 의미 있는 삶을 살아가는 데 있지 않을까 생각합니다. 경제적 자유를 어느 정도 이루더라도 인생의 만족도가 완전히 채워지는 것은 아닙니다. 가족과의 추억, 끊임없는 자기계발, 그리고 세상에 기여하는 보람 등 다양한 가치를 추구할 때 비로소 온전한 행복을 맛볼 수 있을 것입니다.

암호화폐 시장이 아무리 뜨겁고 화려하게 보일지라도, 절대 잊어서는 안되는 점이 있습니다. 다시 한 번 강조하지만, '코인은 도구'라는 사실입니다.

코인을 통해 우리가 실제로 얻고자 하는 것은 단순히 경제적 기반을 마련하는 것이 아닙니다. 하고 싶은 일을 아무 때나 자유롭게 하는 수준을 넘어서, 사랑하는 사람들과 안정적인 미래를 만들어 가는 것. 바로 이런 목표가 더 가치 있는 것입니다. 그런 목표가 분명하다면, 변화무쌍한 암호화폐 시장이 잠시 우리에게 불리하게 돌아가더라도 좌절하지 않고, 또 과도한 욕심으로 위험을 무리하게 감수하지도 않을 수 있습니다.

크립토 디톡스의 핵심은 결국, 투자로 인해 우리의 소중한 일상이 어그러지지 않고, 오히려 투자 과정을 통해 성장과 배움, 그리고 조금 더 풍성한 삶을 구현하는 데 있습니다. 그 과정에서 가장 효과적인 마인드는 바로 '코도인따, 코인은 도구일 뿐, 인생의 목표는 따로 있다'입니다. 이 문장을 마음속에 새기고, 매 순간 마음이 흔들릴 때마다 생각해 보시면 좋겠습니다. 그렇게 할 때, 우리는 중독적이고 편향된 코인 투자가 아니라, 건강하고 지속 가능한 투자 습관으로 나아갈 수 있습니다.

2

자금 관리와
리스크 컨트롤

암호화폐 시장은 일반적으로 주식이나 부동산, 채권 등에 비해 변동성이 극심하다는 특징이 있습니다. 단 몇 시간, 심지어 몇 분 만에 급등락이 일어나기도 하고, 때로는 전 세계적인 이슈에 즉각적으로 반응해서 시세가 상상 이상으로 요동칠 수도 있습니다. 이런 환경에서 디톡스라는 관점으로 투자를 지속하기 위해서는 단순히 코인 가격 움직임을 예측하는 데 그치지 않고, 자금 관리와 리스크 컨트롤에 대한 명확한 원칙을 세워 두는 것을 잊지 말아야 합니다.

이미 앞서 언급했듯이 '코인은 도구일 뿐, 인생의 목표는 따로 있다'라는 마인드를 유지하려면, 무리한 자금 운용이나 감정적인 투자 결정을 피해 가야 합니다. 여기서 핵심이 바로 투자 비중 설정, 손절 라인 정립, 그리고 현금 보유 등의 전략이 구체적인 리스크 관리 수단이라고 할 수 있습니다. 이번에는 암호화폐 투자에서 가장 기초적인 부분이면서 동시에 가장 중요하다고 할 수 있는 자금 관리와 리스크 제어 방안들을 상세히 살펴보겠습니다.

암호화폐 투자 비중 설정의 중요성

1. 왜 비중 설정이 필요한가?

비중 설정은 전체 자산 중 얼마나 많은 비율을 암호화폐에 투자할지를 결정하는 과정을 의미합니다. 이를테면, 투자 가능한 총자산이 1억 원이라고 했을 때, 그중 10%인 1천만 원을 암호화폐 투자에 할당하거나, 30%인 3천만 원을 할당하는 식의 방식입니다. 비중 설정이 중요한 이유는 다음과 같습니다.

1) 위험 분산: 암호화폐 시장은 때때로 고수익 기회를 제공하기도 하지만, 하락 리스크도 만만치 않습니다. 따라서 암호화폐라는 하나의 자산군에 올인(All-in)하는 접근 방식은 매우 위험할 수 있습니다. 총자산 대비 적절한 비중을 유지해야 혹시라도 시장이 급락했을 때 전 재산을 잃는 상황을 피할 수 있습니다.

2) 심리적 안정: 비중이 과도하면 매일매일 시시각각 시세 변화에 예민해지고 불안감이 커집니다. 생활이나 업무 중에도 코인 시세가 신경 쓰여 집중력이 떨어질 수 있습니다. 적정 수준의 비중을 설정해 두면 심리적 스트레스가 줄어들고, 좀더 객관적인 매매 결정을 할 수 있습니다.

3) 목표 달성 최적화: 앞서 언급했던 인생의 목표와 투자 기간을 고려해, 암호화폐 투자를 통해 기대하는 수익 규모를 역산할 수 있습니다. 무조건 큰 비중을 넣기보다는, 목표와 위험 허용도를 균형 있게 맞춰 비중을 결정해야 장기적으로도 지속 가능한 전략이 됩니다.

2. 개인별 상황에 따른 비중 결정 요소

암호화폐 투자 비중을 결정하는 데 있어, 모든 사람에게 일률적으로 적용할 수 있는 정답은 없습니다. 오히려 각 개인의 재무 상황, 위험 선호도, 투자 기간, 목표 금액 등에 따라 달라져야 합니다. 예를 들어, 사회 초년생이라면 갑작스럽게 큰 규모의 자금이 필요한 경우가 상대적으로 낮기 때문에 공격적 투자가 가능할 수 있습니다. 반면, 가족이 있거나 가까운 시일 안에 주택 마련 자금이 필요한 사람이라면 암호화폐에 올인하기에는 부담이 너무 커집니다.

• 재무 상황: 총자산 규모, 부채 여부, 정기적인 소득의 안정성 등을 종합적으로 평가해야 합니다.

• 위험 선호도: 변동성에 대한 개인의 심리적 반응, 손실을 견디는 한계치, 투자 경험이 얼마나 있는지 등이 영향을 미칩니다.

• 투자 기간: 1~2년 이내에 자금을 회수해야 하는지, 혹은 5년 이상 장기 투자를 염두에 두고 있는지에 따라 비중이 달라집니다.

• 목표 금액: 최종적으로 달성하고자 하는 재무 목표가 얼마인지, 그 목표 시점까지 필요한 기대 수익률이 어느 정도인지 계산해 보면 좋습니다.

3. 사례로 보는 비중 설정 시뮬레이션

예시 1) 30대 사회 초년생 A씨

- 총자산 5,000만 원(부모로부터 지원받은 자금 포함), 대출 없음

- 매월 급여에서 100만 원 정도 저축 가능

- 현재 미혼, 5년 뒤쯤 결혼 계획

- 위험을 어느 정도 감수해도 괜찮다고 판단

A씨는 인생 목표로 '5년 뒤에는 1억 이상의 종잣돈을 모으겠다'라고 설정했다고 가정해 보겠습니다. 이 경우, 다소 공격적인 전략도 가능하지만, 그렇다고 전 재산인 5,000만 원을 코인에 몰빵하는 것은 매우 위험합니다.

- 전체 자산 중 20~30% 선에서 암호화폐 투자 시작

- 나머지는 예적금, 주식, ETF 등 비교적 안정적인 투자처에 분산

- 매달 월급에서 일정 금액(예: 30만 원~50만 원)을 적립식으로 코인에 추가 매수

이렇게 하면 하락장에도 버틸 체력을 확보하면서, 동시에 시세 상승기에 꾸준히 수익을 쌓는 혼합 전략을 취할 수도 있습니다.

예시 2) 40대 가장 B씨

- 총자산 3억 원(주택 자산 제외), 대출 일부 존재

- 아이의 교육비로 3~5년 뒤 목돈이 필요

- 원금 손실에 대한 부담이 커서 가급적 신중한 투자 원함

B씨의 경우에는, 보수적 전략이 적합할 가능성이 높습니다. 즉, 암호화

폐 시장에서 얻는 고수익 기회를 완전히 포기할 필요는 없겠지만, 투자 비중을 지나치게 크게 가져가면 가정 경제 전체에 충격이 될 수 있습니다.

- 총자산의 5~10% 범위에서만 암호화폐 투자
- 시장이 과열될 경우 수익 일부를 현금화하여 원금 회수 또는 차입금 상환
- 포트폴리오의 큰 축은 여전히 저축성 예금, 주식, 채권, 혹은 다른 안전 자산

이것만 봐도 투자 시장에는 정답이 없다는 점을 다시 한 번 느낄 수 있습니다. 결국 내 자신이 처한 상황과 나의 투자에 대한 관점 등을 종합적으로 고려해 본인이 견딜 수 있는 손실 범위를 먼저 정해야 합니다. 그리고 나서 그 한도 안에서 적절한 비중을 설정해야 합니다.

4. 비중 조정 타이밍과 주기

물론 비중을 한 번 설정했다고 해서 영원히 죽을 때까지 고정해 놓을 필요는 당연히 없습니다. 오히려 분기 단위든, 반기 단위든 정기적으로 또는 시장 상황에 따라 자산 배분을 재조정하는 것이 바람직합니다.

- 코인 시세가 급등해 전체 포트폴리오에서 코인 비중이 너무 높아졌다면, 일부 이익 실현을 통해 비중을 줄일 수 있습니다.
- 하락장이라고 판단될 때, 충분히 여유가 있다면 오히려 코인 비중을 조금 더 늘릴 수도 있습니다.
- 가족 구성이나 직장 상황 등 라이프 스타일의 변화가 있을 경우, 더 보수적인 접근이 필요할 수도 있습니다.

결국 핵심은 비중 조정 자체가 투기적 행동이 아니라 '자산 배분 전략'이라는 인식을 갖는 것입니다. 감정이나 직감에 의존해 '지금 오르니 더 담아야겠다' 또는 '불안하니까 다 던져야겠다'가 아니라, 미리 정해둔 가이드라인에 따라 체계적으로 움직인다는 전략과 이걸 가능하게 하는 기준이 중요하다고 할 수 있습니다.

손절 라인과
현금 보유 전략

비중 설정만큼이나 중요한 리스크 컨트롤 요소가 바로 손절 라인(Stop-Loss) 설정과 현금 보유 전략입니다. 많은 투자자들이 코인 시장에서 실패하는 이유 가운데 하나는 손절에 대한 명확한 원칙이 없거나, 현금 보유가 아깝다고 느껴 모든 자금을 타이밍과 상황을 고려하지 않고 무작정 시장에 쏟아붓기 때문입니다. 하지만 크립토 디톡스를 실천하기 위해서는, 언제든지 돌발 상황에 대비할 수 있는 안전장치와 유동성 확보가 필수적입니다.

1. 손절 라인(Stop-Loss)의 개념과 필요성

손절 라인은 특정 종목의 가격이 일정 수준 이하로 내려갔을 때 더 이상의 손실을 막기 위해 매도(청산)하는 기준점을 의미합니다. 예를 들어, 1 코인을 100만 원에 매수했을 때, 15% 손실인 85만 원에 도달하면 무조건 매도나 청산을 한다는 식의 규칙을 사전에 정해두는 방식입니다.

・ 손실 최소화: 시장이 예측과 다르게 전개될 경우, 무작정 버티기보다는 일정 수준에서 빠져나오는 것이 전체 자산을 보호하는 데 도움이 됩니다.

・ 감정적 매매 방지: 손절 규칙이 명확하지 않으면, '조금 더 버티다 보면

오를 거야'라는 자기 합리화에 빠져 손실이 눈덩이처럼 커집니다.

• 재투자 기회 확보: 손절을 통해 자금을 회수하면, 이후 더 유망한 종목이나 매력적인 진입 시점이 왔을 때 기민하게 대응할 수 있습니다.

물론, 손절 라인을 설정하는 것은 쉽지 않습니다. 손절 이후 가격이 반등하는 경우도 적잖이 발생하기 때문입니다. 하지만 장기적으로 볼 때, 대규모 손실을 방지하는 1차적 장치로 손절 라인은 매우 중요한 역할을 합니다. 중장기 대응을 하는 경우라면 손절보다는 추가 매수를 고민할 수 있겠지만, 단기 대응이 위주라면 적절한 손절 라인 설정은 필수입니다.

2. 손절 라인 설정 방법

1) 고정 퍼센트 기준
• 예를 들어, 매수가 대비 10%나 15% 하락 시점으로 손절 라인을 설정합니다.
• 장점: 단순하고 명료함.
• 단점: 종목에 따라 변동성이 달라서, 고정 퍼센트가 비합리적일 수 있음.

2) 차트 기술적 지지선 기준
• 기술적 분석을 통해 중요한 지지선(예: 이동 평균선, 피보나치 되돌림

구간 등)을 파악하고, 그 지지선이 무너질 경우 손절.

• 장점: 시장에서 많이 활용되는 기법으로, 타당한 수준에서 손절 시점을 잡아볼 수 있음.

• 단점: 기술적 분석이 항상 정답은 아니며, 시세 조작이나 가짜 이탈(페이크아웃) 등이 발생할 수 있음.

3) 종목·프로젝트 펀더멘털 변화 기준

• 코인 가격이 아니라, 해당 프로젝트의 근본적 가치나 팀의 이슈, 시장의 규제 변화 등을 평가해 손절 타이밍을 잡습니다.

• 장점: 가격 변동에 일희일비하지 않고, 실질적 가치 변화에 따라 투자 결정을 내릴 수 있음.

• 단점: 펀더멘털 변화가 주가(시세)에 어떻게 반영될지 시차가 존재할 수 있으며, 정확한 분석이 어려울 수 있음.

실제로는 위 방식들을 복합적으로 활용하는 경우가 많습니다. 중요한 것은 손절 라인은 사전에 설정해야 한다는 것입니다. 매수 후에 가격이 떨어진 뒤에야 손절 규칙을 고민하는 것은 대부분 불리한 상황일 가능성이 높기 때문에, 미리 전략을 세워두고 감정적 동요를 최소화해야 합니다.

3. 손절 이후의 대응과 심리 관리

손절 자체도 어렵지만, 그 뒤의 심리적 타격을 잘 관리하는 것도 매우 중요합니다. 손절을 하게 되면 일단 심적인 패배감이나 아쉬움이 들기 마련인데, 이걸 무작정 회피할 경우 오히려 다음 매매에서 단기적 손실 만회를 위해 무리하게 진입하는 복구 매매에 빠질 수도 있습니다.

• 손절 과정을 기록: 왜 손절했는지, 어떤 시점에 손절했는지, 손절 이후 시세가 어떻게 움직였는지를 일지에 정리합니다. 다음 투자 결정에 참고 자료로 활용할 수 있습니다.

• 리셋(Reset) 마음가짐: 손절을 했다는 것은 이미 그 종목으로 인한 손실을 확정 지었다는 것을 의미합니다. 그후 해당 종목에 과도한 집착을 보이는 것보다, 새로운 관점에서 시장을 보는 것이 좋습니다.

• 장기 목표 재확인: 손절로 인해 순간적으로 자금이 줄어들었더라도, 원래의 투자 목표나 전략이 바뀌지 않는다면, 충분히 다시 기회를 잡을 수 있다는 긍정적 프레임을 유지해야 합니다.

4. 현금 보유 전략이 필요한 이유

암호화폐 투자자들 사이에는 '현금이 곧 기회다'라는 말이 자주 언급됩니다. 이건 어느 투자 시장에서나 거의 비슷할 것입니다. 지난 2024년 12월, 대한민국에서는 아주 극적인 상황이 펼쳐졌는데, 바로 계엄 사태입니다. 암호화폐 시장이 글로벌 마켓임에도 불구하고 계엄 사태가 터졌을 때 업비트와 빗썸 등 한국 암호화폐 시장에서 코인 가격이 순간적으로 폭락했습니다. 이때 누군가는 계엄에 겁먹고 패닉 셀을 해버렸지만, 시장의 생리를 잘 알고 현금 비중이 충분했던 투자자는 재빨리 저가 매수를 단행해서 차익을 노렸습니다. 한국 시장에 국한된 악재는 시간이 지나면 충격을 회복하고 글로벌 시세에 다시 맞춰질 가능성이 높다는 것을 알고 있었다면, 당시 저가 매수가 가능했을 것입니다. 그래서 하락장에서는 물론이고, 오히려 상승장에서도 의도적으로 현금을 보유해두는 것이 중요하다는 점을 다시금 느낄 수 있습니다. 현금 보유 전략이 필요한 이유를 정리하면 다음과 같습니다.

• 급락 시 매수 기회 포착: 시장이 급락할 때, 현금을 보유하고 있는 사람은 저점 매수 기회를 잡기 수월합니다. 레버리지나 대출로만 대응하는 것은 위험 부담이 너무 크지만, 현금은 가장 유연하고 안전한 수단입니다.

• 리스크 분산: 모든 돈을 코인에 투자하면 시장 등락에 자산 가치가 100% 연동됩니다. 현금을 일부 보유하면서 시장 하락 시에도 자산 가치 전체가 무너지지 않도록 방어력을 만들 수 있습니다.

• 심리적 안정: 생활 자금이나 비상금을 별도로 마련해 두면, 일상적인 지출과 코인 투자금을 구분할 수 있어 심리적 안정에 도움이 됩니다.

• 추가 투자 여력 확보: 시장 트렌드가 바뀌거나 새롭게 떠오르는 코인 프로젝트가 나타났을 때, 현금이 없다면 매수에 나서고 싶어도 바로 투자하기 어려울 수 있습니다. 반면 적절한 현금 비중이 있다면 매력적인 기회에 유연하게 대응 가능합니다.

5. 현금 비중 관리 전략

현금 보유량은 투자자마다 크게 다를 수 있습니다. 어떤 투자자는 10% 정도만 현금으로 남겨 두고, 나머지 90%를 코인이나 다른 자산으로 운영하는 반면, 또 다른 투자자는 40~50%까지도 현금화하여 시장 변동성에 대비하기도 합니다. 이를 결정할 때 고려해야 할 요소는 다음과 같습니다.

• 개인 라이프 스타일 및 책임: 가령 자영업자나 프리랜서처럼 월급이 고정적이지 않은 사람은, 현금 비중을 더 높이는 편이 안전합니다. 고정 수입이 없는 상태에서 위험 자산 시장 투자 비중이 너무 높을 경우, 고정 수입에 변동성이 커지면 일상이 크게 흔들릴 수 있습니다.

• 시장 사이클: 장기간의 상승장 이후에는 조정이 올 수 있다는 점을 염두에 두고, 일부 수익을 실현해 현금화하는 전략을 취할 수 있습니다. 반대로, 이미 큰 폭으로 하락한 시장에서 현금을 지나치게 많이 보유하면 기회를 놓칠 수 있기 때문에, 상황에 따라 조정이 필요합니다. 그래서 꾸준한 시장 리서치가 중요합니다.

• 개인의 성향: 심리적으로 안전 마진을 크게 두고 싶으면 현금 비중을 높이는 식으로 조절할 수 있습니다.

(참고) 종합적인 리스크 컨트롤 시뮬레이션

여기서 가상의 시나리오를 통해, 비중 설정→손절 라인→현금 보유의 과정을 종합적으로 살펴보겠습니다.

상황

- 35세 직장인 C씨, 순자산 1억 원 중 3,000만 원을 투자금으로 운용
- 코인에는 전체 자산의 20%, 즉 2,000만 원을 할당하기로 결정
- 나머지 1,000만 원은 주식과 ETF, 그리고 은행 예적금 등에 분산
- 암호화폐 투자는 주로 A코인(1,200만 원), B코인(800만 원)에 나누어 매수

손절 라인

- C씨의 A코인 매수가 1,200만 원이고, 약 20%인 240만 원 손실인 시점 (960만 원)에서 일단 손절하기로 결정
- B코인은 프로젝트 펀더멘털이 튼튼하다고 믿어, 좀 더 여유롭게 손절 라인을 25%로 설정

현금 보유

- 투자금 2,000만 원 중, 최초에는 약 300만 원(15%)을 현금으로 두고 시작
- 이후 A코인이 30% 급등해 1,560만 원이 되었을 때, 10% 정도 수익 실현 후 160만 원을 현금으로 추가 확보
- 결과적으로 코인에 들어간 돈은 총 1,400만 원 수준이 되었고, 현금은 460만 원(전체 코인 투자금 대비 23%)으로 늘어남

상황 전개 시나리오

1. 시장이 갑자기 하락세로 전환하여 A코인이 -15%, B코인이 -20%까지 하락

2. C씨는 A코인 손절 라인(960만 원)까지 아직 여유가 있다고 판단해 관망, B코인은 아직 -20%이므로 손절 라인(-25%)에 도달하지 않았음

3. 추가 하락으로 A코인이 결국 손절 라인에 도달. C씨는 미련을 갖지 않고 960만 원에 전량 매도, 손실 확정(-240만 원)

4. B코인은 -25% 아래로 떨어지지 않고, 반등 조짐을 보여 계속 홀딩

5. A코인 청산 후 확보한 960만 원과 기존 현금 460만 원을 합쳐 1,420만 원이 현금 상태

6. 시장이 전반적으로 바닥을 다지는 듯한 시그널을 보이고, C코인이라는 신규 종목이 유망해 보여 C씨는 600만 원 정도 투입해 재진입

7. 이후 시장 일부 종목이 다시 반등하여, 최종적으로 B코인에서 어느 정도 수익, C코인에서도 반등 수익을 얻어 전체 손실을 만회하거나 플러스 구간으로 넘어감

물론 이 시나리오는 단순한 예시이고, 실제 투자에서는 예측하지 못한 변수들이 훨씬 많이 작용합니다. 그러나 중요한 것은 애초에 코인 투자 비중을 전 자산 대비 20%로 제한해놨다는 것이고, 손절 라인을 미리 정해놓고 대규모 손실을 막았다는 점입니다. 특히 현금 비중을 적절히 관리하여 추가 매수 기회를 포착했다는 점도 인상적입니다. 결국 우리는 이런 상황에 대한 분석을 통해 자금 관리와 리스크 컨트롤이 투자 성패에 얼마나 큰 영향을 미치는지 재차 확인할 수 있습니다.

정리: 지속 가능한 투자를 위한 핵심 프레임

암호화폐 시장에서 자금 관리와 리스크 컨트롤은 부수적인 보조 개념이 아니라 투자 전 과정의 기본 틀 역할을 합니다. 앞서 살펴본 비중 설정, 손절 라인, 현금 보유 전략은 서로 유기적으로 연결되어서 투자자의 멘탈과 자산을 보호하고, 장기적 수익 창출의 기회를 열어줍니다.

1. 비중 설정: 전체 자산 대비 암호화폐 투자에 얼마나 할당할지 결정하는 것은, 변동성을 관리하는 출발점입니다. 여기에는 개인의 재무 상황, 위험 선호도, 투자 목표, 라이프 이벤트 등이 고려되어야 합니다.

2. 손절 라인: 예측과 다르게 시장이 흘러갈 때, 감정적 손실 확대를 막아주는 최후의 보호막입니다. 손절을 하지 않으면 '언젠가 오르겠지'라는 막연한 기대감으로 손실을 키우게 될 위험이 매우 큽니다.

3. 현금 보유: 투자에 임하는 동안에도 현금은 곧 기회입니다. 변동성이 큰 시장에서 유동성을 확보해 두면, 불확실한 국면에 대응하고 새로운 저가 매수 기회를 잡을 수 있습니다. 그만큼 심리적 안정감도 커집니다.

이와 같은 원칙이 확립되어 있으면 크립토 디톡스를 통해 우리가 지향하고자 하는 투자 태도가 한층 단단해질 수 있습니다. 즉, 단기 시세 등락에 휩쓸리지 않고 자신의 목표와 원칙에 따라 합리적으로 투자 판단을 내릴 수 있게 되는 것입니다.

물론, 이 모든 것을 완벽하게 지킨다고 해서 항상 이익만 볼 수 있는 것은 아닙니다. 시장은 예측 불가능한 방향으로 움직일 수 있고, 손절 뒤에 급격히 반등하는 아쉬운 상황을 마주할 때도 있습니다. 하지만 중장기적으로 보면 자금 관리와 리스크 컨트롤의 원칙을 충실히 따른 투자자가 그렇지 않은 투자자보다 훨씬 더 건강하고 지속 가능한 결과를 얻을 가능성이 높다고 생각합니다.

결국, 암호화폐 투자에서 중요한 것은 '얼마를 벌었느냐'가 아니라 '어떻게 벌고, 어떻게 지켜나가느냐'가 아닐까 싶습니다. 시장이 아무리 급등해도, 리스크 관리에 소홀하면 수익을 잃는 것은 한순간이기 때문입니다.

'코인은 도구일 뿐'이라는 전제 하에, 인생의 더 큰 목표와 가치들을 지키기 위해서는, 반드시 자금 관리와 리스크 컨트롤을 전략의 중심에 둬야 합니다. 이러한 태도가 몸에 배면, 여러분은 단순히 가격 예측에만 매달리는 투기꾼이 아니라, 한 단계 더 발전된 투자자로 거듭날 수 있을 것입니다.

투자 비중, 손절 라인, 현금 보유 전략. 이 세 가지를 균형 있게 설계하고 꾸준히 실천해 나간다면, 시장의 급등락에 일희일비하지 않고도 자신만의 투자 철학과 원칙을 지킬 수 있게 됩니다. 그리고 이것이야말로 크립토 디톡스가 궁극적으로 추구하는 지향점이 아닐까 생각됩니다.

3

정보 해독 능력 기르기

암호화폐 시장은 그 어느 자산군보다 정보에 민감하게 반응합니다. 블록체인과 관련된 기술, 토크노믹스, 규제 이슈, 그리고 프로젝트 팀의 동향 등 다양한 요소가 시세를 급등 또는 급락하게 만들 수 있습니다. 여기에 더해 SNS나 각종 커뮤니티에서는 매일같이 새로운 코인 추천과 전망이 쏟아지고, 때로는 근거 없는 루머가 급속도로 퍼지기도 합니다. 어디까지가 루머이고 어디까지가 팩트인지 명확하게 체크할 수 없다 보니 자칫 잘못하면 덫에 걸릴 수도 있습니다.

이처럼 정보가 넘쳐나는 환경에서 가장 중요한 것은 '정보를 올바르게 해독하는 능력'입니다. 요즘 미디어가 전하는 편향적이거나 정치적인 정보를 분별력있게 수용해야 한다는 측면에서 '미디어 리터러시'가 강조되고 있는데, 개인적으로 암호화폐 시장은 그 어느 시장보다 미디어 리터러시 능력이 중요하다고 생각합니다. 단순히 누군가 '유망하다', '조만간 폭등할 것이다'라고 말한다고 해서 맹신해서는 안 되고 해당 정보의 출처와 신뢰도를 판단하고, 사실 관계를 정확히 파악하려고 노력해야 합니다. 특히 '크립토 디톡스' 관점에서는 무분별한 정보에 흔들리지 않고, 객관적이고 합리적인 분석을 통해 투자 결정을 내리는 습관이 꼭 필요합니다. 노력한다고 해서 팩트 체크가 온전히 이뤄질 수 있는 건 아니지만, 노력조차 하지 않으면 정말이지 세력 장난질의 희생양이 되기 쉽습니다.

이번에는 프로젝트 팀, 커뮤니티 등 필수 정보를 파악하는 방법부터 살펴본 뒤, SNS·커뮤니티에서 쏟아지는 정보에 어떻게 대응해야 하는지 구체적으로 살펴보겠습니다.

프로젝트 팀, 커뮤니티 등 필수 정보를 파악하는 방법

암호화폐 시장에는 매일같이 새로운 프로젝트가 등장하고, 그중에는 실제로 뛰어난 기술적 혁신을 목표로 하는 팀도 있지만, 단순히 투기적 열풍을 노리거나 심지어 사기성 스캠 목적을 가진 경우도 적지 않습니다. 따라서 프로젝트 자체에 대한 이해와 팀의 역량, 로드맵 신뢰성을 파악하는 것이 어느 때보다 중요합니다.

1. 공식 문서(백서, 웹사이트, GitHub 등) 확인

1) 백서(White Paper)

대부분의 암호화폐 프로젝트는 백서를 통해 프로젝트의 철학, 기술 구조, 사용 사례, 토큰 분배 계획 등을 밝힙니다. 백서를 체크할 때는 몇 가지 체크 포인트들이 있습니다. 먼저 이 프로젝트가 어떤 문제를 해결하려는지를 살펴볼 필요가 있습니다. 이 프로젝트가 시장에서 어떤 문제를 해결하고자 하는지, 그리고 그것이 왜 중요한지 등을 체크해 보는 것입니다.

또 기존 블록체인과 어떤 차별화된 기술을 적용하고 있는지, 토큰이 어떤 방식으로 발행되고, 분배되고, 투자자나 팀, 재단의 보유 물량은 어느 정도인지도 체크해야 합니다. 특히, 구체적인 출시 계획 등 로드맵 개발 일정을 검증할 만한 지표나 기준이 있는지, 아니면 그럴싸한 비전만 제시해 놓은 것인지도 확인해야 하는 부분입니다. 특히 강세장일수록 주의해야 하는데, 신규 프로젝트 코인에 투자해서 큰 수익률을 올리겠다는 욕심이 앞설 경우에는 그럴 듯하게 포장해 놓은 백서의 내용에 혹해서 넘어가기 쉽습니다. 따라서, 백서에 담긴 비전과 가치가 실제로 실행 가능한 것인지, 기술 구현 능력이 있는 것인지 등을 꼼꼼하게 확인해야 합니다.

2) 프로젝트 웹사이트와 공식 채널, 실제 활동성

통상 암호화폐 프로젝트는 공식 웹사이트, 블로그, 트위터, 텔레그램 등의 채널을 통해 최신 소식을 공지합니다. 로드맵 진행 상황이나 파트너십 체결 소식, 팀의 행사 참석이나 개발 업데이트 등은 이런 루트를 통해서 확인할 수 있기 때문에 내가 마음먹고 투자하는 프로젝트라면 정기적으로, 습관적으로 확인하는 것이 중요합니다. 만약, 프로젝트 팀의 웹사이트가 지나치게 부실하거나 내용이 공수표 수준일 경우에는 경계심을 갖고 비판적 관점으로 추가 확인을 해볼 필요가 있습니다. 특히나 신규 프로젝트라면 스캠 성격을 내포하고 있을 가능성까지도 따져봐야 합니다.

만약, 기술 기반 프로젝트라면 오픈 소스로 코드를 공개하거나, 최소한 일부라도 확인할 수 있는 경우가 많습니다. 실제로 개발이 진행되고 있는지 등을 체크해 볼 수 있는데, 만약 깃허브에 아무런 활동이 없거나, 업데이트가 몇 달 동안 정체된 프로젝트라면 실제 개발 의지나 역량을 의심해 볼 필요가 있습니다. 이런 상황까지 고려해야 한다는 점을 생각해 보면, 신규 프로젝트나 소규모 프로젝트의 경우에는 기대 가능 리워드의 크기가 클 수도 있지만, 그 자체가 zero로 수렴할 위험이 크다는 점도 느낄 수 있습니다. 프로젝트 커뮤니티에 대한 주요 체크 포인트 지점은 다음과 같습니다.

(1) 커뮤니티 활동성 체크

• 회원 수가 많다고 해서 무조건 좋은 것이 아니라, 실제로 유의미한 대화가 오가는지를 살펴봐야 합니다.

• '언제 상장하나요?', '언제 오르나요?'같은 단순 기대감만 가득한 공간이라면, 정보 가치가 낮다고 볼 수 있습니다.

• 프로젝트 팀의 공식 운영진이나 개발자들이 주기적으로 참여해 질문에 답변하고, 진행 상황을 공유하는지가 중요합니다.

(2) 유저들의 피드백과 토론 수준

• 프로젝트에 대해 비판적 의견이 나오더라도, 그 내용에 대해 성실하게 답변하거나 논리적으로 반박하는 팀이 있는지, 아니면 무조건 허위 사실이라고 치부하는지 살펴봅니다.

• 건전한 토론 문화가 형성되어 있고, 서로 정보를 공유하고 학습하는 분위기가 있는 커뮤니티는 프로젝트의 투명성을 높이는 데도 도움이 됩니다.

(3) 봇 계정, 가짜 팔로워 주의

• 간혹 인위적으로 숫자를 부풀리기 위해 봇 계정이나 가짜 팔로워를 사용하기도 합니다.

• 트위터 팔로워 수가 많아도 실제로는 댓글이나 리트윗 등 활동이 극

단적으로 적다면, 단순 수치에 속지 말고 추가로 검증해야 합니다.

2. 팀 구성과 이력 검증

프로젝트의 성공 여부는 결국 사람에게 달려 있습니다. 결국 누가 이 프로젝트를 진행하는지가 중요한 것입니다. 아무리 아이디어가 좋아도, 실행할 역량과 경험을 갖춘 팀이 없다면 장기적으로 성과를 내기 어렵습니다. 그래서 다음 사항을 중심으로 팀 구성과 이력을 확인할 필요가 있습니다. 저는 개인적으로 일일이 체크할 시간적 여유가 없어서, 이런 걸 모두 체크해야 하는 프로젝트에는 가급적 관심을 두지 않고, 이미 어느 정도 검증 과정이 정리된 주요 메이저 프로젝트 중심으로 관심을 갖고 리서치를 진행하는 편입니다. 이 역시 개별 투자자의 특성과 성향에 따라서 다를 수 있기 때문에 정해진 정답은 없습니다.

1) 핵심 멤버(CEO, CTO 등)의 경력

• 이전에 어떤 회사·프로젝트에서 일했는지, 관련 분야에서 성공적인 경력을 쌓았는지 확인합니다.

• 링크드인(LinkedIn) 프로필, 과거 미디어 인터뷰, Github 프로필 등을 조사해 볼 수 있습니다.

• 만약 팀원들이 가명을 사용하거나, 구체적인 이력이 전혀 공개되지 않는다면 신뢰도가 떨어질 수밖에 없습니다.

2) 자문단(Advisor) & 파트너십

• 유명 인사나 기관이 자문단으로 참여하고 있다면, 그 사람 혹은 기관이 실제로 프로젝트를 지원하고 있는지, 단순 명의만 빌려주는 것인지 살펴봐야 합니다.

• 파트너십 발표가 많아도 실제로 구체적인 협업이 진행되고 있는지 여부는 또 다른 문제이기 때문에, 가능하다면 파트너 기업이나 기관의 공식 발표도 확인하는 것이 좋습니다.

3) 개발팀/엔지니어 역량

• 블록체인 프로젝트라면 스마트 컨트랙트 개발부터 프로토콜 레벨 작업까지 수준 높은 기술 역량이 필요합니다.

• 팀 내 개발진이 실제로 어떤 언어와 환경에서 경험을 쌓았는지, 과거 블록체인 프로젝트 경험이 있는지 등을 검증해볼 수 있습니다.

3. 로드맵 진행과 실제 성과 간 괴리 파악

백서나 공식 발표에서 제시하는 로드맵과 실제 개발 현황이 얼마나 일치하는지도 중요한 포인트입니다.

1) 마일스톤 달성 확인

• 만약 프로젝트팀이 '2분기에 메인넷 출시'를 목표로 제시했다고 하면, 실제로 그 시기에 메인넷이 출시됐는지, 또는 지연됐는지, 지연됐다면 왜 그런지를 살펴봐야 합니다.

• 지연 자체는 상황에 따라서 벌어질 수 있는 일이지만, 일관되게 지연되고 핑계만 늘어놓는 프로젝트라면 신뢰도가 떨어진다고 할 수 있습니다.

2) 상장 이력과 거래소 관계

• 프로젝트가 어느 거래소에 상장됐는지, 상장 과정에서 투명하게 진행됐는지도 살펴볼 수 있습니다.

• 상장 거래소가 많다고 해서 곧바로 '우수 프로젝트'로 단정 짓기는 이릅니다. 상장을 대가로 거래소 측에 상장비를 지불했을 수도 있고, 이 과정에서 프로젝트가 무리한 마케팅 비용을 소진했을 가능성도 있기 때문입니다. 특히 요즘에는 글로벌 거래소들 중에서도 잡거래소로 표현될 정도의 듣보잡 거래소들도 많기 때문에 이 부분도 체크하면 좋습니다.

3) 실사용 사례(Dapps, 파트너 활용 등)

• 실제로 이 프로젝트를 사용하는 탈중앙화 애플리케이션(Dapp)이 존재하는지, 또는 파트너 회사들이 해당 기술을 도입해 운영 중인지 확인해야 합니다.

• 단순히 '서비스 런칭 예정'이라는 발표만으로는 부족하고, 실제 사례가 있는지, 가능성의 근거가 있는지 찾아봐야 합니다.

SNS·커뮤니티의
무분별한 정보에 대비하는 우리의 자세

암호화폐 투자자들은 텔레그램, 디스코드, 트위터, 레딧, 그리고 국내의 여러 온라인 커뮤니티 등을 통해 날마다 수많은 코인 관련 정보를 접합니다. 문제는 이런 정보가 제대로 된 정보인지 사실성과 진실성을 제대로 검증하기 어렵고, 루머나 과장된 이야기들도 난무하기 쉽다는 데 있습니다. 때로는 세력급 자본이 악의적 의도를 가지고 FUD를 유포해 가격 하락을 유도하기도 하고, 반대로 근거 없는 호재성 루머를 퍼뜨려 시세를 급등시키려는 시도를 하기도 합니다. 멍하니 정신줄 놓고 있다가는 된통 당할 수도 있는 환경인 셈입니다.

1. 과도한 홍보와 조작 가능성

1) 바이럴 마케팅 또는 스캠 홍보

암호화폐 시장에 투자자로 들어와 있다 보면 수많은 종류의 풍문을 마주하기 쉽습니다. 가벼운 호재와 악재에도 시세가 적극적으로 반응하는 특징이 있다 보니, 진짜인지 가짜인지 모를 정보성 루머들이 난무하는 것입니다. 형태는 정보성 성격을 가지고 있는데, 내용은 사실상 광고입니다. 일부 프로젝트 팀의 경우에는 유명 인플루언서 등을 돈을 주고 동원해서 '이 코인이 곧 대박 날 것'이라는 루머를 적극적이고 자극적으로 뿌리기도 합니다. 그래서 이런 정보를 접할 때는 그 주장에 대한 구체적인 근거가 있는지를 살펴봐야 합니다. 여기에는 프로젝트 로드맵, 기술력, 실제 사용 사례 등이 체크 포인트 지점이 될 수 있습니다. 또, 가짜 댓글과 추천 등 어뷰징으로 인해서 사람들이 실제보다 긍정적 반응이 많다고 오해할 수도 있기 때문에, 이런 부분들은 언제나 비판적 시각으로 바라봐야 합니다.

2) 가격 예측 커뮤니티의 맹신 금지

암호화폐 시장에서 가장 경계해야 하는 것 중에 하나가 SNS와 커뮤니티에 대한 맹신입니다. 워낙 올드 미디어를 통해 전달되는 정보가 늦다보니까, 커뮤니티와 SNS에 의존하게 되는 상황이 많은데, 이 과정을 악용해서 허위 성격이 다분한 정보들도 굉장히 많이 유통됩니다. '연말까지 10배 오른다', '유명 애널리스트가 100달러 간다고 예측했다' 등 제목만 봐도 자극적 전망이 난무합니다. 그래서 우리는 미디어 리터러시의 관점을 갖춰야 합니다. 가격 예측은 어디까지나 참고할 사항일 뿐, 예측이 틀릴 가능성도 높다는 점을 기억해야 합니다. 실제로 암호화폐 시세는 글로벌 경제 상황, 규제 발표, 대형 투자 기관의 매수·매도 등 각종 재료에 의해 예측 불가능하게 움직이기도 합니다. 그렇기 때문에 예측은 그저 예측일 뿐이고, 예측을 정보로 받아들이고 싶을 경우에는 애널리스트 한두 명이 아닌 최소 5명 이상의 전망과 분석을 비교해서 살펴보려는 노력이 필요합니다.

2.근거 없는 FUD (공포, 불확실성, 의심) 유포

근거 없는 자극적 FUD를 통해 공포심을 유발하는 것도 흔하게 접할 수 있습니다. 예를 들어, '어떤 코인의 개발팀이 모두 도망갔다', '중앙화 거래소 해킹 연루' 등 실제로는 확인되지 않은 루머 때문에 대폭락하는 경우가 발생할 수 있습니다. SNS 등에서 불특정 다수가 퍼뜨리는 주장이라면, 먼저 프로젝트 팀의 발표, 주요 미디어 보도 내용, 거래소 공지 등 공식 채널을 통해 사실 여부를 검증하는 과정을 거쳐야 합니다.

특히, 시장 조작 세력의 경우에는 특정 코인을 싸게 매집하기 위해 부정적인 뉴스를 과장하거나 만들어 내기도 합니다. 이를 통해 급격하게 가격을 떨어뜨립니다. 그리고 나서 세력이 매집을 마치면 갑자기 호재성 뉴스가 돌면서 시세를 반등시키는 결과를 유도합니다. 그래서 출처가 모호하거나 단일 출처를 통해서 유통되는 정보라면 일단 의심하는 습관을 들이고, 섣불리 매매 결정을 내리지 않도록 해야 합니다.

때로는 과도한 규제 공포가 시장을 뒤흔들기도 합니다. 미국 트럼프 행정부가 들어선 뒤 암호화폐 친화적 정책 스탠스가 설정되면서 이전보다는 덜하지만, 불과 몇 년 전까지만 해도 과도한 규제 공포때문에 시장이 직접적인 영향을 받기도 했습니다. 실제로는 단순 법안 검토나 규제 방향성에 대한 논의가 진행된 것인데, 이게 과장과 의도의 옷을 덧입으면서 '정부가 암호화폐를 전면 금지한다'라고 이슈되는 것입니다. 규제와 관련된 부분은 그래도 2025년을 기점으로 분위기가 많이 바뀌었기 때문에 그나마 다행이라면 다행입니다.

3. SNS·커뮤니티 정보 활용법과 체크 리스트

1) 출처 확인

• 정보가 어디서, 누구에 의해 처음 제시되었는지 추적해 봅니다.

• 공신력 있는 언론, 정부, 기관 발표, 실제 프로젝트 팀의 공식 채널에서 나온 내용이라면 상대적으로 신뢰도가 높아집니다.

• '카더라', '친구가 그러는데', '어디서 들었는데' 식의 정보는 정보라고 할 수 없고 위험합니다.

2) 크로스 체크

• SNS나 커뮤니티에서 얻은 정보가 사실인지, 다른 채널(다른 언론 매체, 다른 SNS 계정)에서도 동일한 내용이 확인되는지 살펴봐야 합니다.

• 대형 프로젝트라면 해외 유력 블록체인 전문 매체나 분석 리포트 등을 찾아볼 수도 있습니다.

3) 전·후 맥락 파악

• 어떤 뉴스가 호재인 것처럼 보이더라도, 실제 내용을 뜯어보면 '장기적으론 긍정적이지만 단기적으로는 영향이 제한적'일 수 있습니다.

• 반대로 악재인 것처럼 보이지만, 해당 이슈가 이미 시장에 선반영되었거나, 프로젝트 방향성에는 큰 변화가 없는 경우도 있습니다.

• 기사 제목이나 SNS 글만 보고 판단하기보다는, 원문이나 세부 설명을 확인해야 합니다.

4) 공식 소식과 개인 의견 구분

• 텔레그램이나 트위터에서 특정 프로젝트 팀원(CEO나 개발자)이 개인 계정으로 의견을 낼 때, 그것이 공식 입장인지 단순 개인 의견인지 모호할 수 있습니다.

• 이런 경우, 공식 홈페이지나 공식 트위터에서 다시 한번 확인하는 과정을 거치는 것이 안전합니다.

4. 유튜브·인플루언서 의존도 낮추기

최근 몇 년 사이 암호화폐 열풍과 함께, 유튜브나 개인 블로그, SNS를 통해 코인 정보를 제공하는 인플루언서가 폭발적으로 증가했습니다. 물론 분석 능력이 뛰어나고 정직한 정보를 제공하는 경우도 있지만, 일부는 조회수와 광고 수익을 위해 과장된 제목과 내용으로 영상을 제작하거나, 특정 코인을 마케팅하는 대가로 보수를 받는 경우도 있습니다. 그래서 유튜브나 SNS를 통해서 유통되는 정보는 참고용으로만 삼아야지, 투자나 판단의 절대적 기준으로 삼는 것은 리스크가 있습니다. 저 역시 유튜브 채널을 통해서 크립토 마켓을 분석하고 있지만, 제 개인적인 관점은 철저히 배제하고 해외 크립토 미디어와 유명 분석가들의 분석과 전망을 종합하는 방식으로 컨텐츠를 제작합니다. 제작자 한 사람의 의견을 담은 분석과 전망은 신뢰도가 낮을 수밖에 없는 현실을 고려한 제작 방식입니다. 그렇기 때문에 온라인으로 접할 수 있는 무료 정보는 딱 그 수준에 맞게 취사 선택하는 노력도 중요합니다. 다음은 유튜브와 트위터 등을 통해서 코인 정보를 수용할 때 확인하면 좋을 체크 포인트들입니다.

1) 광고·협찬 여부 확인

· 인플루언서가 특정 코인, 특히 신규 코인 프로젝트를 언급하거나 '이 프로젝트 곧 10배 간다'라는 식으로 홍보할 때는 광고 또는 협찬을 받고 있는지 살펴봅니다.

· 유튜브의 경우에는 협찬 사실을 정책적으로 공개해야 하지만, 그렇지 않은 경우도 있는 만큼 시청자 입장에서는 별도로 의심해 볼 필요가 있습니다.

2) 전문성 평가

· 과거에 해당 인플루언서가 했던 예측이나 분석이 얼마나 적중했는지, 얼마나 객관적 근거를 제시했는지를 확인해야 합니다.

· 단순히 '감이 온다'라거나 '지인이 내부자 정보 알려줬다' 같은 신빙성이 없거나 부족한 주장을 반복해 왔다면 주의가 필요합니다.

3)어떤 지표와 분석 방법을 사용하는가

· 차트 분석, 온체인 데이터(거래소 유출입량, 해시레이트, 토큰 분배 현황 등), 펀더멘털 분석 등 다양한 각도에서 접근하는지 살펴봅니다.

· 인플루언서가 제시하는 그래프나 데이터 출처가 명확한지, 단순 추측인지도 판단 기준이 될 수 있습니다.

5. '크립토 디톡스'와 정보 해독 능력의 결합

지금까지 살펴본 것처럼 암호화폐 투자 세계는 정보가 넘치지만, 그중 상당 부분은 검증되지 않았거나 숨은 의도가 있을 수 있습니다. 지금은 투기 열풍과 혁신 기술에 대한 기대가 혼재하는 시장이기 때문에 판단력과 비판적 시각 없이는 쉽게 휘둘리기 쉽고, 이를 통해 소중한 투자 자금을 잃게 될 수도 있습니다.

그래서 결국 크립토 디톡스를 통해 투기적 심리를 억제하고 냉정하고 객관적 태도를 유지하기 위해서는 올바른 정보 해독 능력이 전제로 깔려야 합니다.

1) 정보 출처 체크 습관

SNS나 커뮤니티에서 가져온 정보라도, 어디서 캡처해 온 것인지, 원문 URL은 무엇인지 꼼꼼히 체크합니다. 시간이 지나 다시 확인할 때, 해당 정보가 과연 지금도 유효한지, 업데이트된 내용이 있는지 추적하기 용이합니다.

2) 투자 일지에 정보 분석 과정 기록

매매 결정을 내릴 때 어떤 정보에 의존했는지, 그 정보의 출처와 내용은 무엇이었는지 일지에 적어둡니다. 나중에 결과를 검증함으로써, 자신이 정보 해독 과정에서 놓쳤던 부분이나 불필요한 편향이 있었는지 깨달을 수 있습니다.

3) 공식 발표, 소스 원문 우선 접근

누군가 재가공한 정보만으로 판단하기보다는 가능하면 프로젝트 공식 홈페이지나 깃허브, 공시 자료, 언론사 원문 보도를 직접 확인합니다.

중간에 전달 과정에서 왜곡이 생기거나, 과장·요약이 잘못된 경우도 많기 때문입니다.

4) 객관적 지표·데이터 활용

단순히 '어느 커뮤니티 분위기가 좋다', '인플루언서가 추천한다'가 아니라, 거래량, 시가 총액 변화, 유통 토큰 수, 개발 커밋 내역 등 숫자로 확인 가능한 데이터로 검증 가능한 지표를 참고해야 합니다. 이더리움 블록체인 현황을 알 수 있는 이더스캔 등 블록체인 익스플로러를 통해 실제 주소별 보유량이나 트랜잭션 추이 등을 살펴보면, 프로젝트 생태계가 활발한지 어느 정도 가늠할 수 있습니다.

5) 정기적인 '정보 다이어트'

너무 많은 정보를 한꺼번에 소비하면 오히려 혼란만 가중됩니다. 일주일에 한 번이든 한 달에 한 번이든 주기적으로 주요 프로젝트나 시장 동향을 심층적으로 점검 분석하는 시간을 갖고, 불필요한 소음을 차단하는 것도 도움이 됩니다.

정리: '크립토 디톡스'의 관건은 정보 해독 능력

암호화폐 시장에서 성공한 사람들은 단순히 운이 좋았던 것이 아닙니다. 이들은 정보를 해독하는 능력과 냉정한 판단력을 갖춘 경우가 많습니다. 매일 쏟아지는 루머와 과장된 전망에 쉽게 흔들리지 않고, 프로젝트의 진짜 가치를 분석하며, 때로는 공포 분위기 속에서 매수 타이밍을 잡는 역발상을 실행합니다. 이 모든 것이 가능한 이유는 결국, 정보를 제대로 읽어 내는 힘 덕분이라고 할 수 있습니다.

정보 해독 능력이 부족한 상태에서 매매를 하는 것은, 마치 도박장에 서 남들의 말을 듣고 베팅하는 '묻지 마 투자'와 다를 바 없습니다. 단기적 으로 운 좋게 맞힐 수도 있지만, 시장이 한 번 급변하면 속수무책으로 당 할 가능성이 큽니다.

반면, 꾸준히 공부하며 객관적인 자료와 공식 발표를 통해 팩트를 점 검하는 투자자는 SNS나 커뮤니티에서 목소리 큰 사람들의 주장에 쉽게 휩쓸리지 않습니다. 이들은 시장 흐름이 어떻든 비교적 안정적으로 원칙을 지키며 투자할 수 있습니다.

'크립토 디톡스'의 핵심 가치는 중독적 심리와 투기적 함정에서 벗어 나 장기적으로 지속 가능한 투자 마인드를 확립하는 것입니다. 이를 위해 서는 감정과 들뜬 분위기에 휩쓸리지 않고, 사실 확인과 분석을 통해 의사 결정을 내리는 습관이 필수적으로 동반돼야 합니다. 이런 것들이 습관으 로 자리 잡는다면, 크립토라는 다소 특수한 특징을 가진 시장뿐 아니라, 다 른 어떤 자산군을 다룰 때에도 흔들리지 않는 투자자로 성장할 수 있을 것 입니다.

그래서 우리는 자신이 놓치고 있는 정보, 혹은 잘못된 루머나 소문에 빠져서 감정적으로 매매하지는 않는지 스스로 돌아볼 필요가 있습니다. 그리고 이번 기회를 통해 프로젝트 팀 정보, 커뮤니티 활동, SNS의 신뢰도 등을 한 단계 높게 바라보는 관점을 기르는 노력을 해야 합니다. 냉철한 정보 해독 능력은 결코 하루아침에 완성되지 않지만, 투자 생활 전반에 막대한 영향을 미치는 근본 역량이라 할 수 있습니다.

장기적으로 암호화폐 시장이 어떻게 변하든, 탄탄한 정보 해독 능력을 갖춘 투자자는 시장의 소음에 휘말리지 않고도 스스로 적절한 매수·매도 타이밍을 잡고, 건강한 심리 상태를 유지하며, 궁극적으로 지속 가능한 수익 창출 구조를 만들어 낼 가능성이 훨씬 더 높다고 생각합니다.

4부

위험 자산 시장 이해와
대응 전략

1

자산 시장 트렌드와
암호화폐의 위치

트럼프 2기 행정부가 출범한 후, 전 세계적으로 관세 전쟁이 본격화되는 양상을 보였습니다. 트럼프 대통령이 멕시코와 캐나다에 각각 25%, 중국에 10%의 추가 관세를 부과한다고 발표하자, 위험 자산 시장은 큰 폭락을 겪었습니다.

암호화폐 시장 역시 급격한 충격을 받으며, 하룻밤 사이 20억 달러 이상의 자금이 청산되어 역사상 가장 큰 24시간 청산 기록을 세웠습니다. 루나 사태, FTX 사태, 코로나 사태 때보다도 규모가 컸다는 점에서 상당히 인상적인 상황이 펼쳐졌다고 할 수 있습니다.

관세 전쟁이 본격화하는데 왜 암호화폐 시장이 폭락할까? 이유는 간단합니다.

관세로 인해 수입 물가가 상승하면 전반적으로 인플레이션이 자극되고, 경기 침체 우려가 커지면서 미국 연준의 금리 인하 기조에 제동이 걸릴 수 있습니다. 나아가 금리 인상 가능성까지 대두될 경우, 암호화폐 시장과 같은 위험 자산 시장에는 당연히 악재로 작용할 수밖에 없습니다. 따라서 이러한 거시경제 상황 변화를 고려하지 않고 시장을 바라보는 것은 불가능합니다.

따라서 암호화폐를 단순히 투기 수단이나 새로운 기술 혁신 중 하나로만 바라보기보다, 더 넓은 경제·금융의 맥락에서 이해하면 투자자로서 보다 폭넓은 시야를 가질 수 있습니다. 특히 거시경제는 돈의 흐름(유동성)과 금리 정책 등을 통해 모든 자산 가격에 크고 작은 영향을 미치며, 암호화폐는 이러한 변화에 더욱 예민하게 반응하는 경향이 있습니다. 이러한 점에서 암호화폐 시장을 이해하는 데 거시경제적 관점이 더욱 중요하다고 할 수 있습니다.

이번 장에서는 거시경제 흐름과 암호화폐의 상관관계를 살펴보면서, 위험 자산으로 분류되는 암호화폐가 가진 특수성에 대해서도 자세히 분석해 보겠습니다.

거시경제 흐름(금리, 유동성)과 암호화폐의 상관관계

코로나 펜데믹 이후 전 세계는 전례 없는 유동성 공급과 경기 부양책을 쏟아냈습니다. 그렇다 보니 이 시기에는 주식 시장과 암호화폐 시장 모두 역대급 상승장을 경험했고, 여러 국가들이 금리를 낮추거나 제로 금리 수준을 유지하면서 '저금리+풍부한 유동성'이라는 자극적인 환경이 조성되었습니다. 하지만 이후 인플레이션 우려가 커지면서 각국 중앙은행이 금리 인상 기조를 택하자, 자산 시장 전반은 급격한 조정을 받아야 했습니다. 암호화폐 시장과 거시경제가 꽤 긴밀하게 움직인다는 건 이제 투자 상식 중 기본이 됐습니다.

1. 유동성과 투자 심리

2020년 이후, 전 세계 주요 중앙은행은 코로나19로 인한 경기 침체를 막기 위해 대규모 양적 완화를 시행했습니다. 저금리 기조와 함께 풀려나온 유동성은 주식, 부동산, 암호화폐를 비롯한 거의 모든 자산으로 흘러들어가 투기 열기를 부추겼습니다. 특히 암호화폐 시장에서는 비트코인, 이더리움 같은 대장주에 막대한 자금이 몰려 단기간에 가격이 크게 오르면서 드라마틱한 상황이 연출되기도 했습니다. 메이저 코인들의 펌핑에 이어서 미들급 이하 종목의 알트코인 등으로도 투자금이 쏟아져 들어왔고, 이른바 알트 시즌이 시장을 한바탕 뒤흔들었습니다. 누군가는 메가 상승장이라고 표현했고, 또 다른 누군가는 코인 붐이라고 당시 상황을 표현했습니다.

이같은 상황에서 투자 심리는 더욱 더 과열될 수밖에 없었습니다. 유동성이 풍부해지면, 투자자들은 대출이나 레버리지 등을 통해 '더 큰 수익'을 노리려는 경향이 커지기 때문입니다. 암호화폐 거래소들이 파생 상품, 선물·옵션·마진 서비스를 잇달아 출시한 것도 같은 맥락이었고, 이를 통해 시장은 사실상 도박판과 다름없는 모습을 보이기도 했습니다. 그 결과, 시장이 조금이라도 하락하면 레버리지로 매수한 포지션들이 연쇄 청산되면서 급락이 가속화되는 양상이 벌어졌고 시장을 뒤흔들었습니다. 강세장으로 표현되던 시기였지만 적게는 마이너스 10%, 많게는 마이너스 40%씩 시장 전체가 일시 폭락 양상을 보이기도 했습니다. 대규모 유동성이 공급된 시기에는 거의 모든 자산에 활기가 돌지만, 암호화폐 시장은 그중에서도 극단적인 급등과 급락을 동시에 보여준다는 걸 다시금 확인시켜줬습니다.

결과적으로, 풍부한 유동성이 유입된 시기에는 암호화폐 시장이 극단적인 급등을 보였으며, 그 이면에는 레버리지 남용으로 인해 급락 위험이 더욱 커지는 구조가 자리 잡을 가능성이 높아졌습니다. 상승장에서는 큰 이익을 얻는 투자자들도 있지만, 시장 분위기가 갑작스럽게 변하면 레버리지로 매수했던 투자자들이 공포에 빠져 도미노식 청산 사태를 일으키며 시세가 급락할 수 있다는 점을 기억해야 합니다. 이를 간단히 정리하면, '유동성 공급 → 투자 심리 과열 → 레버리지 확대 → 변동성 증폭'이라는 흐름으로 이어지며, 이는 암호화폐 시장 특유의 극단적인 등락을 만들어내는 주요 원인이 됩니다. 2025년 2월, 트럼프 대통령이 멕시코, 캐나다, 중국 등을 대상으로 관세 폭탄을 발표했을 때, 시장에서는 이러한 흐름이 하루 단위로 반복되며 엄청난 변동성이 나타났습니다.

2. 금리 인상과 '자산 디플레이션' 우려

광란의 파티가 끝난 다음 날 아침에는 지독한 숙취가 따라오기 마련입니다. 코로나 유동성 파티가 끝나고, 2021년 말부터 각국 정부와 중앙은행들은 인플레이션, 즉 물가 상승을 억제하기 위해 본격적인 금리 인상 기조를 펼치기 시작했습니다. 금리가 오르면 시중에 풀려 있던 유동성이 회수되고, 상대적으로 수익률이 낮지만 안전한 자산으로 자금이 이동하는 경향이 강해집니다. 그렇기 때문에 주식이나 암호화폐처럼 변동성이 큰 위험 자산은 자연스럽게 매도 압력을 받게 되고, 투자 심리가 급속도로 위축됩니다. 특히 금리가 오를 때는 '지금 굳이 위험을 감수할 필요가 있을까?'라는 리스크 회피 심리가 확산되는데, 이런 심리적 배경을 통해 더 많은 투자자들이 채권이나 예금 등 방어적인 성격이 강한 안전 자산으로 자금을 옮기게 됩니다.

이런 금리 인상 사이클에서는 암호화폐 시장이 주식보다 훨씬 더 크게 출렁이는 양상을 자주 보입니다. 헤지펀드와 자산운용사 등 대규모 기관투자자들이 이미 비트코인 등 대형 코인에 상당한 자금을 투입해 시장 규모가 어느 정도 커졌지만, 여전히 '가장 위험도가 높은 자산' 중 하나로 취급되기 때문입니다. 다시 말해 대형 자본 세력이 자금 회수를 결심하게 되면 주식 시장보다 더 큰 변동성을 가진 코인 투자분을 우선 회수할 수 있다는 것입니다. 여기에다 암호화폐 시장에는 마진 선물 옵션 등 레버리지 거래가 광범위하게 퍼져 있어서 한 번 시세가 하락하기 시작하면 이 레버리지 포지션들이 연쇄 청산을 일으키며 하락세를 증폭시키는 경우가 흔하게 벌어집니다. 주식시장도 금리 인상기에 약세장을 맞곤 하지만, 암호화폐 시장에서는 그 폭과 속도가 훨씬 더 극단적으로 나타날 수밖에 없는 구조가 자리 잡고 있는 셈입니다. 이게 대략 2021년 말부터 2022년 말까지의 상황이었습니다.

3. 암호화폐와 주식·환율의 상관관계

비트코인의 별명은 '디지털 금'입니다. 전통적 안전 자산인 금처럼 암호화폐 시장에서 인플레이션 헷지 역할을 할 수 있다는 점에서 이런 별칭이 생겼습니다. 하지만, 비트코인은 아직까지는 안전 자산이라기보다는 위험 자산의 성격을 훨씬 더 크게 보여줍니다. 한때는 비트코인이 금처럼 인플레이션을 헷지하는 자산이 될 것이라는 기대가 꽤 컸지만, 실제 데이터를 보면 비트코인은 나스닥과 같은 기술주와 높은 상관관계를 보입니다. 그래서, 기술주가 크게 오르면 비트코인도 덩달아 상승하고, 기술주가 조정받으면 비트코인도 함께 하락하는 식입니다. 이건 암호화폐가 아직까지 '안전 자산'보다는 '성장주' 성격의 위험 자산으로 분류되고 있다는 것을 시사합니다.

환율 변동 역시 암호화폐 시장에 적지 않은 영향을 미칩니다. 달러가 강세를 보이면 신흥국 통화가 약세로 전환되면서, 전 세계 투자자들은 안전 자산인 달러로 자금을 이동시키는 경향이 있습니다. 이런 흐름이 심화되면 신흥국 시장뿐만 아니라 암호화폐 시장에서도 자금 유출이 발생하며, 시세 하락 압박이 커지게 됩니다. 반대로 달러가 약세로 돌아서고 금리가 낮아지는 국면에서는 다시 위험 자산 랠리가 시작되면서, 암호화폐 시장으로 투기적 자금이 유입되는 모습이 관찰됩니다. 이러한 이유로 미국 달러와 비트코인은 거의 완벽한 역상관관계를 보입니다.

정리하면 이렇습니다. 암호화폐는 주식 시장, 특히 기술주와 동조화되는 경향을 보이고, 달러 강세나 약세 같은 환율 변화에도 민감하게 반응합니다. 안전 자산으로서 금과 비슷할 것이라는 초기 기대와 달리, 암호화폐가 '블록체인 테크 섹터의 성장주' 같은 위험 자산 성격을 지니고 있다는 것을 보여주는 동시에, 글로벌 환율 흐름이나 거시경제 정책이 크게 요동칠 때 암호화폐 시장이 함께 출렁일 수 있다는 점을 의미합니다.

4. 거시경제 흐름에 따른 암호화폐 시장 사이클

암호화폐 시장은 거시경제의 흐름에 따라 몇 가지 뚜렷한 사이클을 반복하는 경향이 있습니다. 먼저, 경기 확장기에는 시장 유동성이 풍부하고 금리가 낮아져 투자 심리가 크게 살아납니다. 이때 비트코인이나 이더리움 같은 대형 코인이 잇따라 사상 최고가를 새로 쓰고, 이른바 '알트코인 시즌'이 찾아와 순환매 양상을 보이며 시장 전체가 들썩이는 현상이 나타납니다. 더욱이 디파이(DeFi), NFT 같은 새로운 트렌드가 단숨에 부각되고, 대중의 관심이 폭발하면서 실질 가치 이상의 과열·버블이 형성됩니다.

반면 수축기에는 긴축 정책과 금리 인상의 영향으로 투자 심리가 급격히 위축되고, 암호화폐 시장에서 자금이 대거 이탈하는 상황이 벌어집니다. 특히 레버리지로 매수했던 포지션들이 연쇄적으로 청산되면서 시세가 단기간에 반토막, 삼분의 일토막 나는 사례도 자주 볼 수 있습니다. 약세장 저점을 기준으로 보면, 이전 전고가 대비 마이너스 70~80%까지 하락하기도 합니다. 이 시기에는 기술력과 탄탄한 펀더멘털을 가진 프로젝트만 상대적으로 근근이 버티고, 투기성 알트코인들은 거의 소멸에 가까울 정도로 가격이 급락하기도 합니다. 다만 시장이 어느 정도 정리되고, 거품이 꺼진 뒤에는 정상적인 프로젝트들은 다시 반전 양상을 보일 가능성도 있습니다. 이 과정을 거치다 보면 스캠성 프로젝트는 온데간데없이 사라지고 정상적인 종목들은 필터링이 되는 나름의 효과도 있습니다.

경기와 유동성 회복의 조짐이 보이면, 비트코인과 이더리움 같은 대형 코인을 비롯해 견고한 펀더멘털을 갖춘 프로젝트들을 중심으로 서서히 반등하는 흐름이 형성됩니다. 전체 암호화폐 시장도 바닥을 다진 후 점진적으로 회복기에 접어들게 됩니다. 최근의 시기를 구분해 보면, 2020년 비트코인 반감기 이후부터 2021년 11월까지는 경기 확장기, 2021년 연말부터 2022년 연말까지는 수축기, 그리고 2023년 초부터는 회복기로 나눌 수 있습니다.

지금까지 언급한 내용을 종합해보면, 암호화폐는 거시경제 흐름의 변화를 받는 대표적인 위험 자산 중 하나라고 정리할 수 있습니다. 그렇기 때문에 중앙은행의 금리 정책, 경기 순환, 유동성 상황 등에 따라 시장이 확대되거나 급격히 위축될 수 있음을 염두에 둬야 합니다. 다시 말해서 암호화폐 시장 돌아가는 상황만 공부해선 안 되고, 거시경제 전반의 흐름과 주식 시장 상황 등도 함께 체크해야 한다는 것을 의미합니다.

위험 자산이 가진
특수성 이해하기

비트코인은 2008년 글로벌 금융 위기에 대한 반작용으로 세상에 등장했습니다. 사토시 나카모토가 비트코인 백서를 발표한 것은 2008년 10월 31일이며, 실제로 첫 블록인 제네시스 블록이 채굴되면서 네트워크가 가동되기 시작한 것은 2009년 1월 3일입니다. 2025년을 기준으로 보면 이제 겨우 16년이 지났습니다. 불과 20년도 안 되는 기간에 미국 월가의 채택을 받게 된 것을 생각하면, 그 성장 속도가 대단하긴 합니다.

암호화폐의 역사는 주식이나 부동산 같은 전통 자산군에 비해 훨씬 역사가 짧습니다. 시장 규모 역시 아직까지는 제한적이라고 할 수 있습니다. 규제 이슈 역시 전환기를 거치고 있지만 아직 안정적으로 자리잡지 못한 상태입니다. 이러한 상황에서 시세 변동성까지 매우 크기 때문에, 전통 금융권에서는 암호화폐를 고위험·고수익 자산으로 분류합니다. 그러나 암호화폐는 일반적인 위험 자산과 완전히 동일하지 않습니다. 그 안에는 몇 가지 독특한 특성이 존재하기 때문입니다.

1. 탈중앙화(DeFi)와 글로벌 시장

암호화폐 거래는 국경과 시차를 초월합니다. 전 세계 어디서든 24시간 내내 거래가 이뤄지기 때문에 기존 금융 시장과는 완전히 다릅니다. 전통 주식 시장은 거래 시간이 정해져 있고, 공휴일이나 주말에 문을 닫지만, 암호화폐는 블록체인 네트워크를 기반으로 돌아가기 때문에 특정 국가의 경제 위기가 발생해도 다른 지역 투자자들이 분산되어 있어 일시적으로 충격을 완화할 수 있다는 장점을 가지고 있습니다. 하지만 이 '국경 없는 거래'가 때로는 부작용을 낳기도 합니다. 거래소와 블록체인 네트워크가 전 지구적으로 연결되어 있다 보니, 해킹이나 스캠 같은 사고도 단숨에 퍼지고, 전 세계 투자자가 동시에 피해를 볼 수 있다는 측면에서 그렇습니다.

이처럼 탈중앙화와 글로벌 특성을 극대화한 대표적인 사례로 디파이(DeFi)를 꼽을 수 있습니다. 전통 금융 시장은 중앙은행, 정부, 증권거래소 등 중앙화된 기관을 거쳐야 하지만, 디파이 생태계에서는 스마트 컨트랙트만으로 예금, 대출, 파생 상품 거래 등을 중개 기관 없이 P2P 방식으로 진행할 수 있습니다.

이러한 구조는 금융 패러다임을 획기적으로 변화시킬 가능성을 보여주지만, 동시에 규제나 보호 장치가 상대적으로 부족하다는 한계를 지닙니다. 기존 금융권에서는 예금자 보호나 엄격한 심사를 통해 일정 수준의 안정성을 보장하지만, 디파이 프로젝트들은 단기간에 막대한 자금을 모은 뒤 해킹이나 사기로 인해 한순간에 붕괴하는 사례도 적지 않습니다. 이러한 점에서 투자자 입장에서 암호화폐 시장은 규제 없이 자유로운 신뢰와 기술 혁신의 장인 동시에, 치명적인 리스크가 항상 도사리는 고위험 시장이라는 점을 의미하기도 합니다.

그럼에도 불구하고, 디파이를 비롯한 탈중앙화 금융은 장기적 관점에서 금융 패러다임을 바꿀 잠재력을 지니고 있습니다. 국가·지역을 초월해 '내 계좌, 내 돈'을 직접 관리하고 활용할 수 있는 환경이 조성될 수 있고,

수수료나 중개 절차가 대폭 줄어드는 점도 기대할 수 있습니다. 금융 인프라가 부족한 아프리카 국가에서 디파이 혁신이 빠르게 진행되는 건 다 분명한 이유가 있는 것입니다.

물론, 보안이나 규제 문제를 어떻게 풀어가느냐가 관건이겠지만, 글로벌 투자자들은 이미 규제 공백 속 초고위험 시장이라는 꼬리표에도 불구하고 탈중앙화라는 새로운 기회에 도전하고 있습니다. 결국, 국경 없는 거래와 디파이가 만들어 낼 미래 금융 생태계는, 투자자들에게 위험과 혁신이라는 두 얼굴을 동시에 제시한다는 점에서 한층 더 깊은 이해와 전략이 요구되는 분야라 할 수 있습니다.

특히 현재 미국 월가의 금융 대기업들이 가장 중점적으로 주목하는 블록체인 혁신은 디파이라는 점이 눈길을 끕니다. 공교롭게도 트럼프 일가가 주도하는 월드리버티파이낸셜 프로젝트 역시 디파이 혁신을 기치로 내걸고 있다는 사실은 여러 가지 생각할 거리를 안겨줍니다.

2. 높은 변동성과 유동성 특성

암호화폐 시장은 주식 시장보다 적은 시가 총액과 전 세계 24시간 거래라는 특성 때문에 극단적인 변동성을 일상적으로 겪습니다. 하루에 10~20% 이상 등락을 반복하거나, 알트코인 중에는 몇 시간 만에 수십 배 오른 뒤 곧바로 폭락하는 극단적 사례도 심심찮게 볼 수 있습니다. 높은 변동성은 투기적 매매를 부추기고, 단타를 노리는 투자자들에게 마치 끝없이 열려 있는 기회로 비칠 수 있습니다. 실제로 초보자라도 운때만 잘 맞으면 단 몇 번의 매매로 빠른 수익을 낼 가능성이 있다보니, 진입 장벽이 낮다고 느끼기 쉽습니다.

문제는 이 시장이 주말·공휴일 없이 1년 365일 24시간 내내 돌아간다는 점입니다. 주식 시장처럼 장 마감이나 휴장 시간이 없다보니까, 투자자가 시시각각 시세를 확인하지 않으면 불안감에 사로잡히기 쉽고, 긴급 뉴스를 놓치거나 잠시 잠든 사이에 시세가 폭락해 손절 타이밍을 놓치는 일도 흔히 벌어집니다. 결과적으로 감정적 스트레스가 가중되고, 도박적 중독 현상까지 나타날 수 있습니다.

물론 24시간 거래 덕분에 어느 한 국가의 장 마감이나 공휴일에 구애받지 않고 자유롭게 매매할 수 있다는 장점도 있습니다. 하지만 반대로, 투자자가 멘탈을 회복하거나 시장 흐름을 정리할 수 있는 자연스러운 '휴식 시간'이 사실상 없기 때문에, 급등락에 지친 마음이 결국 번아웃에 이르기도 합니다. 극단적으로 열려 있으면서도 급변하는 시장 특성은, 암호화폐가 전통 금융 자산과 구별되는 가장 큰 특징이자, 동시에 가장 큰 위험 요인이라 할 수 있습니다.

3. 규제 불확실성과 기술 발전 속도

암호화폐 시장의 불확실성은 규제와 기술 측면에서 더욱 두드러집니다. 전 세계 각국 정부와 금융 당국은 아직 암호화폐에 대한 일관된 규제를 확립하지 못했거나, 이미 마련된 틀조차 끊임없이 바뀌는 경우가 많습니다. 미국 바이든 행정부 당시의 증권거래위원회(SEC)가 대표적인 예가 아닐까 생각됩니다. 명확한 기준점 없이 암호화폐 대부분을 증권성 토큰으로 규정하면서 시장을 넘어서 산업 전체를 혼란 속으로 집어 넣어버렸습니다.

　세계 최강으로 불리는 미국에서도 규제의 불명확성이 가중되면서, 때때로 이해하기 어려운 상황이 반복적으로 발생하곤 했습니다. 정부가 갑자기 암호화폐 거래를 금지하거나 세율 및 과세 방안을 대폭 변경하며 시장을 압박하는 일이 현실에서 벌어지다 보니, 투자자들은 항상 규제 리스크를 염두에 둘 수밖에 없었습니다. 예고 없이 발표된 규제 소식이 가격 급변을 초래하기도 하고, 거래소 이용이 갑작스럽게 제한되면서 자금 이동에 차질이 생기는 사례도 종종 발생했습니다. 그럼에도 최근에는 과거와 비교했을 때, 이러한 급격한 규제 조치나 예측 불가능한 상황이 줄어들고 있으며, 시장 환경도 점차 개선되고 있는 모습을 보이고 있습니다.

　또 한 가지 변수는 기술 생태계의 급격한 변화입니다. 블록체인 업계에서는 PoS(Proof-of-Stake), 레이어2 솔루션, NFT, 메타버스, WEB3, 디파이 2.0 등 새로운 기술·프로젝트가 쉴 새 없이 등장하는 등 트렌드가 몇 달 단위로 바뀌기도 합니다. 이처럼 빠른 발전 속도는 향후 암호화폐와 블록체인이 금융·기술 패러다임을 바꿀 수 있다는 것을 시사하지만, 동시에 실질적 혁신과 일시적 거품을 구분하기 어렵게 만들기도 합니다. 이렇다 보니 상황에 따라서 투자자들은 오해나 과장된 홍보에 휘말려 단기 상승에만 매달렸다가, 결국 곧바로 사라지는 스캠 프로젝트나 가치가 증명되지 않은 기술에 투자해 손실을 볼 수가 있습니다. 그렇기 때문에 유망 혁신과 거품을 가려내는 안목이 없으면, 어느 날은 새로 뜨는 프로젝트에 열광하다가, 어느 날은 규제 발표로 해당 프로젝트가 무용지물이 되는 상황을 겪을 수도 있습니다.

정리: 거시경제 맥락 속 위험 자산으로서의 암호화폐

거시경제 흐름과 금리, 유동성은 암호화폐 시장에 중요한 영향을 미칩니다. 전 세계적으로 돈이 풀리고 위험 선호 심리가 커질 때 암호화폐 시장이 크게 상승할 수 있으고, 반대로 긴축 국면에서는 급락 가능성이 커집니다. 이건 암호화폐가 안전 자산이라기보다 고위험 자산 클래스 가운데 하나로 주식 시장 등 위험 자산군과 상당 부분 동조화되어 움직인다는 점을 보여줍니다.

동시에 암호화폐 시장은 탈중앙화, 24시간 글로벌 거래, 빠른 기술 혁신이라는 독특한 특성을 갖고 있어서 전통 금융 상품과는 전혀 다른 속도로 변동이 일어납니다. 이를 거대한 기회로 바라볼 수도 있지만, 심각한 리스크로 작용할 수 있다는 점도 함께 인식해야 합니다.

1) 거시경제 시그널 체크

금리, 물가, GDP 성장률, 주요국 중앙은행의 통화 정책 등을 점검하고, 시장에 유동성이 풍부한지 혹은 긴축 국면인지를 파악해야 합니다. 주식과 암호화폐 모두 위험 자산으로 분류되며, 동조화 현상이 커질 수 있으므로, 주식 시장 움직임도 참고하는 것이 좋습니다. 이런 내용들은 인베스팅닷컴(https://kr.investing.com/)에 들어가시면 쉽게 확인할 수 있습니다.

2) 암호화폐 고유 특성 이해

디파이(DeFi), NFT, 메타버스, WEB3 등 블록체인의 특정 분야가 부각될 때마다 새로운 기회가 열릴 수도 있지만, 단기 거품이 형성될 위험도 함께 높아집니다. 기술적 발전 가능성을 보는 장기 투자와, 단기 투기 수익을 노리는 매매를 혼동하지 않도록 주의할 필요가 있습니다.

3) 위험 자산으로서 리스크 관리 강조

암호화폐는 극단적 변동성과 규제 리스크가 함께 존재합니다. 따라서 포트폴리오를 구성할 때 과도한 비중을 할당하거나 무리한 레버리지를 사용하는 것은 지양해야 합니다. 마진 거래, 선물·옵션 등의 파생 상품을 사용할 때는 시장의 작은 움직임에도 큰 손실이 발생할 수 있다는 것을 늘 유념해야 합니다.

4) 장기적으로 성장 가능성을 염두에 둔 옥석 가리기 필요

비트코인과 이더리움 같은 대형 코인 중심으로 안정성을 추구하되, 기술적 펀더멘털이 확실한 프로젝트를 찾아 일정 부분 투자해 보는 방식이 대표적입니다. 중소형 알트코인은 시장 과열기에 급등할 수 있지만, 동시에 수많은 많은 실패 사례가 있다는 사실을 잊어서는 안 됩니다.

결국, 암호화폐는 더이상 경제 상황과 무관한 디지털 토큰이 아니라, 세계 금융 시장에서 중요한 위치를 차지하는 위험 자산 중 하나가 됐다는 걸 인식하는 것이 중요합니다. 거시경제와 동떨어진 독립된 자산이라는 낭만적 기대는 현실적 데이터와 상반되는 결과를 보여줍니다. 따라서 투자자로서는 거시경제 변화에 따른 자산 시장 트렌드를 주기적으로 점검하고, 암호화폐 시장의 특수성을 잘 이해하면서 장단기 전략을 세워야 합니다.

거시경제 흐름과 위험자산 특성에 대한 이해가 부족할수록 단기적인 뉴스와 소문, 혹은 집단 심리에 쉽게 휩쓸려 도박적 베팅을 할 가능성이 높아집니다. 반면, 전체 경제 사이클과 각 프로젝트의 펀더멘털을 함께 고려하는 투자자는 시장의 급등락 속에서도 훨씬 더 차분하게 의사 결정을 내릴 수 있습니다.

2

시장 변동성
대응 방법

암호화폐 시장은 주식이나 부동산에 비해 변동성이 훨씬 크며, 24시간 글로벌 시장에서 거래된다는 특성상 예측하기 어려운 급등락이 자주 발생합니다. 이러한 환경에서 도박이 아닌 투자로 접근하려면, 무엇보다 시장 변동성을 받아들이고 이를 자연스러운 흐름으로 인식하는 태도를 구축하는 것이 중요합니다. 변동성이 극심하다고 해서 기회를 완전히 포기할 필요는 없지만, 그렇다고 무모하게 모든 자산을 올인하는 방식으로 접근하는 것은 매우 위험합니다. 대신, 각 시나리오에 맞춰 대응 전략을 세우고, 상황에 따라 안전 자산이나 현금 비중을 조절하는 등 다각적인 접근이 필요합니다.

이번 장에서는 먼저 장기 시나리오별 투자 전략을 간단히 구분한 뒤, 변동성이 심화되는 국면에서 유용할 수 있는 현물 투자, 안전 자산 병행 등의 대안을 살펴보겠습니다.

장기 시나리오별
투자 전략

거시경제 흐름, 시장 사이클, 기술 발전 등을 종합해 보면 암호화폐 시장의 '장기 시나리오'를 대략 다음과 같이 나눌 수 있습니다. 물론 실제 시장은 훨씬 복잡하게 움직이지만, 기본적으로는 (A) **확장 시나리오**, (B) **수축 시나리오**, (C) **변동성 지속 시나리오**로 단순화시켜서 바라볼 수 있습니다. 이 부분은 각 시나리오별로 전략 포인트와 주의할 점으로 나눠서 정리해보겠습니다.

1. (A) 확장 시나리오: 풍부한 유동성, 경기 회복, 시장 낙관론

유동성이 풀리고 거시경제가 회복 국면에 접어들면서, 암호화폐에 대한 대중과 기관의 수요가 늘어나는 상황을 가정해 보겠습니다. 이 시기에는 주식 시장과 마찬가지로 암호화폐 시장에도 강세장의 시작점이 만들어질 가능성이 높습니다.

1) 전략 포인트

· 주요 코인 비중 확대: 비트코인, 이더리움 등 시가 총액 상위 프로젝트를 중심으로 매수 비중을 늘리는 방법을 고려할 수 있습니다. 과거 강세장에서는 대형 코인이 먼저 오르고, 그 뒤 알트코인이 뒤따라 '알트 시즌'이 열리는

패턴이 자주 나타났습니다. 통상 사이클 패턴이라고 부르기도 합니다.

· 섹터별 유망 코인 선별: 이전 강세장에서는 디파이, NFT, 메타버스 등이 주목받았지만, 다음 사이클에서는 새로운 섹터가 부상할 수도 있습니다. 미리 기술 트렌드를 파악해 유망 프로젝트를 선별한다면 높은 수익 기회를 잡을 수 있습니다. 2021년 강세장 당시에는 디파이와 NFT 등이 화두였지만 2023년~2024년을 거치면서는 실물 자산 토큰화(RWA)가 새로운 화두로 급부상했습니다.

· 분할 매수와 목표 수익률 설정: 아무리 강세장이라 해도 한 번에 전액 투입하는 것은 조금 과장해서 표현하면 자해 행위가 될 수 있습니다. 초보자의 경우라면 아예 기본 설정을 분할 매수와 분할 매매로 해 놓는 게 좋습니다. 시세 변동성이 워낙 크고 예측 불가능하기 때문에 매수도 분할로 매도도 분할로 하는 게 리스크 관리가 될 수 있습니다. 또 목표 수익률 역시 사전에 정해두고 수익 실현을 해나가는 전략을 구사하면 시장이 과열될 때를 대비할 수 있습니다.

2) 주의할 점

· 버블 형성 시점 경계: 강세장 말기에는 근거 없는 낙관론이 퍼지며 가격이 폭등하기도 합니다. 대표적인 게 2021년 11월 비트코인이 6만9천 달러를 찍었을 때였습니다. 당시 거의 모든 유명 분석가들은 한 달 안에 10만

달러 돌파를 외쳤지만, 정확히 그 시점부터 약세장이 본격화됐습니다. 거품이 커지면 낙폭도 훨씬 크기 마련입니다. 그렇기 때문에 FOMO에 휘둘려 지나치게 늦은 시점에 뛰어들지 않도록 언제나 주의해야 합니다.

• 레버리지 사용 자제: 상승장 유혹에 끌려 높은 배율 레버리지를 쓰다 보면, 작은 조정에도 청산 위험이 커집니다. 특히 변동성이 큰 암호화폐에서는 어느 정도 경험칙이 있더라도 레버리지를 보수적으로 운영하는 게 바람직합니다. 물론 초보자는 쳐다도 보지 않는 게 정신 건강과 일상 전반에 도움이 됩니다.

2. (B) 수축 시나리오: 금리 인상, 경기 침체, 시장 위축

인플레이션 억제나 경제 불안 등으로 금리가 올라가고 투자 심리가 급격히 냉각되는 국면입니다. 주식 시장도 조정을 거치고, 암호화폐 시장에는 더욱 강한 하방 압력이 가해질 수 있습니다.

1) 전략 포인트

• 현금 비중 확대: 가격이 추가로 떨어질 위험을 대비해 일정 부분 현금화하거나, 고정 금리 상품을 활용해 리스크를 줄이는 방법이 있습니다. 손절 기준을 명확히 해서 대규모 손실을 막는 게 중요합니다.

• 핵심 코인 위주로 재조정: 알트코인 중 신뢰도 낮은 프로젝트는 하락장

에서 아예 사라질 수도 있기 때문에 비트코인·이더리움 같은 상대적으로 안정성이 높은 자산 위주로 재편하는 전략을 고려합니다. 개인적으로는 대략 시총 랭킹 10위 권을 기준점으로 생각하고 조절하는 편입니다.

· 단기 트레이딩보다 장기 관망: 수축 국면에서는 단기간 반등을 노리는 단타가 실패할 경우 손실이 크게 확대될 수 있습니다. 그렇기 때문에 중장 기적으로 밸류가 있는 코인을 적은 비중으로 유지하면서, 추가 하락이 나올 경우 분할 매수 기회를 노리는 접근이 가능합니다.

2) 주의할 점

· 무리한 물타기 금지: 가격이 크게 떨어졌다고 해서 근거 없이 물타기를 하다 보면, 하락이 더 이어질 경우 투자금을 계속 소진하게 됩니다. 시장이 명확히 바닥 징후를 보이거나, 펀더멘털이 확실한 종목이 아닐 경우 신중하게 접근해야 합니다.

· 심리적 패닉 방지: 수축 시나리오에서는 매일 시세가 떨어지는 것을 보며 불안감이 극도로 커질 수 있습니다. 당초 투자 목적과 원칙을 떠올리며 감정적 매매를 자제하는 태도가 필요합니다.

3. (C) 변동성 지속 시나리오: 혼조세 반복

경기 전망이 불투명하거나, 시장 내·외부 이슈가 많아 암호화폐 시세가 오르락내리락을 거듭하는 '변동성 장세'가 이어질 수 있습니다. 이 경우 단타 트레이더들은 기회를 잡기도 하지만, 장기 투자자들은 스트레스에 떠밀릴 수 있습니다.

1) 전략 포인트

· 스윙 트레이딩 병행: 비트코인, 이더리움 등 대형 코인이 일정 박스권에 갇힌 장세라면, 일정 범위 내에서 저점 매수·고점 매도로 소소한 수익을 얻는 스윙 매매가 가능합니다. 물론 어느 정도의 트레이딩 경력이 있는 경우를 전제로 하면 그렇다는 것입니다.

· 분산 투자를 통한 변동성 완화: 지나치게 단일 종목에 집중하기보다는, 시가 총액 상위 코인부터 일부 유망 알트코인까지 분산해 변동성 리스크를 줄이는 방법이 있습니다.

· 자금 관리와 현금 보유 병행: 변동성이 크면 기회도 많지만, 그만큼 손실 위험도 높습니다. 수익을 냈을 때는 일부 현금화를 통해 유동성을 확보해 두면, 이후 좋은 매수 기회가 왔을 때 대응하기 쉽습니다.

2) 주의할 점

· 과도한 트레이딩 빈도: 시세가 출렁일 때마다 매매하면 예상치 못한 수준의 수수료 부담을 느낄 수 있습니다. 이럴 경우 실제 수익이 줄어들거나 상황에 따라서는 오히려 마이너스가 될 수도 있습니다. 그렇기 때문에 트레이딩 빈도는 개인 역량과 멘탈 상태를 고려해 조절해야 합니다. 나 살기 좋으라고 투자하는 것인데 결과적으로 거래소만 살기 좋게 만들어줄 수 있다는 점을 명심해야 합니다.

· 명확한 매매 규칙 부재: 변동성 장세에서 감정적으로 '지금 안 사면 놓친다'거나 '떨어지니까 당장 팔아야겠다'는 식의 충동이 커지기 마련입니다. 손절 라인과 목표 수익률을 미리 정해놓는 습관이 필요합니다. 이건 지금까지 수없이 강조한 부분이기 때문에 이제 다소 지루하게 느껴지실 것 같습니다.

변동성이 심할 때 고려할 수 있는 대안

암호화폐 시장은 극단적 수준의 변동성을 리스크로 가지고 있습니다. 이런 상황에 대비하기 위해 장기 시나리오별 전략을 세우는 것도 중요하지만, 실제로 변동성이 폭발할 때는 보다 구체적인 대안이 필요합니다. 대표적으로 현물 투자 중심으로 전환, 안전 자산 병행, 리스크 헤지(hedge) 수단 활용 등을 생각해 볼 수 있습니다.

1. 현물 중심 전략

암호화폐 투자 전략에서 현물 중심 투자는 변동성이 큰 시장에서도 상대적으로 안정적인 접근 방식으로 여겨집니다. 선물·옵션과 같은 파생 상품은 높은 레버리지를 사용할 수 있어 큰 수익을 기대할 수 있지만, 반대로 손실도 기하급수적으로 커질 위험이 있습니다. 그래서 초보자라면 '당연히' 현물 중심의 투자를 해야 합니다. 뭣도 모른 채 선물 옵션 건드렸다가는 인생의 난이도가 급격히 올라갈 수 있습니다.

특히나 선물 거래에서는 가격이 일정 수준 이하로 내려가면 자동으로 청산(Liquidation)돼 원금을 다 잃을 수도 있기 때문에 위험성이 큽니다. 반면, 현물(Spot) 거래는 보유한 자산이 '0' 이하로 떨어질 가능성이 없고, 시장이 다시 반등할 때까지 장기 보유를 선택할 수 있는 안정성이 있습니다. 종목만 멀쩡하다면 시간이 걸릴 수 있을지언정 미실현 손실을 실제 수익으로도 만들 수 있는 것입니다.

물론 모든 현물 자산이 안전한 것은 아닙니다. 가치가 거의 0에 수렴하는 알트코인도 있기 때문에, 종목 선택이 무엇보다 중요합니다. 그렇기 때문에 비트코인이나 이더리움 같은 시가 총액이 크고 검증된 자산에 집중하는 것이 일반적으로 더 안전한 전략으로 간주됩니다.

또, 여러 번 짚어봤지만 현물 투자를 할 때는 분할 매수, 분할 매도 전략을 활용하는 것은 기본 중의 기본입니다. 정보 접근권이 제한된 개미 투자자들은 그나마 이런 방식을 활용해야 변동성을 완화하고 살아남을 수 있기 때문입니다. 암호화폐 시장은 하루에도 10% 이상의 등락이 자주 발생하기 때문에, 한 번에 모든 자금을 투입하기보다는 일정 금액을 정기적으로 투자하는 적립식 매수가 중장기적으로는 안정적인 접근 방식입니다. 이 전략을 사용하면 시장이 상승하거나 하락하더라도 평균 매입 단가를 조정할 수 있어, 단기적인 변동성에 휘둘리지 않고 장기적인 수익을 기대할 수 있습니다. 마찬가지로 수익 실현도 한 번에 전량 매도하기보다는 분할 매도를 통해 일정 구간에서 점진적으로 차익을 실현하는 방식이 더 효과적입니다. 이렇게 하면 가격이 급등하거나 급락할 때도 보다 유연하게 대응할 수 있습니다.

현물 보유 전략을 좀 더 적극적으로 활용하고 싶다면, 단순히 지갑에 보관하는 대신 스테이킹(Staking)이나 이자 파밍(Yield Farming) 등을 고려할 수도 있습니다. 디파이(DeFi) 플랫폼을 활용하면 보유 자산을 활용해 추가 수익을 얻을 수 있고, 특히 스테이킹은 네트워크 보안과 검증 과정에 기여하면서 보상을 받는 방식으로 장기 보유자가 추가 수익을 창출하는 방법 중 하나로 자리 잡았습니다. 또한 유동성 공급(LP, Liquidity Providing)을 통해 특정 거래소에 자산을 예치하면 거래 수수료의 일부를 배당받을 수도 있습니다. 하지만 이런 방식도 해킹 위험, 스마트 컨트랙트 취약점, 프로젝트 자체의 지속 가능성 등 여러 리스크가 존재하기 때문에, 반드시 믿을 만한 플랫폼을 선택하고, 분산 투자 원칙을 유지하는 것이 필수적입니다.

결국, 현물 중심 전략은 파생 상품에 비해 상대적으로 더 안정적이고, 시장 변동성을 보다 잘 흡수할 수 있는 장점이 있습니다. 하지만 투자자들은 종목 선택, 분할 매수·매도, 스테이킹, 그리고 유동성 공급의 리스크를 충분히 고려해야 하며, 적절한 균형을 유지하는 것이 장기적인 성공의 핵심입니다.

2. 안전 자산 병행

암호화폐는 극심한 변동성을 지닌 자산이기 때문에, 포트폴리오 내에서 안전 자산을 함께 보유하는 전략이 필수적이라고 생각합니다. 주식이나 채권, 금 같은 전통적인 금융 자산과 균형을 맞추면, 암호화폐 시장이 폭락할 때도 전체적인 재무 안정성을 유지할 수 있습니다. 특히, 글로벌 경제가 침체기에 들어서거나 금융 시장의 변동성이 극심해질 때 투자자들은 안전 자산으로 자금을 이동하는 경향이 뚜렷하게 나타나는데, 암호화폐 투자자도 이러한 흐름을 참고해 달러·금·국채, 스테이블코인, 배당주 및 리츠(REITs) 등 다양한 자산을 활용해 리스크를 분산할 수 있습니다. 비트코인 현물 ETF 출시 이후 미국 ETF 역사를 새롭게 써내려가고 있는 세계 최대 규모 자산운용사 블랙록조차 전체 포트폴리오에서 비트코인의 비중을 2% 수준으로 제한하고 있다는 점은 시사하는 바가 꽤 크다고 할 수 있습니다.

암호화폐 투자와 함께 고려할 수 있는 가장 대표적인 안전 자산으로는 달러, 금, 미국 국채가 있습니다. 전통적으로 경기 침체나 금융 위기가 발생하면 투자자들은 금 같은 실물자산이나 미국 국채로 이동하는 경향이 강합니다. 금은 역사적으로 장기 보유 가치가 있는 자산으로 평가받아 왔고, 금융 시스템의 불확실성이 커질 때마다 안전한 도피처 역할을 해왔습니다. 마찬가지로 미국 국채는 '세계에서 가장 신뢰받는 채권'으로 간주되기 때문에, 시장이 불안할 때마다 투자자들이 선호하는 자산입니다. 암호화폐 투자자들도 포트폴리오 일부를 달러 표시 예금, 금 ETF, 미국 국채 등에 배분하면 시장 급변 시 위험을 줄일 수 있습니다.

암호화폐 시장 내부에서는 스테이블코인(Stablecoin)이 일종의 안전 자산 역할을 합니다. 스테이블코인은 미국 달러(USD) 가치에 1:1로 연동되도록 설계된 암호화폐로, 대표적으로 USDT, USDC, RLUSD, BUSD 등이 있습니다. 1달러에 페깅돼 있어서 가격 변동성이 거의 없기 때문에 암호화폐 시장이 급등락할 때 잠시 스테이블코인으로 전환해 두면 현금을 보유한 것과 비슷한 효과를 기대할 수 있습니다. 다만, 스테이블코인의 발행사는 법정 화폐와 1:1로 연동된 준비금을 충분히 보유하고 있어야 하지만, 발행사 신뢰도나 준비금 투명성이 항상 보장되는 것은 아닙니다. 2022년 발생한 테라(UST) 사태처럼, 일부 알고리즘 기반 스테이블코인은 설계상 취약점이 드러나면서 폭락하는 경우도 있었습니다.

암호화폐 시장과 전통 자산의 상관관계를 낮추려면 배당주 및 리츠 (REITs, 부동산 투자 신탁) 같은 준(準) 안전 자산도 함께 고려할 수 있습니다. 배당주는 주기적으로 배당금을 지급하는 기업 주식으로, 변동성이 적고 장기적으로 안정적인 현금 흐름을 제공합니다. 특히 금융·헬스케어·필수 소비재 등 경기 방어주 성격을 띠는 배당주는 시장이 불안정할 때도 꾸준한 수익을 유지하는 경향이 있습니다. 그래서, 암호화폐 투자자의 포트폴리오 균형을 맞추는 데 유용합니다. 마찬가지로 리츠(REITs)는 부동산 투자로부터 일정 수익을 창출하는 금융 상품으로, 전통적으로 금리와 경제 상황에 따라 움직이지만 주식 시장보다 상대적으로 안정적인 흐름을 보입니다. 암호화폐 시장이 과열되거나 급락할 경우, 이처럼 배당주·리츠 같은 자산이 포트폴리오 내에서 '방파제' 역할을 해줄 수 있습니다.

결과적으로, 암호화폐 투자자의 리스크 관리는 단순히 코인의 종류를 분산하는 것만으로는 충분하지 않습니다. 전통적인 안전 자산(달러·금·국채), 암호화폐 기반 안전 자산(스테이블코인), 준 안전 자산(배당주·리츠) 등 다양한 방식을 병행해야 시장 충격이 발생할 때도 포트폴리오를 보호할 수 있습니다. 단기 시세 차익을 노리는 것만이 아니라, 변동성이 클 때도 심리적 안정과 재무적 안정성을 동시에 유지하는 전략을 세우는 것이 장기적으로 지속 가능한 투자로 이어지는 길이라고 할 수 있습니다.

3. 헤지(hedge) 수단 활용

암호화폐 시장이 가진 극심한 변동성을 관리하기 위해 충분한 지식과 경험을 가진 전문 투자자들은 꽤 적극적이고 디테일한 헤지 전략을 사용합니다. 가격이 상승할 때 수익을 극대화하는 것도 중요하지만, 반대로 시장이 하락할 때 손실을 최소화하는 방법을 마련해 두는 것이 장기적인 투자 안정성을 보장하는 핵심 요소입니다. 이를 위해 옵션·선물과 같은 파생상품을 활용한 헤지 전략과, 분산 투자를 통한 자연스러운 리스크 방어 전략이 대표적으로 사용됩니다. 이건 사실 일반적인 수준의 개인 투자자들은 접근하기 매우 어렵고 까다로운 영역이라서 이런 수단도 있구나 정도로 숙지하시면 좋을 것 같습니다.

먼저, 암호화폐의 변동성이 극심한 국면에서는, 선물(Futures)이나 옵션(Options) 같은 파생 상품을 이용해 보유 코인의 가격 하락을 방어하는 전략을 취할 수 있습니다. 투자자가 비트코인 현물을 보유하면서도, 동시에 선물 시장에서 비트코인 숏(Short) 포지션을 일부 취하는 방식이 대표적입니다. 이렇게 하면 현물 가격이 상승할 경우 기존 보유 코인에서 이익을 얻고, 반대로 가격이 하락할 경우 선물 포지션에서 발생하는 이익이 현물의 손실을 일부 상쇄하는 효과를 냅니다. 이걸 보통 헤지(Hedge) 전략이라고 하고, 주식 시장에서도 자주 활용되는 방식입니다.

다만, 파생 상품을 이용한 헤지는 전문적인 이해가 필요하고, 운용을 잘못하면 오히려 손실이 커질 위험이 있습니다. 선물 시장에서 레버리지를 과도하게 사용하면 가격 변동에 따라 강제 청산(Liquidation) 위험이 커지며, 옵션 시장에서는 프리미엄 비용이 지속적으로 발생할 수 있습니다. 따라서 이런 전략은 숙련된 투자자들이 포트폴리오의 일부를 활용해 소규모로 실행하는 것이 보다 안전합니다.

헤지 전략은 꼭 선물·옵션 같은 파생 상품을 활용하지 않더라도, 자산을 적절히 분산하는 것만으로도 자연스럽게 리스크를 완화할 수 있습니다. 많은 투자자들이 시장이 상승할 때는 리스크를 간과하고 한 종목에 과도하게 집중하는 경향이 있지만, 급격한 하락장이 오면 단일 종목 보유의 위험성이 극명하게 드러납니다. 이를 방지하려면 포트폴리오 내에서 시가 총액 상위 코인(비트코인, 이더리움 등)과 중소형 알트코인을 균형 있게 배치하고, 심지어 전통 자산(주식, 채권, 현금)까지 포함해 다각화하는 것이 중요합니다.

비트코인과 이더리움 같은 시가 총액이 크고 시장에서 검증된 코인은 장기적으로 생존 가능성이 높기 때문에 포트폴리오의 핵심(Core) 자산으로 설정할 수 있습니다. 반면, 단기적으로 높은 수익을 노리고 싶다면, 특정 유망 알트코인이나 신흥 프로젝트에 일부 자금을 배분해 위성(Satellite) 자산으로 운용하는 것이 하나의 방법이 될 수 있습니다. 또한 암호화폐 자산만으로 포트폴리오를 구성하기보다는, 주식, 금, 국채, 스테이블코인 등과 병행하는 전략도 고려해 볼 필요가 있습니다. 암호화폐 시장이 폭락할 경우, 비교적 안전한 자산을 함께 보유하고 있다면 포트폴리오 전체 손실을 완화할 수 있기 때문입니다.

정리하자면, 헤지 전략은 단순한 변동성 대응이 아니라 장기적 생존을 위한 필수적인 안전장치입니다. 파생 상품을 이용한 선물·옵션 헤지는 특정 시점에서 유용할 수 있지만, 이를 무리하게 운용하면 오히려 더 큰 손실을 볼 수 있습니다. 따라서 기본적인 원칙은 분산 투자를 통해 특정 종목이나 자산군에 대한 의존도를 낮추고, 시장이 급격하게 흔들릴 때도 균형을 유지하는 것입니다. 암호화폐 시장에서 살아남기 위해서는, 공격적인 수익 창출만이 아니라 철저한 리스크 관리도 함께 고려해야 합니다.

정리: 변동성을 수용하면서도 '크립토 디톡스' 실천하기

변동성이 큰 시장에서 흔들리지 않기 위해서는, 단지 기술적 분석이나 단타 노하우 만으로는 부족합니다. 시장이 급등락할 때마다 **감정적 매매**를 피하고, 장기적인 시나리오와 안전장치를 갖추는 것이 중요합니다.

1) 심리적 안정감이 우선

· 포트폴리오를 구성할 때, '잃어도 괜찮을 만큼만 투자한다'는 원칙이 지켜지면 변동성 장세에서도 비교적 차분함을 유지할 수 있습니다. 과도한 자금 투입, 생활비까지 끌어와 투자하는 행동은 변동성이 심할수록 더 치명적인 결과를 낳게 됩니다.

2) 장기 투자와 단기 매매를 구분

· 급등락 장세에서 단타 기회가 보인다고 무조건 뛰어드는 것보다, 본인의 성향에 맞춰 '장기 보유할 코인'과 '단타 매매할 자금'을 철저히 구분하는 것이 좋습니다.

· 장기 투자 코인의 경우에는 일시적 조정이 와도 믿고 버틸 수 있는 펀더멘털을 가진 프로젝트로 선정하고, 나머지 자금을 스윙·단타 등에 할당해 변동성 기회를 노려볼 수 있습니다.

3) 계획된 손절 라인, 분할 매수·매도로 대응

• 변동성은 곧 리스크와 기회가 동시에 존재함을 의미합니다. 매매 시점마다 '이 정도 하락 시에는 청산하겠다', '이 정도 이익 시에는 일부 익절하겠다'는 로드맵을 구체적으로 세워 두는 것이 큰 도움이 됩니다.

• 분할 매수·매도는 심리적 부담을 줄이고, 급등락에도 대응할 여지를 남겨둡니다.

4) 현물·안전 자산 병행으로 포트폴리오 안정화

• 아무리 암호화폐 시장을 긍정적으로 본다 해도, 100% 올인보다는 현물 위주 투자와 일부 안전 자산(금, 달러, 채권, 스테이블코인 등) 병행으로 미리 방어책을 마련해 두면, 시장이 흔들릴 때도 멘탈을 지키기가 수월합니다.

5) 꾸준한 학습과 정보 업데이트

• 시장 변동성이 높아지면 새로운 프로젝트나 트렌드가 급부상하기도 하고, 정부 규제나 대형 해킹 사건 등으로 순식간에 투자 판도가 바뀔 수 있습니다.

• '크립토 디톡스'를 실천하는 투자자는 이런 이슈에 감정적으로 반응하기보다는, **사실관계와 데이터**를 확인하고 냉정하게 의사결정을 내리는 태도를 지향합니다.

5부

크립토 디톡스를 위한
실전 가이드

1

실전 매매에서
디톡스 적용하기

지금까지 우리는 참 많은 이야기를 나눴습니다. 암호화폐 시장 특유의 특성으로 인해서 중독적 투기 양상을 보일 수밖에 없는 이유와 배경, 왜 디톡스가 필요한지, FOMO와 FUD를 극복하는 방법, 리스크 관리와 마인드 컨트롤의 필요성, 거시경제 흐름을 공부해야 하는 이유, 규제와 보안 이슈까지. 암호화폐 시장에서 최대한 건전한 투자 스탠스를 키우기 위해서 필요한 점들을 다각도로 짚어봤습니다.

'뭐 이렇게 공부하고 챙겨야 할 것이 많은가'라고 생각하실 수도 있지만, 사실 답변은 간단합니다. 돈을 버는 것은 원래 무척 어려운 일이기 때문입니다. 노동 소득 못지 않게 투자 소득을 의미 있게 일구기 위해서는 적잖은 에너지와 시간, 노력을 투입해야 한다고 생각합니다. 이런 것 없이 어쩌다 운때가 맞아서 수익을 볼 수도 있겠지만, 원래 가볍게 찾아온 것은 가볍게 떠나기 마련입니다. 다는 아니지만 복권 당첨으로 떼돈을 번 사람들 가운데 대부분 말로가 좋지 않은 것도 가벼운 돈을 가벼이 여겼기 때문이라고 할 수 있습니다.

이번 장에서는 지금까지 우리가 짚었던 많은 주제들 라운드 업하며 정리하는 방식으로, 실제로 매매를 할 때 어떻게 적용할 수 있는지를 구체적으로 살펴보도록 하겠습니다.

매매 전 체크 리스트
: 간단한 뉴스·커뮤니티·차트 확인

한 번의 매매가 큰 손익을 좌우할 수 있는 암호화폐 시장에서, 사전에 필요한 정보를 최소한으로라도 확인하는 습관이 중요합니다. 특히 크립토 디톡스를 지향하는 투자자라면, 다음과 같은 기본적인 체크 리스트를 통해 충동 매매나 근거 없는 베팅을 줄일 수 있습니다.

1. 매매 의사 결정 이전에 왜 체크 리스트가 필요할까?

1) 감정적 충동 억제

매매를 하려고 마음을 먹었을 때 가장 경계해야 하는 건 감정에 따라 매매를 단행하는 이른바 '뇌동 매매'가 아닐까 싶습니다. 시세가 갑자기 급등하거나, 커뮤니티에서 '이 종목 곧 폭등한다'라는 내용의 글을 보면 누구나 마음이 흔들리기 마련입니다. 이때 체크 리스트를 확인하면서 지금 내가 왜 이 코인을 사야 하는지, 혹은 팔아야 하는지를 논리적으로 검증하면, 조금이라도 더 감정적 충동을 완화할 수 있을 것입니다.

2) 누락된 정보 보완

암호화폐 시장에서는 언제든지 예상치 못한 사건이 발생할 수 있다는 점을 기본 전제로 삼고 투자하는 것이 정신 건강에 좋습니다. 프로젝트의 핵심 업그레이드 발표나 규제 친화적인 정책 등장과 같은 뉴스는 시장에 긍정적인 영향을 미칠 수 있어 크게 문제 되지 않지만, 블랙스완 이벤트로 불리는 돌발 변수는 또 다른 이야기입니다. 예를 들어, FTX 거래소 사태가 터지거나 독일 정부가 범죄자들로부터 압수한 비트코인을 갑자기 대량 매도하는 등의 뉴스는 개인 투자자들이 사전에 대비하기 어려운 요소들입니다. 이러한 돌발 변수를 완전히 막을 수는 없겠지만, 최소한의 점검이라도 평소 습관적으로 한다면 보다 후회 없는 투자가 가능하다고 생각합니다. 따라서 매매하기 전에 간단하게라도 점검하는 과정이 없다면, 나중에서야 '이슈가 있었던 걸 미처 몰랐다'는 식으로 뒤늦게 후회할 가능성이 큽니다.

3) 체계적 습관 형성

초보 투자자일수록 체계적인 절차 없이 감각에 의존해 매매하기 쉽습니다. '이만큼 떨어졌으니 이제 오르겠지'같은 근거 없는 느낌을 투자 결정을 내리는 기준으로 삼기 쉬운 경향이 있습니다. 여기에 시장 전반에 FOMO 심리가 만연하다면, 본인도 모르는 사이 분위기에 휩쓸리기 더욱 쉬워집니다. 따라서 매매를 단행하기 전에 반드시 확인해야 할 체크리스트를 마련하고, 이를 기반으로 매매에 나서는 것이 중요합니다. 체크리스트를 매번 실행하며 습관화하면, 자연스럽게 투자 로직이 정립되고 학습 패턴이 형성될 것입니다.

2. 뉴스 확인: 공식 발표·메이저 언론·프로젝트 채널

1) 프로젝트 관련 공식 채널

모든 것이 인터넷으로 연결된 세상에서 살고 있다 보니, 마음만 조금만 먹으면 궁금한 정보들은 기본적인 수준에서라도 손쉽게 확인할 수 있습니다. 물론 고급 정보에 접근하는 것은 당연히 어렵겠지만, 기본적인 정보 체크는 능력의 문제가 아니라 의지의 문제입니다. 내가 관심 있는 코인(프로젝트)이나 매매하려는 자산과 관련된 정보를 확인할 때, 가장 기본적인 방법은 프로젝트 팀이 공식적으로 발표하는 내용을 살펴보는 것입니다. 트위터, 텔레그램, 디스코드, 공식 웹사이트 등을 방문해 최근 공지나 업데이트 여부를 확인하는 것은 가장 기본적인 체크 포인트입니다. 특히 트위터의 공식 계정에서는 로드맵 변경 사항, 메인넷 출시 이슈, 파트너십 체결, 스캠 경고 등 다양한 기본 정보를 쉽게 확인할 수 있습니다. 이러한 정보들은 시세 변동을 유발할 가능성이 있기 때문에, 가볍게라도 꾸준히 체크하는 습관을 들이는 것이 투자에 있어 중요한 요소라고 할 수 있습니다.

2) 메이저 암호화폐 뉴스 사이트

한때 신문과 방송이 전하는 이야기들이 진실이자 팩트로 인식되던 시절이 있었습니다. 그러나 지금은 국내외를 막론하고 올드 미디어에 대한 불신이 커지면서, 궁금한 정보나 의심되는 내용을 인터넷이나 유튜브 등을 통해 직접 확인하는 시대가 되었습니다. 또한, 정보 소비자이면서 동시에 정보 생산자로서의 역할도 수행할 수 있게 되면서, 정보 소비와 유통 방식 자체가 크게 변화하고 있습니다.

특히 암호화폐 시장에서는 주요 암호화폐 미디어와 유튜브에서 전하는 정보가 전통적인 레거시 미디어보다 훨씬 빠르고 정확한 경우가 많습니다. 따라서 CoinDesk, Cointelegraph, The Block등 글로벌 메이저 크립토 미디어를 중심으로 틈날 때마다 정보를 확인하는 습관을 들이면, 투자 과정에 분명히 도움이 될 것입니다. 간혹 영어가 부담되어 해외 미디어를 통한 정보 체크가 어렵다고 생각하는 경우가 있지만, 최근에는 실시간 번역 기술이 발전하여 번역 품질이 상당히 높아졌습니다. 기본적인 내용을 이해하는 데는 큰 문제가 없으므로, 가능하면 영어 크립토 미디어에서 직접 정보를 소비하는 것이 더욱 효율적이라 할 수 있습니다.

더불어 거시경제 뉴스도 꾸준히 확인하는 것이 중요합니다. 암호화폐 시장은 대표적인 위험 자산 시장이며, 금리와 인플레이션 등 거시경제 요인에 큰 영향을 받기 때문입니다. 따라서 경제 미디어를 활용하여 전반적인 거시경제 환경을 점검하는 습관을 갖는 것이 바람직합니다.

3) 거래소 공지

내가 사용하는 거래소에서 공지하는 내용들도 알람이 오면 체크하는 게 좋습니다. 종종 거래소에서 특정 코인을 상장 또는 상장 폐지한다고 발표하면, 시세와 직결되는 경우가 많습니다. 만에 하나 내가 매수한 종목이 들어가 있는데, 체크를 제대로 안 할 경우에는 눈뜨고 큰 손실을 감내해야 할 수도 있습니다. 이 밖에도 지갑 점검, 에어 드롭 지원, 거래 수수료 변동 같은 소식이 있을 수도 있기 때문에, 주로 사용하는 거래소의 공지사항을 주기적으로 확인하는 습관도 중요합니다.

3. 커뮤니티 확인: 분위기 파악 vs. 맹신 금물

1) 트위터, 레딧, 텔레그램, 디스코드 등

암호화폐 커뮤니티는 투자 과정에서 상당히 중요한 역할을 합니다. 커뮤니티에서 공유되는 정보가 투자에 도움이 되는 경우도 많지만, 이에 지나치게 의존하면 오히려 올바른 의사 결정을 내리는 데 어려움을 겪을 수도 있습니다. 이는 암호화폐 커뮤니티가 투자자들의 의견과 감정이 그대로 반영되는 공간이기 때문입니다. 특히 FUD(불안, 의심, 공포)와 FOMO(놓칠까 두려움) 심리가 강하게 작용하면서, 객관적인 분석보다는 감정적인 반응이 주를 이루는 경우가 많습니다. 따라서 커뮤니티는 대체적인 시장 분위기와 대중 심리를 체크하는 용도로 활용하는 것이 좋습니다. 다만, "이 코인은 무조건 대박이다"같은 근거 없는 띄우기나 "이 프로젝트는 끝났다"라는 극단적인 비난은 흔하게 등장하기 때문에, 맹신하지 않고 신중하게 접근하는 태도가 필요합니다.

2) 분위기와 실제 데이터 구분

커뮤니티에서 아무리 호재라고 떠들어도, 실제로는 거래량이 변하지 않거나 대형 지갑의 움직임이 없는 경우가 있을 수 있습니다. 이러한 괴리를 인지하려면 온체인 데이터나 거래소 호가창, 체결량을 함께 확인하는 것이 좋습니다. 다만, 수많은 온체인 데이터를 일일이 체크하는 것은 일반적인 초보 개인 투자자들에게 상당히 부담스러운 작업일 수 있습니다. 이럴 때는 센티멘트(Sentiment), 룩온체인(Lookonchain)등의 온체인 데이터 플랫폼 공식 트위터 계정을 활용하면, 당시 상황에서 중요한 온체인 데이터 변화를 쉽게 확인할 수 있습니다. 이처럼 아주 간단한 노력만으로도 상당한 도움을 받을 수 있으며, 매매 경험이 조금이라도 있다면 이러한 방식이 유용하다는 점에 공감할 수 있을 것입니다.

3) 소문 출처 확인

대체로 모든 투자 시장이 비슷하긴 하지만, 암호화폐 시장만큼 루머가 가득한 곳도 드문 것 같습니다. 일부 인플루언서의 경우에는 자신의 영향력을 활용해 그럴싸한 루머를 직접 만들어서 유포시키는 경우도 있으므로 정보에 대한 분별력을 키워야 합니다. 루머에 기반을 둔 소식인지, 팩트에 기반을 둔 것인지 체크하려는 노력이 중요합니다. '어디 프로젝트 팀에서 일하는 친구가 내부 정보를 줬'거나 '고래가 매집 중' 이라는 소문은 자주 나오지만, 실제 근거가 없거나 사실과 다를 때도 적지 않습니다. 소문의 출처가 공식 발표나 믿을 만한 미디어가 아닌 이상, 신중하게 참고만 하되 최종 결정은 다른 요소와 함께 종합적으로 내리는 것이 좋습니다.

4. 차트 확인: 기술적 분석의 기초

기술적 분석은 깊이 파고들면 끝도 없지만, 디톡스 관점에서는 일부 핵심 지표(가격 추세, 거래량, 지지·저항선, 이동 평균선 등)만이라도 간단히 확인하는 것이 좋습니다. 최근 며칠 동안 거래량이 급증했는지, 단기 추세가 상승인지 하락인지, 직전 고점·저점이 어디인지 등만 체크해도 후회할 만한 매매를 할 가능성을 크게 줄일 수 있습니다.

초보 투자자의 경우에는 지나치게 많은 보조 지표는 오히려 혼란을 가중시킬 수도 있다고 생각합니다. 스토캐스틱, RSI, MACD, 볼린저밴드 등을 한꺼번에 사용하면 혼란이 더 커질 수 있기 때문입니다. 오히려 1~2개 주요 지표만 세팅해 놓고, 일정한 규칙에 따라 해석하는 것이 낫다고 생각하는데, 내가 전문적인 트레이더가 아니라면 심플한 투자 전략을 설정해서 거기에만 집중을 해도 손해보는 투자는 피할 수 있습니다.

5. 매매 전 체크 리스트 예시

아래는 예시로 생각해볼 수 있는 체크 리스트입니다. 투자자의 성향과 특징에 따라서 달라질 수밖에 없는 부분인 만큼, 투자자는 자신의 성향과 매매 스타일에 맞춰 추가하거나 수정하면 됩니다.

1) 기본 정보

- 종목명(프로젝트명) / 매매 방향(매수 or 매도) / 예정 수량 or 금액 / 현재 가격

2) 뉴스·공지 확인

- 프로젝트 공식 트위터 / 웹사이트 / 거래소 공지 / 암호화폐 전문 언론

3) 커뮤니티 분위기

- 텔레그램, 레딧, 트위터 등에서 호재·악재 소문 확인 (출처가 공식인지 확인)

4) 차트 지표

- 최근 거래량 추세 / 단기 추세(상승·하락·박스권) / 지지·저항선 / 이동평균선

5) 투자 이유

- "단타 기회" / "장기 보유할 만한 펀더멘털" / "단순 분할 매수" 등 명확한 근거

6) 목표 수익 / 손절 라인

- 이번 매매의 목표 수익률 / 손절 기준

7) 위험 평가

- 과도한 레버리지 사용 여부 / 과다 분산 또는 몰빵 여부 / 생활자금 침해 여부 등

체크 리스트를 한 번 작성하고 끝내지 말고, 매매할 때마다 참고하면 투자 흐름이 훨씬 체계적으로 잡힐 것입니다. 도박꾼이 아닌 투자자의 관점에서 암호화폐 시장을 바라보고 있다는 점을 상기하는 데도 도움될 것입니다.

목표 수익·손실을 사전에 설정하고 지키는 방법

암호화폐 시장은 대표적인 위험 자산 시장입니다. 단기간에 수십~수백 퍼센트의 급등이 가능하지만, 반대로 순식간에 폭락할 수도 있습니다. 이러한 양면성을 효과적으로 활용하려면 전략적이고 계획적인 투자가 필수적입니다.

매매 전에 미리 목표 수익과 손실 한도를 설정해 두고, 이를 철저히 지키는 습관을 갖는 것이 중요합니다. 이는 말로는 쉽지만, 실제 시장에 들어가 보면 기본적인 원칙임에도 불구하고 가장 실천하기 어려운 부분 중 하나입니다.

1. 왜 목표 수익·손실을 설정해야 하는가?

1) 감정적 매매 방지

암호화폐 시장에서 매수는 기술이고 매도는 예술이라는 표현이 있습니다. 매수 타이밍을 잘 잡아서 매수하는 것도 어렵지만, 적절한 구간에서 매도를 단행하는 것은 훨씬 어려운 예술의 영역에 가깝다는 의미입니다. 시세가 조금만 오르면 '더 오를 텐데 아직 팔기 아깝다'라고 느끼지만, 조금만 떨어지면 '조금 더 버티면 반등하지 않을까'라는 심리가 발동하기 때문에 어렵게 매수해도 적절히 매도하는 건 더 어렵습니다. 그렇기 때문에 감정의 소용돌이 속에서 내 자산이 사라지는 것을 막기 위해서는 사전 계획과 전략이 중요합니다. 미리 '이 가격에 도달하면 익절, 이 가격 이하로 떨어지면 손절'이라는 기준을 정해두면 그래도 조금은 더 냉정하게 대응할 수 있습니다. 물론, 이 역시 말이 쉽지 굉장히 어렵고 그만큼 경험과 내공이 있어야 가능합니다.

2) 리스크 관리

암호화폐 시장은 급등과 급락이 무차별적으로 발생하는 특성을 지니고 있어, 사행성 심리를 가진 사람들이 쉽게 진입하는 경우가 많습니다. '남들은 코인 투자로 큰돈을 벌었다던데, 나도 할 수 있다. 나도 벼락부자가 될 수 있다.'이런 막연한 기대감만으로 시장에 들어오는 경우가 흔합니다. 그러나 이러한 심리를 가진 투자자들은 무지성 매매에 빠지기 쉽고, 무턱대고 '한방 투자'를 시도하다 보면 어느새 손실 폭이 커져 멘탈이 붕괴되는 상황을 맞이할 수 있습니다.

이를 방지하려면 사전에 '-10% 손실 시 손절'등의 손실 한도를 설정해두어야 하며, 이를 철저히 지키면 대형 사고를 예방할 수 있습니다.

간혹 '한방 투자'를 노리고 아직 거래소에 상장되지 않은 프로젝트의 사전 판매 종목에 올인하는 경우도 있는데, 이러한 방식은 극도로 위험합니다. 말 그대로 벼락 부자를 꿈꾸다 벼락 거지가 될 가능성이 큽니다.

3) 계획적 수익 실현

매수는 기술이고 매도는 예술이라고 했습니다. 멘탈 관리를 잘 하면서 투자 전략을 끌어가는 것도 어렵지만, 적절한 매도를 단행하는 것은 훨씬 더 어려운 영역인 것 같습니다. 그래서 수익이 발생했을 때 단계적으로 일부 물량을 익절하거나, 목표 금액이 차면 30%·50% 등 분할 매도 전략을 실행해 이익을 확정짓는 것이 중요합니다. 목표 없이 방치하면 '욕심'을 내다가 급락에 휘말릴 수 있습니다. 개인적으로는 목표 가격에 도달하면 가차 없이 50%를 분할 매도해버리는 방식으로 접근하고 있습니다. 일부 매도 직후 크게 반등세가 더 나오면 다소 아쉬울 수도 있겠지만, 이런 원론적인 원칙 없이 그때그때 대응하면 정반대 상황에서 큰 손실이 발생할 수도 있기때문에 결국 중요한 건 기본 원칙이 아닐까 생각됩니다.

2. 목표 수익 설정 방법

1) 기술적 분석 기반

목표 수익을 설정한다는 것은 사실 개인의 전략에 따라서 다 다르기 때문에 정답지가 있는 부분은 아니라고 생각합니다. 그래도 막연하게 투자를 진행하다 보면 막연한 손실을 입을 수도 있기 때문에 기준점이 있으면 훨씬 더 현명하게 대응할 수 있습니다. 가장 손쉬운 방법은 기술적 분석에 기반을 두는 방법입니다. 차트 상의 저항선을 목표가로 삼는 방법입니다. 예를 들어 최근 고점이 2,000원이라면, 그 근처를 1차 목표가로 잡는 방식입니다.

2) 기대 수익률(%)로 단순 설정

기대 수익률로 단순 설정하는 방식도 있습니다. 예를 들어 수익률이 +10% 도달하면 50% 물량을 익절하고, +20%에서 나머지 전량을 매도한다 등의 방식입니다. 간단하고 명료하지만, 시장 상황에 따라 유연하게 조정이 필요할 수 있습니다.

3) 펀더멘털 전망 기반

장기 투자자의 관점에서는 펀더멘털에 기반을 둔 투자 방식도 의미가 있습니다. "이 프로젝트가 6개월 내 메인넷을 출시하면 가치가 2~3배 될 것으로 본다." 이처럼 명확한 근거를 바탕으로 목표를 설정하는 방식이 가능합니다. 다만, 이러한 방식의 투자를 위해서는 설정한 목표의 실현 가능성을 지속적으로 모니터링하고 필요에 따라 조정하는 과정이 중요합니다. 이는 상당히 어려운 과제일 수 있지만, 장기 투자 종목으로 선정했다는 것 자체가 이미 철저한 사전 리서치를 거친 결과일 가능성이 높습니다. 그렇기에 모니터링에 대한 부담보다는 프로젝트의 성장과 함께 내 자산의 성장까지 바라볼 수 있는 과정으로 인식하는 것이 더 바람직하지 않을까 생각됩니다.

4) 분할 매도 전략

전문적인 트레이딩 역량이 없는 일반적인 개미 투자자라면 모든 매매는 분할로 접근하는 게 정신 건강에 좋습니다. 매수를 하더라도 분할로 매수하면서 추가 가격 하락이 발생했을 때를 대비할 수 있고, 매도를 하더라도 분할로 매도해서 추가 반등에 따른 수익도 챙길 수 있기 때문입니다. 매도의 관점에서는 한 번에 전량 매도하지 않고, 목표가에 단계별로 물량을 나눠서 익절하는 방법인데, 급등장에도 일부 물량을 남겨 추가 수익을 노릴 수 있고, 동시에 대부분의 이익은 확보할 수 있어 유용합니다.

3. 손절 라인 설정 방법

1) 정액/정률 손절

단기 매매를 위주로 하는 경우에라면 손절 라인을 설정하는 것도 중요한 부분입니다. 먼저 정액/정률 손절 방법입니다. 이건 매수가 대비 -10%나 -15%, 혹은 일정 금액 손실이 발생하면 손절하는 규칙을 세우는 방식입니다. 간단하고 명확하다는 점이 장점이라고 할 수 있습니다. 하지만 암호화폐 시장의 경우 변동성이 커서 -10% 정도는 금방 회복되는 경우가 많을 수 있다는 점은 단점으로 꼽히기도 합니다. 금방 회복될 수 있는데, 괜히 손절했다는 실망감을 안길 수도 있기 때문입니다.

2) 차트 지지선 활용

차트 지지선을 활용할 수도 있습니다. 이동 평균선, 피보나치, 전저점 등 기술적 지지선을 이탈하면 손절하는 방식입니다. 이건 일반적인 초보 투자자들에게는 꽤 도전적일 수 있는데, 어느 정도 차트를 분석할 줄 아는 능력이 필요하기 때문입니다. 차트 분석이 제대로 이루어지면 효과적이지만, 가짜 이탈(일시적 스파이크)에도 휘둘릴 수 있기 때문에 주의가 필요합니다.

3) 펀더멘털 변화 감지

내가 투자하는 프로젝트에 중대한 문제가 생겼다는 점이 포착됐을 때는 손절을 단행해야 할 수도 있습니다. 핵심 개발진 이탈, 핵심 기능 폐기, 심각한 규제 이슈 발생 등 해당 프로젝트의 근본적 가치가 훼손됐다고 판단될 때는 손절 결정을 내려야 할 수도 있습니다. 그런데 문제는 악재 뉴스가 공식화됐을 때는 이미 가격이 많이 떨어져 있을 가능성이 높습니다. 그래서 초보 투자자의 경우에는 급격한 가격 펌핑을 기대하고 시총 사이즈가 작은 이른바 '잡코인', '신생 프로젝트' 등에 접근하는 것보다 각 테마별로 대장급 수준에 자리하고 있는, 이미 안정화 국면으로 접어든 프로젝트를 선택하는 게 좋습니다. 실물자산 토큰 RWA에 관심이 있다면 해당 테마에서 상위에 자리하고 있는 종목들 위주로 리서치를 진행하고 투자 결정을 내리는 방식입니다. 이미 펀더멘털에 대해서는 시장의 평가가 어느 정도 끝났을 가능성이 높기 때문에 초보자들에게는 이런 안정적인 종목에 접근하는 게 훨씬 더 안정적인 투자가 가능합니다.

4. 설정한 목표 수익·손실을 지키는 실천 방안

1) 매도 주문 미리 걸어두기

대부분의 암호화폐 거래소는 예약 매도 기능을 지원합니다. 그래서 전략적인 대응을 하겠다고 마음을 먹었다면 이를 전격적으로 활용하는 것도 좋은 방법이 될 수 있습니다. 이런 기능을 활용하면, 가격이 특정 구간에 도달했을 때 자동으로 매도해 손실을 줄이거나 목표가에 도달했을 때 수익을 확정지을 수 있습니다.

2) 투자 일지·알람 기능 사용

예약 주문으로 거래를 확정하는 것이 심적으로 부담이 될 경우에는 해당 가격대에 도달했을 때 알람 설정을 해 놓는 것도 대안이 될 수 있습니다. 예를 들어 가격 X원 이하로 떨어지면 알람이 울리게 설정하거나, 목표 가격 근접 시 푸시 알림을 받으면 즉각 대응이 가능합니다. 또, 투자 일지에 각 포지션별 목표가·손절 라인을 기재하고, 한눈에 상태를 점검할 수 있는 대시보드를 만들어 두면 편리합니다.

3) 멘탈 관리

위험 자산 시장에서는 투자 전략과 계획도 중요하지만 결국에는 멘탈 싸움이 아닌가 생각되기도 합니다. 그만큼 멘탈을 관리하는 게 중요합니다. '조금만 더 오를 것 같은데'라는 욕심, '곧 반등할 텐데'라는 막연한 기대는 손절 라인을 쉽게 허무는 심리적 원인이 됩니다. 처음 정한 원칙은 시장 판단이 이성적일 때 내린 결론이라는 점을 상기하고, 감정에 휘둘리지 않도록 주의해야 합니다. 이 역시 말은 쉬운데 실제로 안정적 멘탈 관리를 한다는 것이 얼마나 어려운지 투자 경험이 조금만 있으신 분들은 다 아실 것입니다.

코인 종목을 너무 많이 분산하는 것의
장단점

분산 투자는 리스크 관리의 핵심 원칙 중 하나입니다. 하지만 일부 투자자들은 수십, 때로는 수백 종목에 걸쳐 코인을 보유하는 극단적 분산을 택하기도 합니다. 이렇게 종목을 많게 가져가는 것이 항상 좋은 전략일까? 장단점을 균형 있게 살펴볼 필요가 있습니다.

1. 분산 투자의 장점

1) 리스크 분산

시장이 급락하거나 특정 프로젝트가 해킹, 개발 실패 등으로 해당 코인의 가치가 0에 가까워져도, 나머지 종목이 이를 어느 정도 상쇄해 줍니다. 특히 시총 사이즈가 작은 알트코인은 대장 코인(비트코인, 이더리움, 리플 등)에 비해 변동성이 훨씬 크기 때문에, 여러 종목을 적절히 섞으면 개별 리스크가 분산됩니다.

2) 다양한 섹터 참여

암호화폐 시장은 디파이, NFT, 메타버스, 레이어2 솔루션, 게임파이 등 다양한 분야로 빠르게 확장되고 있습니다. 섹터별로 유망 프로젝트가 나오기 때문에, 분산 투자하면 특정 트렌드를 놓치지 않고 수혜를 볼 수 있습니다. 특정 시기에 특정 트렌드 종목들이 급등하는 경우가 종종 나오는데, 이럴 때 수익률을 극대화시킬 가능성을 높일 수 있습니다.

3) 심리적 안정감

한 종목에 몰빵하면 그 종목이 떨어질 때 엄청난 스트레스를 받게 됩니다. 하지만, 여러 종목에 분산해 놓으면, 한두 종목에서 부진해도 다른 종목에서 만회할 수 있으니 심리적으로 안정감을 느낄 수 있습니다.

2. 분산 투자의 단점

1) 관리 어려움

투자 종목이 많아질수록, 각 프로젝트의 뉴스나 개발 상황, 락업 일정, 커뮤니티 동향 등을 제때 파악하기가 힘들어집니다. 특히 알트코인은 정보가 부족하거나 업데이트가 느린 경우가 많습니다. 분산 종목이 과도하면, 어떤 종목이 문제가 생겨도 빨리 파악하기 어려워 손실로 이어질 수 있습니다. 결정적인 문제는 예상치 못한 상황에 폭락 장세가 펼쳐질 때인데, 이른바 물타기를 하려고 해도 관리 종목이 너무 많으면 대응 자체를 제대로하기 어렵습니다.

2) 수익률 희석

너무 많은 종목에 소액 씩만 투자하면, 설령 대박 종목이 나와도 큰 수익을 올리기 어렵습니다. 반면 한 종목에 집중 투자를 했다면 수익률이 극적으로 높아졌을 수도 있습니다. 즉, 분산은 '리스크를 줄이는 대신 수익 극대화 기회를 희석시킨다'라는 양면성이 있습니다.

3) 거래 비용 증가

거래소마다 상장되어 있는 종목이 달라, 여러 거래소를 옮겨 다니면서 매매하면 수수료와 출금 수수료가 늘어납니다. 작은 규모로 여러 종목을 자주 매매하면, 스프레드·슬리피지도 등에 대한 부담이 커집니다.

3. 적정 분산 전략은?

1) 코어-새틀라이트 전략

전통적인 투자 전략 중 하나로 코어(Core)-새틀라이트(Satellite) 전략이 자주 거론됩니다. 이 방식에서 코어 포트폴리오는 비트코인, 이더리움 등 대형 코인을 중심으로 구성해 안정성을 확보하는 데 중점을 둡니다. 반면, 새틀라이트 포트폴리오에는 유망한 알트코인이나 특정 산업(섹터)과 관련된 코인들을 분산 배치하여 성장 가능성을 노리는 방식입니다. 이러한 접근법은 리스크를 관리하면서도 수익성을 극대화할 수 있는 전략으로 활용됩니다.

이렇게 하면 대형 코인이 전체 자산의 기반이 되면서, 알트코인 투자로 추가 이익을 노리는 구조가 됩니다. 보통 내공이 높을수록 이런 방식의 접근법이 많이 채택되고, 경험이 부족하거나 사행성 심리가 강할수록 잡알트 위주로 포트폴리오가 구성되는 경우가 많습니다. 잡알트 위주로 구성하면 펌핑이 나올 때는 수익률이 크게 올라갈 수 있지만, 반대로 -90% 이상 폭락을 경험해야 할 수도 있습니다. 그래서 메이저 코인으로 대들보를 잡아주고, 잡코인은 내부 인테리어 소품 정도로 접근하는 것도 의미 있는 방식이라고 생각합니다.

2) 섹터별 분산 vs. 우량 종목 집중

NFT, 디파이, 레이어2, 게임파이 등 각 섹터별로 1~2개의 대표 코인을 선정해 분산 투자하는 방식이 있습니다. 특정 섹터가 시장의 주목을 받을 때, 해당 분야의 코인을 보유하고 있다면 일부라도 수혜를 누릴 수 있기 때문입니다.

반면, 투자 분석에 시간을 할애하기 어렵거나 알트코인의 높은 변동성을 부담스럽게 느끼는 투자자라면 비트코인과 이더리움 같은 우량 종목 몇 개에 집중 투자하는 것이 더 안정적인 선택이 될 수 있습니다. 이미 시장을 선도하는 대표 종목들은 거시경제 이슈와 프로젝트 업데이트만 꾸준히 체크해도 큰 문제가 발생할 가능성이 낮습니다. 또한, 일시적으로 손실이 발생하더라도 시간이 지나면 결국 플러스로 반전할 가능성이 높아 비교적 여유로운 마음으로 투자할 수 있습니다. 따라서 초보 투자자의 경우, 비트코인과 이더리움을 중심으로 하되, 여기에 섹터별 대장 코인 1~2개를 추가로 포함하는 것이 상대적으로 안정적인 투자 전략이 될 수 있다고 생각됩니다.

3) 투자 금액과 목표 설정 & 주의할 점

분산 투자 수준은 개인의 투자 금액과 목표, 그리고 시장 분석 능력에 달려 있기 때문에 정답지는 없습니다. 대규모 자금을 운영하는 경우에는 분산 포트폴리오가 필수적이지만, 소규모 자금이라면 지나친 분산이 오히려 관리 비용만 늘리고 수익률이 희석될 수 있습니다. '내가 성실히 모니터링할 수 있는 범위 내에서' 종목 수를 선택하는 것이 핵심 원칙입니다.

그렇다면 몇 개의 종목을 보유하는 것이 적절할까요? 이는 개인의 투자 역량에 따라 달라집니다. 가격이 급락했을 때 분할 매수할 수 있는 자금 여력이 충분하고, 다양한 종목을 리서치하며 지속적으로 관리할 수 있다면 10개 이상의 종목을 보유하는 것도 가능할 것입니다.

하지만 자금이 넉넉하지 않거나, 종목 분석과 체크에 할애할 시간적·정서적 여유가 부족하다면 5개 이내의 종목이 적절하지 않을까 생각됩니다. 특히, 시장이 급변할 때 5개 이상의 종목을 효과적으로 대응하는 것은 웬만한 경험자가 아니라면 현실적으로 쉽지 않기 때문입니다.

따라서 단순히 "이 코인이 좋다더라"는 소문만 듣고 여러 종목을 충동적으로 매수해 포트폴리오를 무분별하게 늘려버리면, 정작 중요한 순간에 제대로 대응하지 못할 수 있다는 점을 유념해야 합니다.

이처럼 리스크 관리 측면에서 분산 투자는 중요한 요소이지만, 무작정 많은 종목을 담는 것이 능사는 아닙니다. 시가 총액 100위권 내 코인을 마구잡이로 담아두면, 각 종목을 제대로 관리하기 어려워지고, 결과적으로 비효율적인 포트폴리오가 될 가능성이 높습니다. 분산의 목적은 위험을 줄이면서도 효율적인 수익 창출을 하는 것이지, 단순히 여러 종목을 보유하는 것이 아니기 때문에, 신중한 선별이 필요합니다.

특히, 본인이 이해하지 못하는 프로젝트에는 투자하지 않는 것이 중요합니다. 특정 섹터나 기술을 제대로 알지 못하면, 그 프로젝트에 문제가 생겼을 때 신속하게 대응하기 어렵고, 투자 결정을 내릴 때도 감에 의존하게 되기 쉽습니다. 따라서 각 프로젝트의 기본 개념과 로드맵, 핵심 기술을 어느 정도 숙지한 상태에서 투자해야 하며, 이를 위해 정기적으로 뉴스와 업데이트를 모니터링하는 습관을 들이는 것이 좋습니다. 최소한 일주일에 한 번, 혹은 한 달에 한 번 정도라도 각 종목의 공식 채널이나 커뮤니티를 훑어보면서 진행 상황을 점검해야 합니다. 그래야만 프로젝트가 정상적으로 운영되고 있는지, 혹은 문제가 발생했는지 빠르게 파악할 수 있습니다.

또, 감정적 매매에 휘둘리지 않기 위해 명확한 매매 계획을 세우는 것이 필수입니다. 종목이 많아지면, 어느 한 종목이 크게 오를 때 적절한 시점에 차익 실현을 하지 못하거나, 반대로 급락할 때 손절 타이밍을 놓치는 경우가 많아집니다. 따라서 매수할 때부터 목표 수익률과 손절 기준을 명확히 설정하고, 일정한 원칙에 따라 매매하는 습관을 들이면, 불필요한 손실을 줄이고 안정적인 투자를 이어갈 수 있습니다.

4. 예시 시나리오: 매매 전 체크 리스트와 목표 수익·손절 적용

가상의 시나리오로 예를 들어 보겠습니다.

1) 종목 선정: A코인

- 최근 거래량이 증가하고, 메인넷 론칭 예정(뉴스 확인)
- 커뮤니티 분위기: "단기적으로 30% 정도 상승 가능" vs. "명확한 펀더멘털 검증은 아직 부족" 의견이 갈림
- 차트: 단기 추세 상승, 4시간 봉 기준으로 전 고점 1,200원 근처에서 저항 예상

2) 매매 목적

- 단타로 약 1~2주의 시세 움직임을 노려보기
- 분량: 전체 투자금 10%를 할당(과도한 비중 투입은 지양)

3) 매매 전 체크 리스트

- [뉴스]: 공식 트위터 확인 → 메인넷 일정 2주 후 예정, 아직 정확한 날짜는 미정
- [커뮤니티]: 일부 과장된 기대감이 보이지만, 뚜렷한 악재는 없음
- [차트]: 현재 1,000원, 거래량 상승. 이동 평균선이 우상향, 단 1,200원 근처 강한 저항
- [투자 이유]: 메인넷 기대감과 거래량 증가 → 단기 상승 가능성

4) 목표 수익·손절 라인 설정

- 1차 목표가: 1,200원(전고점 부근)에서 절반 익절

- 2차 목표가: 1,300원(돌파 시 추가 상승 여력 기대)에서 나머지 매도

- 손절 라인: 900원(최근 지지선 이탈 시) → -10% 정도 손실

5) 실제 매매 진행

- 1,000원에 진입, 목표가·손절가를 투자 일지에 기록

- 거래소에서 1,200원 부분 예약 매도(50%) 설정, 900원 스탑로스 설정
  해 전량 매도 계획

- 차트 모니터링하며, 긴급 뉴스나 커뮤니티 동향도 주 2~3회 점검

6) 결과

- 시세가 1,150원까지 올랐다가 잠시 하락, 990원 근처 지지 후 반등

- 며칠 뒤 1,210원 돌파, 1차 물량 50% 익절

- 이후 1,300원 근처에서 거래량이 줄어들어 1,290원에 나머지 전량 매
  도(2차 목표가 근접)

- 평균 +25~28% 수익 확보

7) 복기

- 가격이 손절 라인까지 빠지지 않아서 손해보는 상황은 생기지 않았지
만, 만약 가격이 손절 라인까지 급락했다면 -10%에서 손실을 제한할 수 있
었음

- 목표가 설정 덕분에 적정 이익 구간에서 수익을 확정해, 이후 급등을 놓칠 수도 있었지만, 욕심부리지 않고 안정적으로 마무리
- 차트와 뉴스, 커뮤니티를 같이 검토한 것이 유효한 판단 기반이 됐음

이런 식으로 매매 전 체크 리스트와 목표 수익과 손절 라인 설정을 결합하면, 크립토 디톡스 관점에서 중요하게 언급하는 계획된 투자를 전략적으로 실천할 수 있습니다.

정리: 매매 전 준비와 목표 설정이 '투기'를 '투자'로 바꾼다

단순히 코인 차트를 보며 '오를 것 같다'는 직감으로 매매하던 방식에서, 매매 전 간단한 뉴스·커뮤니티·차트 확인을 거치고, **목표 수익·손실 라인을 사전에 설정**하는 습관을 들이면, 도박적 심리에 빠지지 않고도 충분히 시장에서 기회를 노릴 수 있습니다. 이는 크립토 디톡스의 핵심 목표 중 하나인 '투기적 중독 대신, 냉정하고 합리적인 투자자로 거듭나기'와 일맥상통합니다.

- 체크 리스트는 매번 매매 때마다 생략하기 쉬운 '기본 정보'를 반드시 확인하게 만들어 줍니다.
- 목표 수익·손절 설정은 심리적 안전판으로 작동해, 과도한 욕심이나 공포로 인해 원칙을 저버리는 일을 방지합니다.
- 정기적인 복기를 통해, 설정한 라인이 잘 맞았는지, 혹은 시장 상황

변화에 따라 유연하게 조정해야 했는지를 배울 수 있습니다.

　결국, 실전 매매에서도 디톡스 원칙을 지키는 가장 확실한 방법은 계획된 행동과 감정 통제를 우선시하는 태도가 아닐까 생각됩니다. 이건 비단 암호화폐 시장에만 국한된 이야기가 아니라, 주식, 선물 옵션 등 고위험 투자 전반에 적용 가능한 핵심 투자 습관이기도 합니다. 매매 전 체크 리스트와 목표 수익·손실 설정이라는 단순하면서도 강력한 도구는 시장의 극단적 변동성 속에서도 냉정함을 유지하도록 도와줄 수 있을 것입니다

2

건강한 투자와
무리한 투기의 차이

이번에는 두 가지 관점의 가상 사례를 통해서 투자와 투기의 차이점을 비교해 보도록 하겠습니다. 첫 번째는 디톡스 원칙을 비교적 성실히 지키며 건강한 방식으로 투자를 진행한 사례이고, 두 번째는 무리한 투기로 인해 큰 손실을 본 실패 사례입니다. 각 사례를 통해 '투자와 도박을 가르는 결정적 요소'를 발견하고, 크립토 디톡스가 지향하는 투자 태도를 보다 구체적으로 이해할 수 있을 것으로 생각됩니다.

디톡스 적용 매매
성공 사례

먼저, 어느 정도 투자 경험이 있고, 크립토 디톡스의 개념을 충분히 학습한 투자자 A씨가 어떻게 건강한 투자 태도를 실천하고 있는지 가상의 예시를 들어보겠습니다.

1. 투자 배경 설정

1) A씨의 재무 상황

- 30대 후반, 안정적인 직장인. 월급에서 매달 일정 금액(약 50만 원 정도) 적립 가능.

- 주식, 펀드 등 전통 금융 투자 경험이 있지만, 암호화폐 시장은 2년차 정도.

- 전체 자산 중 10%를 암호화폐에 투자하고 있으며, 그중 일부만 단기 매매에 활용함.

2) 투자 목표와 기간

- 장기적으로는 비트코인과 이더리움 등 주요 종목을 3~5년 보유하며 신기술 자산으로서 가치 상승을 기대.

- 단기적으로는 알트코인 스윙 트레이딩으로 연간 20~30% 수준의

수익을 목표로 설정.

- 급등주를 노려 한방 대박보다 지속 가능한 수익과 리스크 최소화를
우선시.

3) 투자 성향과 디톡스 마인드

- 과거에는 친구들의 성공담에 휩쓸려 과도한 레버리지로 손실을 본
경험이 있어, 그 뒤로 감정적 매매를 줄이는 방법을 고민해 옴.
- 크립토 디톡스 개념을 적용해 '체계적 매매 전 체크 리스트 + 목표
손익 라인 설정 + 계정·자산 보안' 등을 엄격히 지키기로 다짐.

2. 매매 프로세스 실제 예시

1) 사전 리서치와 체크 리스트

- A씨는 주말마다 한 주간의 암호화폐 뉴스를 간단히 스크랩한다. 거
시경제 이슈(금리, 인플레이션), 메이저 코인 관련 업데이트, 디파이·NFT 등
섹터 동향을 훑어보면서, 관심 종목 리스트를 업데이트.

- '가상 매매 사례'로서 A씨는 새롭게 주목받는 알트코인 'X코인'을
발견했다. X코인은 레이어2 솔루션을 표방하며, 최근 거래소 2곳에 상장했
고, 개발팀 GitHub가 활발히 업데이트되는 중.

- 구매를 고민하기 전에, A씨는 **체크 리스트**를 만든다:

(1) 프로젝트 공식 채널 (트위터, 웹사이트, 디스코드)에서 최근 업데이트 확인

(2) 커뮤니티 분위기 (텔레그램, 레딧, 트위터 해시태그) 간단 점검: 과장 광고/스캠 여부, 개발자 소통 정도

(3) 차트 분석: 4시간 봉, 일봉 기준으로 지지·저항 구간, 거래량 추이 살펴보기

(4) 내 자금 계획: 100만 원 정도 스윙 매매로 배정 가능하다고 판단.

2) 매수 타이밍 설정과 분할 매수

· A씨는 X코인 시세가 거래소 상장 직후 급등했다가, 현재는 조정 중임을 확인. 거래량은 꾸준히 유지 중.

· 디톡스 원칙에 따라, 단번에 전액 진입하지 않고 2~3차 분할 매수를 계획:

-1차 매수: 현재가 2,000원 근처에서 50만 원어치(약 25개)

-2차 매수: 만약 1,800원까지 하락 시 추가 50만 원 매수

· 이 때, 손절 라인은 1,700원(전저점 깨질 경우)으로 설정.

3) 목표 수익 설정

· 기술적 분석상 전고점이 2,500원 정도. 커뮤니티 분위기상, 메인넷 업데이트 예정일이 2주 후로 발표.

· A씨는 단기 스윙으로 +20~30% 수익을 예상, 목표가를 2,400원으로 잡고, 분할 매도 계획:

-2,300원 부근에서 절반 매도, 2,400원 도달 시 나머지 전량 익절.

4) 매수 후 모니터링

- 1차 매수(2,000원) 후, 시세가 잠시 1,950원까지 하락했으나, 2일 뒤 반등해 2,100원 넘어섬.
- A씨는 "2차 매수는 1,800원에 잡았지만 그 가격대가 오지 않았다"고 판단, 추가 매수는 실행하지 않음.
- 매주 1~2회 정도 공식 트위터, 디스코드, 거래소 공지 등을 확인. 별다른 악재나 해킹 뉴스 없음.

5) 익절 시점 준수

- 일주일 후, X코인이 2,300원 도달. A씨는 미리 설정해둔 50% 익절 주문을 체결.
- 시세가 2,400원 가까이 올라가자 나머지 전량 매도, 약 +20% 수익 확보.
- 시세가 더 오를 수도 있지만, A씨는 욕심 내지 않고 당초 목표 수익을 달성했기에 만족. 이후 시세가 2,600원까지 오르긴 했지만, 그 다음 날 2,200원대로 급락했다는 소식을 듣고, 아쉬움 대신 원칙 지킨 보람을 느낀다.

6) 복기(사후 평가)

- A씨는 투자 일지에 기록:
  - 매수가: 2,000원, 매도가: 2,300원·2,400원
  - 수익률: 약 +20%

-잘한 점: 매매 전 체크 리스트 활용, 분할 매수·매도 원칙, 목표 수익 지키기

-아쉬운 점: 1,800원까지 떨어지지 않아 2차 물량 매수 기회를 놓침. 하지만 무리한 추격 매수 안 한 것은 바람직

• 최종적으로 A씨는 냉정하게 계획대로 실행했고, 감정적 욕심을 부리지 않아 수익을 확정했습니다. 이 사례에서 볼 수 있듯이, 건강한 투자란 급등락 시장에서도 안정된 심리와 체계적인 매매 전략을 유지하는 것이라고 할 수 있습니다.

3. 디톡스 원칙 요약: 건강한 투자

1) 명확한 투자 목적과 금액: 생활 자금을 건드리지 않고, 전체 자산 대비 10% 내에서 매매.

2) 매매 전 체크 리스트: 프로젝트 공지·뉴스·커뮤니티·차트 등을 간단히라도 점검하고 진입.

3) 목표 수익·손절 설정: +20~30% 단기 수익을 예상, 전저점 이탈 시 손절 계획.

4) 감정적 매매 자제: 급등 기대감에 추격 매수, 손절 망설임 없이, 계획대로 분할 매도/매수 수행.

5) **투자 일지 작성, 복기**: 매매 결과를 기록해 다음 의사결정의 참고로 삼음.

이처럼 가상의 투자자 A씨는 디톡스 원칙을 지키면서도 시장의 변동성이라는 특성을 잘 활용해 수익을 거둘 수 있었습니다.

디톡스 무시 매매
실패 사례

이번에는 반대로 크립토 디톡스 원칙을 무시하고 무리한 투기를 감행하다가 큰 손실을 본 사례를 살펴보겠습니다. 가상의 인물 B씨는 암호화폐 시장에 입문한 지 얼마 되지 않았으나, 주변에서 들려오는 성공담에 현혹되어 단기간에 큰 수익을 노립니다.

1. 배경: 높은 욕심과 준비 부족

1) B씨의 상황

· 20대 후반, 대학교 졸업 후 취업 준비 중. 소액 자금으로 주식 투자를 해본 적은 있지만, 암호화폐는 생소.

· 최근 지인이 '코인으로 한 달 만에 2배 벌었다'는 이야기에 자극받아, '나도 빨리 대박 나야지. 나도 할 수 있다'라고 결심.

· 크립토 디톡스 원칙이 있다는 건 알고 있었지만, '어차피 운 좋으면 대박'이라며 대수롭지 않게 생각.

2) 투자 자금 조달

· B씨는 생활비 일부와 부모님이 준 300만 원을 모아, 코인 투자에 쓰기로 함.

- 곧 상장한다는 C코인이 유망하다는 소문을 듣고, 미리 사두면 3배 이상 오를 거라 믿음.
- 거래소 계정도 보안 설정 없이 일단 만들어, 급하게 은행에서 송금.

2. 첫 번째 실수: 매매 전 체크 리스트 미비

1) 프로젝트 정보 확인 없이 진입

- B씨는 'C코인이 3대 거래소 상장 임박'이라는 텔레그램 소문을 보고, 300만 원 중 250만 원어치를 바로 매수해버림.
- 팀 정보, 로드맵, 백서 등 전혀 파악하지 않고, 커뮤니티 분위기만 보고 진입. "지금 사야 상장하면 2~3배 간다"는 감정적 판단.

2) 목표 수익·손절 라인 설정 안 함

- 그저 "2~3배"라는 막연한 기대만 있을 뿐, 구체적으로 언제 팔지, 떨어지면 어떻게 할지 계획 없음.
- '한번 오르기만 하면 알아서 파는 거지'라는 태도.

3) 거래소 계정 보안 미흡

- 비밀번호는 '123456' 같은 단순 조합, 2FA(OTP)는 귀찮아 설정 안 함.
- 나중에 문제가 생길 빌미를 남기게 됨.

3. 두 번째 실수: 무계획한 물타기

1) C코인 시세 급락

• 며칠 뒤, C코인이 30% 정도 떨어짐. '상장 소문이 가짜였다'라는 소문이 돌지만, B씨는 이미 250만 원을 투입했기에 손실이 -75만 원 정도.

• 혼란스러운 상황에서도 B씨는 주말에만 정보를 대충 확인하고, '곧 반등하겠지'라고 생각하며 버티기.

2) 대출(영끌)

• 갑자기 B씨는 이럴 때가 저점 매수 기회라는 생각에, 친구에게 200만 원을 빌려 추가 매수(물타기). '평단을 낮추면 본전 회복이 빠르다'라는 말에 솔깃.

• 하지만 C코인 개발팀이 논란에 휩싸이고, 상장 이슈도 사실상 불투명해지며 시세는 또다시 급락.

• 결과적으로 총 450만 원(본인 300 + 친구 200 중 150만 원 사용)이 들어간 상태에서, 손실률 -50%를 넘김.

4. 세 번째 실수: 패닉에 빠져 계정 해킹까지 당함

1) 멘탈 붕괴

시세가 연일 하락하자, B씨는 마이너스 60% 구간에서 패닉에 빠져, 차트나 뉴스를 보기도 싫어짐. 물타기 자금까지 투입해 생활비가 부족해지고, 빚까지졌으니 심리적 압박이 극에 달함.

2) 거래소 계정 접속 문제

당황한 B씨는 모르는 메일(거래소 보안 업데이트 안내)을 받고 비밀번호와 OTP 정보를 요구하는 페이지에 접속. 실제로는 피싱 사이트. 2FA도 설정 안 했기 때문에, 비밀번호 탈취로 해커가 계정을 가로채고, 남은 코인까지 전량 외부 지갑으로 출금.

3) 결국 전액 손실

나중에 거래소에 문의해 봤지만, 피싱 사고로 코인이 이미 옮겨간 뒤였음. 사기·해킹 사건에 연루되어도, 복구가 거의 불가능하다는 답변을 듣고 B씨는 절망.

5. 사후 복기와 교훈

1) B씨가 깨달은 점

(1) **분석 없는 매매**: 친구 소문, 텔레그램 주장만 믿고 프로젝트 확인 없이 몰빵.

(2) **목표 수익·손절 부재**: 아무런 전략 없이 '2~3배'란 환상만 쫓다가, 손실이 커져도 대처 못 함.

(3) **무리한 물타기**: 근거 없이 지금이 저점이라고 판단, 오히려 빚까지 내서 추가 매수. 결국 손실만 커짐.

(4) 거래소 보안 소홀: 비밀번호·OTP, 피싱 방지 등 기본 보안을 안 해서 최악의 시나리오(해킹)로 이어짐.

2) 다시 시작한다면

⑴ 적은 금액부터 시작, ⑵ 프로젝트 기본 정보와 뉴스 정기 점검, ⑶ 손절 라인·목표 수익 미리 설정, ⑷ 계정 보안 최우선으로 설정.

⑸ B씨는 뒤늦게나마 크립토 디톡스 개념을 공부하기 시작하며, '충동과 중독 대신, 이성적 투자로 전환해야겠다'라는 결심을 하게 됨.

사례 비교
: 무엇이 투자와 투기를 가르는 걸까?

위 두 사례(A씨, B씨)를 종합해 보면, 단순히 시세 전망이나 매매 타이밍 이전에, 투자자가 어떤 태도로 시장을 대하고, 어떤 원칙을 사전에 세워 두는지가 곧 투자와 투기를 가르는 결정적 요소임을 알 수 있습니다.

1. 계획성 vs. 즉흥성
- A씨: 뉴스·차트·커뮤니티 등 최소한의 정보를 확인하고, 목표 수익과 손절 라인까지 설정함.
- B씨: '잘 될 거야', '남도 벌었다는데'라는 식으로 즉흥적으로 몰빵, 제대로 된 계획 없음.

2. 분산 투자 vs. 올인(몰빵)
- A씨: 전체 자산의 10% 이내에서, 단기·장기 구분해 투자.
- B씨: 전 재산 + 대출 자금까지 넣어, 단일 코인에 올인.

3. 이성적 감시 vs. 감정적 대응
- A씨: 손절 라인 근처에서도 차분하게 모니터링, 목표 수익 도달 시 미련 없이 익절.
- B씨: 시세 하락에 물타기, 손실 확대에도 무대책으로 버티다 해킹까

지 당함.

4. 보안·안전 중시 vs. 안일한 계정 관리

- A씨: 2FA, 분할 매수·매도, 거래소 안전성 고려, 장기 보유 코인은 콜드월렛 보관.
- B씨: 비밀번호·OTP 설정 없이 피싱 사이트에 당함.

5. 심리적 안정 vs. 멘탈 붕괴

- A씨: 이미 감당 가능한 범위 내에서 매매하므로 시세 변동에도 비교적 담담.
- B씨: 대출금까지 넣어 손실이 눈덩이처럼 커지자 극심한 스트레스와 공포.

이러한 차이가 누적되면 최종 결과는 극명하게 달라질 수 있습니다. 두 사례가 주는 메시지는 분명합니다. 크립토 디톡스를 실천하는 투자자는 명확한 원칙과 절차를 기반으로 매매하기 때문에, 감정적인 도박성 베팅보다 훨씬 더 안정적인 심리 상태를 유지할 수 있으며, 장기적으로도 성공할 가능성이 높아집니다.

사실 대부분의 개인 투자자는 A씨보다는 B씨의 투자 방식과 더 유사할 가능성이 큽니다. 그만큼 디톡스 원칙을 지키면서 투자하는 것은 쉽지 않은 일입니다. 하지만 어렵다고 해서 아예 손을 놓기보다는, 작은 것부터라도 꾸준히 실천해 나간다면 무계획적인 투자보다 훨씬 의미 있는 투자

생활을 할 수 있을 것입니다. 그렇게 한 걸음씩 나아가면서, 점차 발전하는 투자자의 모습을 만들어갈 수 있지 않을까 생각됩니다.

정리: 사례로 본 '디톡스'의 중요성과 실천 방법

암호화폐 시장은 때론 드라마틱한 성공 이야기가 넘쳐납니다. 그러나 그 이면에는 B씨처럼 한 번의 무리한 투기로 자산을 몽땅 잃고 시장에서 사라지는 사람도 많습니다. 반면, A씨처럼 체계적 원칙과 감정 통제를 통해 작은 수익이라도 꾸준히 쌓으며 시장을 학습해 나가는 사람들은, 장기적으로 투자자로서 성장하는 기회를 마련하게 됩니다.

결국, 사례 비교가 보여주는 핵심 메시지는 다음과 같습니다:

1. 투자 전에 미리 계획(체크 리스트, 목표 수익·손절, 자금 관리) 세우기

2. 정기적 모니터링과 정보 업데이트, 투자 일지 작성

3. 생활 자금과 투자 자금을 구분, 몰빵·빚투 지양

4. 보안·안전(2FA, 콜드월렛) 최우선

5. 감정적 매매 대신 이성적 판단과 분할 매수·매도

이런 과정을 통해, 단기 급등락에 휘둘리지 않고 시장 흐름을 '주도적으로' 이용하는 건강한 투자자로 거듭날 수 있습니다. 이는 크립토 디톡스가 제시하는 가장 중요한 가치이자, 궁극적인 목표라 할 수 있습니다.

• **건강한 투자**(디톡스 적용): 중장기적으로 안정적인 수익과 심리적 여유를 확보

• **무리한 투기**(중독): 한때의 운 좋음이나 단기 대박일 수 있으나, 결국 위험 제어 실패로 대규모 손실로 이어질 확률이 높음

암호화폐 시장에서 '디톡스'란, 단순한 규범을 넘어 실제로 '투자자로서의 자기 자신'을 지키고 보호하는 수단입니다. 이 두 사례를 통해서 과연 나는 어떤 모델에 더 가까운가, 내가 채워넣어야 할 것은 무엇인지에 대해 잘 고민해 보시면 좋겠습니다

6부

현명한 알트코인
투자 지침

지금까지 크립토 시장이 가진 위험성과 중독적 요소, 그리고 이를 해소하기 위한 디톡스의 필요성과 실천 방법에 대해 다양한 측면에서 살펴봤습니다. 암호화폐 시장은 워낙 빠르게 변화하고, 수많은 코인이 쏟아져 나오기 때문에 '어떤 프로젝트가 정말로 공부할 가치가 있을까?'라는 고민이 들 때가 많습니다.

　　특히 초보 투자자일수록 단순히 "좋다"는 말만 듣고 무분별하게 투자하는 경향이 강하기 때문에, 이번에는 실제로 어떤 종목을 체크하고 리서치하면 좋을지 사례를 통해 살펴보려 합니다. 특정 종목을 언급하면 이를 매수 추천으로 오해하는 경우가 있기 때문에, 여기서는 시장을 대표하는 주요 종목과 각 테마별 대장주들의 특징을 분석하면서, 코인 리서치를 할 때 어떤 요소를 중점적으로 살펴봐야 하는지 짚어보도록 하겠습니다.

1

디톡스 관점으로
알트코인 체크하기

TOP 10 알트코인 핵심 리스트
: 메이저 코인

1. 이더리움(ETH): 스마트 컨트랙트 플랫폼의 대표 주자

이더리움은 '비탈릭 부테린(Vitalik Buterin)'을 비롯한 여러 공동 창립
자들이 2015년 정식으로 론칭한 블록체인 플랫폼입니다. 암호화폐 시장에
서 비트코인 다음으로 시가 총액이 높아서 알트코인 전체 대장으로 불리
는 종목입니다. 이더리움이 시장의 주목을 받으면서 알트 대장으로 부상
할 수 있었던 것은 스마트 컨트랙트(Smart Contract) 기능을 제공할 수 있
었기 때문입니다. 쉽게 말하면, 블록체인 위에서 어떠한 조건이 충족되면
자동으로 계약(트랜잭션)이 실행되는 프로그래밍이 가능하다는 건데, 이를
통해 탈중앙화 애플리케이션(DApps)을 구축할 수 있게 됐습니다.

비트코인은 가치 저장 수단으로서 블록체인의 가능성을 보여준 반면,
이더리움은 그 범위를 훨씬 넓혀서 디앱(DApp) 생태계를 촉발시켰습니다.
월드 컴퓨터라는 별칭이 있을 정도로, 탈중앙화 금융(DeFi), NFT, 메타버
스, 게임 등 폭넓은 분야에서 이더리움 기반 서비스들이 활발히 개발되고
있습니다. 이런 확장성 덕분에 암호화폐 시장에서 이더리움이 차지하는 위
상은 간단치 않다는 점을 느낄 수 있습니다.

장점

1) 폭넓은 생태계와 인지도

이더리움의 가장 큰 강점은 무엇보다도 이미 구축된 광대한 디앱과 개발자 커뮤니티입니다. 수많은 프로젝트들이 이더리움 기반으로 새롭게 출시되거나, 기존 서비스를 옮겨오는 '네트워크 효과'가 강력합니다. 이런 수많은 프로젝트들이 잘 가동된다는 안정성 측면에서 미국 월가 기관들의 채택을 이끌어내고 있습니다.

2) 꾸준한 업그레이드와 기술 발전

이더리움은 작업증명(Proof of Work) 방식에서 지분증명(Proof of Stake) 방식으로 전환하는 '더 머지(The Merge)'를 성공적으로 진행한 것을 비롯해 속도와 확장성, 에너지 효율 개선을 위해 지속적으로 발전을 거듭하고 있습니다. 기술적 과제를 풀어내기 위해 여러 개발자들이 모여 활발히 소통하는 점도 긍정적 면으로 평가받고 있습니다.

3) 암호화폐·블록체인 산업 전반의 '표준' 역할

ERC-20, ERC-721 등 이더리움이 제시한 토큰 표준은 사실상 업계 전반의 기본 언어처럼 쓰이고 있습니다. 따라서 새로 등장하는 알트코인들도 이더리움 네트워크를 많이 차용하고, 이건 곧 이더리움 생태계를 더욱 견고하게 만들어주는 선순환 효과를 이끌어냅니다.

단점

1) 높은 가스비와 처리 속도 문제

높은 수수료와 느린 처리 속도는 이더리움의 고질적인 문제점이자 단점으로 거론돼 왔습니다. 이더리움 메인넷은 거래량이 폭주할 경우, 가스비라고 불리는 거래 수수료가 매우 높아지고, 네트워크 처리 속도 역시 제한적입니다. 이를 해결하기 위한 레이어2 솔루션(폴리곤, 옵티미즘, 아비트럼 등)이 등장하고 있지만, 여전히 이더리움 네트워크 자체가 처리 속도와 수수료 문제를 완전히 해소했다고 보기는 어렵습니다.

2) 여전히 대중에게는 진입 장벽이 높다

이더리움 토큰에 대한 투자를 넘어서 탈중앙화 플랫폼으로서 이더리움 네트워크를 사용해 보신 분들은 아시겠지만, 기본적으로 어느 정도의 지식을 가지고 있어야 이 시스템을 사용할 수 있습니다. 탈중앙화 지갑 사용, 스마트 컨트랙트의 동작 원리에 대한 이해, 토큰 관리 등의 과정이 초보자에게는 복잡하게 느껴질 수 있습니다. 사용자가 느끼는 어려움이 클수록, 장기적으로 탈중앙화 기술이 일반화되기까지 시간이 더 걸릴 수 있습니다.

3) 경쟁 플랫폼의 도전

솔라나(Solana), 폴카닷(Polkadot), 카르다노(Cardano) 등 '이더리움 킬러'라고 불리는 플랫폼들이 속도나 수수료 측면에서 더 나은 성능을 내세우며 시장 점유율을 높이려는 시도를 공격적으로 하고 있습니다. 이더리움은 후발 주자에 비해 인프라와 명성이 강점이지만, 추가 업그레이드가 지연된다면 경쟁에서 뒤처질 위험도 아예 없다고 말하긴 어렵습니다.

이더리움은 10년 뒤 어떤 모습일까?

우리가 이 책에서 꾸준히 강조해 온 크립토 디톡스 마인드의 핵심 가운데 하나는 단순히 가격 등락만 보지 말고 프로젝트의 본질적 가치와 블록체인 혁신의 의미를 파악하자는 것이었습니다. 그렇다면 앞으로 10년 뒤, 이더리움은 어디쯤에 있을까?

1) 레이어2와의 시너지 극대화

이더리움 메인넷의 처리 한계를 보완하기 위해 레이어2 솔루션들이 활발히 개발되고 있습니다. 앞으로 10년 뒤에는 대부분의 일반 사용자들이 레이어2 위에서 거래하고, 이더리움 메인넷은 중요한 데이터 기록만 처리하는 방식이 표준화될 가능성이 높은 상황입니다. 이 과정을 통해 높은 가스비 문제도 어느 정도 해결될 것으로 기대할 수 있을 것입니다.

2) 블록체인 인프라의 핵심 허브

이미 이더리움은 수많은 디앱과 NFT 프로젝트의 근간이 되고 있습니다. 앞으로 블록체인 기술이 금융, 게임, 메타버스, 소셜 미디어 등 다양한 산업에 더욱 더 깊이 융합된다면, 이더리움은 여전히 그 핵심 인프라로서 기능할 가능성이 높습니다. 다만, 그 경쟁 구도는 지금보다 훨씬 치열해질 것으로 예상됩니다.

3) 규제와 제도권 편입에 따른 변동성

기술적 혁신과 별개로, 암호화폐 전반에 대한 규제와 제도권 편입 이슈가 앞으로 10년간 빠르게 진행될 수 있습니다. 이때 이더리움이 증권성 논란에서 어떻게 자유로울 수 있을지가 관건입니다. 규제 이슈는 단기적으로 시장에 변동성을 불러오겠지만, 장기적으로는 프로젝트의 신뢰도를 높이고, 제도권 진입을 가속할 수 있는 양면성을 가집니다.

정리: 이더리움의 미래는 레이어2 확장성, 경쟁 플랫폼과의 기술 격차, 규제 리스크 대응, 개발자·커뮤니티의 지속적인 참여 등에 달려 있습니다. 10년 뒤에도 유의미한 블록체인 플랫폼으로 살아남으려면, 지금처럼 끊임없이 진화해 나가야 할 것입니다. 그리고 우리 투자자들은 이 여정에서 생겨날 여러 기회와 리스크를 합리적으로 판단해야 합니다.

2. 리플(XRP): 글로벌 송금 네트워크를 꿈꾸는 알트코인

암호화폐 시장에서 리플(XRP)는 여러 관점에서 의미 부여가 가능한 종목이 아닐까 싶습니다. 국경간 송금 혁신을 통해 블록체인 혁신을 이미 구현하고 있는 프로젝트이면서 동시에 미국 SEC 소송 이슈 등으로 무려 4년 넘게 규제 논란의 중심에 서 있어야 했습니다. 혁신성, 이슈성은 최강 수준이라고 표현해도 이상하지 않을 것 같습니다.

리플(XRP)은 간단히 말해, 글로벌 송금·결제를 더욱 빠르고 저렴하게 만들기 위한 목적으로 탄생한 디지털 자산입니다. 리플랩스가 만든 결제 네트워크에서 사용하는 토큰이 XRP입니다.

1) 리플랩스

미국 샌프란시스코에 본사를 두고 있고, 은행이나 금융 기관이 국제 송금을 할 때 기존의 느리고 비싼 SWIFT 체계를 대체할 수 있는 블록체인 기반 솔루션을 제공합니다. 기성 금융 시스템의 한계점을 블록체인 기술을 통해서 극복해냈다는 점에서 주목을 받아 왔습니다.

2) XRP

리플이 개발한 오픈소스 분산 원장 기술(XRP Ledger)에서 발행되는 토큰입니다. 거래 속도와 낮은 수수료를 강점으로 하여, 금융 기관 간의 빠른 자금 이동을 지원한다는 목적으로 설계되었습니다.

비트코인이 '탈중앙화 토큰'을 지향한다면, 리플(XRP)은 '금융권이 바로 사용 가능한 효율적 솔루션' 쪽에 더 초점을 맞추고 있습니다. 이런 차별화 전략 덕분에 여러 은행과들의 파트너십, 송금 회사들의 채택 사례가 보고되면서 한때 투자자들의 큰 관심을 받았습니다. 물론, 이건 양면의 칼날과 같아서, 너무 중앙화된 방식이라는 비판도 있습니다.

장점

1) 초고속 결제와 낮은 수수료

XRP는 블록 생성이 매우 빠르고, 거래 수수료가 매우 저렴한 편입니다. 실제로 국제 송금에서 수수료를 낮추고 속도를 올리는 데 XRP가 적합하다는 평가를 받습니다. 전통 은행들 사이의 국제 송금은 보통 며칠씩 걸리고 수수료도 높은데, XRP를 활용하면 몇 초에서 몇 분 단위로, 거의 공짜 수준의 수수료로 송금이 완료될 수 있다는 점이 매력적으로 부각됩니다.

2) 금융 기관과의 파트너십 확대

리플사는 꾸준히 전 세계 주요 은행 및 금융기관과 파트너십을 맺으면서 솔루션을 제공해왔습니다. 송금 과정에서 XRP를 유동성 매개체로 활용해 수수료를 절감할 수 있다는 점이 특장점이고, 이를 통해 수많은 금융기관들과 파트너십을 구축할 수 있었습니다.

3) 다년간의 시장 검증과 탄탄한 인프라

암호화폐 시장에서 리플(XRP)은 오래전부터 시가 총액 상위권을 지켜온 알트코인입니다. 2025년 2월 기준으로 이더리움에 이은 알트코인 시총 2위 종목입니다. 오랜 역사만큼 사용자 커뮤니티와 인프라가 갖춰져 있어, 개인 투자자 입장에서 접근성이 높은 편입니다.

단점

1) 중앙화 논란

리플랩스는 XRP의 상당 물량을 보유하고 있고, 이걸 에스크로 계정에서 일정 주기로 풀어내고 있습니다. 이로 인해 XRP의 토큰 분배가 탈중앙화된 형태가 아니고, 결국엔 회사가 공급을 조절해 가격에 영향을 미칠 수 있다는 우려가 꾸준히 제기되고 있습니다.

2) SEC 소송 이슈

지난 2020년 12월 미국 증권거래위원회(SEC)는 XRP가 미등록 증권이라고 주장하며 리플사를 상대로 소송을 제기했습니다. 소송 결과에 따라 XRP의 법적 지위가 크게 달라질 수 있고, 이는 글로벌 금융 기관이 XRP를 채택하는 데 직간접적 영향을 미칠 가능성이 큽니다. 다만, 2025년 2월 현재 트럼프 행정부가 친암호화폐 정책을 내걸면서 출범했기 때문에 리플 소송 항소심은 어떤 방식으로든 자연스럽게 정리될 가능성이 높다는 분석이 우세합니다.

3) 시장 점유율 확대의 어려움

리플랩스가 은행들과의 협업을 주장해 왔지만, 기존 은행들이 SWIFT 등 기존 시스템을 대체하려면 내부 의사 결정이나 규제적 문제가 해결되어야 합니다. 또, 스텔라루멘(XLM) 등 비슷한 성격의 송금 특화 프로젝트들과 경쟁을 벌여야 하는 상황이라, 실제 대규모 도입이 언제쯤 본격화될지는 불확실합니다.

리플(XRP)는 10년 뒤 어떤 모습일까?

우리가 디톡스 마인드 관점으로 시장을 바라보자고 말하는 이유는 개별 코인의 단기 가격 흐름보다 실제 가치 창출 가능성을 중요시해야 하기 때문입니다. 그렇다면 XRP가 꿈꾸는 글로벌 송금 네트워크는 향후 10년 뒤 어떠한 지형을 그리게 될지 역시 사뭇 궁금할 수밖에 없는 지점입니다.

1) 규제 및 소송 결과에 따른 성장 혹은 위축

SEC 소송의 최종 판결이 XRP의 미래를 가를 핵심 요인 중 하나로 꼽힙니다. 만약 긍정적인 결과가 나온다면, 미국뿐 아니라 다른 국가들의 규제 당국에서도 'XRP 활용'을 좀 더 긍정적으로 고려할 수 있습니다. 반대로 불리한 결과라면, 글로벌 금융 기관이 XRP 사용을 망설이거나, 거래소 상장 유지 자체가 힘들어질 수도 있습니다. 이 글을 쓰고 있는 2025년 2월까지는 아직 소송 방향성과 관련된 구체적인 내용이 공개되지는 않았지만, 트럼프 행정부의 암호화폐 친화적인 행보로 합의가 됐든 취하가 됐든 소송은 자연스럽게 정리될 것이라는 전망이 우세한 상황입니다.

2) 실질적 은행 채택의 확산 여부

리플랩스가 꾸준히 강조해온 '은행과 금융 기관이 XRP를 브릿지 통화로 활용한다'는 구상은 궁극적으로 SWIFT와 같은 기존 결제 시스템을 대체하는 것을 목표로 합니다. 만약 10년 후 은행 간 결제 인프라가 XRP를 기반으로 보편화된다면, XRP는 '글로벌 결제 인프라'의 핵심 역할을 맡게 될 것입니다.

그러나 이는 단순한 기술적 문제를 넘어, 은행 내부 시스템 교체, 국제 규제 통일, 그리고 리플사의 비즈니스 전략 등 다양한 요소가 맞물려야만 실현될 수 있습니다. 특히 SWIFT 또한 체인링크와의 파트너십을 통해 블록체인 혁신에 적극적으로 대응하고 있기 때문에, 시장이 어떤 방향으로 재편될지는 여전히 많은 변수가 남아 있다고 볼 수 있습니다.

3) 다른 블록체인 송금 경쟁 프로젝트와의 격돌

스텔라, 알고랜드, 또는 다른 새로운 송금 특화 블록체인들이 시장에서 우위를 차지한다면, 상황에 따라서 XRP가 중심 축으로서의 역할을 빼앗길 가능성도 생각해 볼 수 있습니다. 블록체인 분야는 기술 발전이 매우 빠르기 때문에, 현재의 장점을 10년 뒤에도 유지하려면 지속적인 업그레이드와 금융권 니즈를 정확히 파악하는 노력이 중요합니다.

4) 금융과 블록체인의 융합 가속화

장기적으로 암호화폐 및 블록체인 기술이 제도권 금융에 자연스럽게 흡수되거나, CBDC(중앙은행 발행 디지털화폐) 등이 활성화되면, XRP 같은 민간 주도 토큰들이 설 자리가 줄어들 수도 있습니다. 하지만 이와 반대로, 오히려 제도권 금융이 블록체인 기술의 편의성을 인정하고 적극적으로 도입한다면, XRP가 가진 속도·비용 효율이 크게 부각될 수도 있습니다.

결국, 리플(XRP)의 미래는 규제 환경, 은행 채택 현황, 경쟁 프로젝트의 부상 여부에 달려 있다고 볼 수 있습니다. 많은 투자자들은 '만약 XRP가 기존 국제 송금 시스템을 실제로 대체하게 된다면, 엄청난 파급력이 있을 것이다.', '결국 SWIFT를 대체하면서 XRP 1개에 1만 달러에 도달할 것이다' 이런 전폭적 기대감을 제시하기도 하지만, 이런 전폭적 기대감 못지 않은 리스크도 존재합니다.

정리: 리플(XRP)은 암호화폐 시장 내에서 오랜 기간 관심을 받아온 대표적인 송금·결제 특화 프로젝트입니다. 더욱이 국내에서는 특히나 인기가 많은 종목인데, '한국인이 가장 사랑하는 코인'이라는 별칭을 가지고 있는 종목이기도 합니다. 인기도 인기지만, 리플은 기업 차원의 마케팅과 은행 협업을 적극적으로 추진해왔기 때문에, 다른 알트코인들과는 조금 결이 다르다고 할 수 있습니다. 하지만 SEC 소송 등 각종 규제 이슈와 중앙화 논란이라는 숙제가 동시에 존재합니다.

디톡스 마인드를 가진 투자자라면, 단기 가격 급등에 무작정 뛰어드는 대신, '실제 금융 기관들이 XRP를 수용할 가능성이 얼마나 높은가?', '소송 결과가 은행들의 의사 결정에 어떤 영향을 줄까?', 'XRP 레저 자체가 지속적으로 기술을 발전시키고 있는가?' 등을 차분히 모니터링해야 합니다. 오랜 시간 동안 시총 상위를 유지해 온 종목이기 때문에, 블록체인 기반 국제 송금의 미래를 고민해 보는 흥미로운 사례로 삼을 만한 프로젝트입니다. 다만, 우리는 어떤 자산이 됐든 '미래가 무조건 보장되지는 않는다'라는 점을 늘 염두에 두고 디톡스 관점에서 장기적 가치와 리스크를 함께 살피면서, 현명한 매매 판단을 내려야 할 것입니다.

3. 솔라나(SOL): 초고속 트랜잭션과 활성화된 밈코인 생태계

암호화폐 시장이 빠르게 성장하면서, 다양한 플랫폼들이 저마다의 특장점을 내세워 생태계 확장을 꾀하고 있습니다. 그중에서도 솔라나 (Solana)는 '초고속 처리 속도'와 '저렴한 수수료'를 강점으로, 이더리움 (ETH)과 더불어 대표적인 스마트 컨트랙트 플랫폼 중 하나로 자리매김했습니다. 동시에 디파이(DeFi), NFT는 물론이고, 밈코인(Meme Coin) 분야에서도 상당히 활발한 생태계를 보여주면서 주목받고 있습니다. 다만, 메인넷이 한 번씩 중단되는 이슈가 발생하면서 안정성에 대한 논란도 존재합니다.

솔라나는 2017년 아나톨리 야코벤코(Anatoly Yakovenko)를 비롯한 창립팀이 시작한 블록체인 프로젝트입니다. 2020년 메인넷이 출시됐고, 다른 블록체인과 달리 'Proof of History(PoH)'라는 고유 기술과 지분증명 (Proof of Stake, PoS)을 결합하여, 초당 수천 건 이상의 트랜잭션(TPS)을 처리할 수 있는 것으로 알려져 있습니다.

Proof of History(PoH)

시간 자체를 블록체인의 합의 과정에 포함시켜, 트랜잭션 처리 순서를 빠르고 효율적으로 검증합니다.

목표

저렴한 수수료와 빠른 전송 속도를 바탕으로, 대규모 애플리케이션 (DApps)에도 끊김 없이 대응할 수 있는 플랫폼을 만들겠다는 것입니다.

이처럼 솔라나는 출시 이후 '메인넷 속도가 정말 빠르다', '수수료가 거의 무료에 가깝다'는 점을 강조하며 성장해 왔습니다. NFT 거래 플랫폼, 디파이 서비스 등 다양한 영역에서 프로젝트가 빠르게 생겨났고, 최근에는 **밈코인 생태계가 급속도로 확장**되면서 더욱 큰 관심을 끌고 있습니다.

장점

1) 초고속 트랜잭션과 낮은 수수료

솔라나가 내세우는 가장 큰 강점은 네트워크의 우수한 처리량과 저비용입니다. 실제 유저 입장에서는 지갑들 사이의 송금이나 NFT 민팅 과정을 거의 실시간에 가깝게 처리할 수 있고, 가스비(수수료)도 이더리움 대비 훨씬 저렴합니다. 이런 장점 덕분에, 사용자 경험(UX)을 중시하는 프로젝트들이 솔라나를 선택하는 경우가 많아졌고, 이는 곧 다양한 디앱과 NFT 프로젝트의 급격한 유입으로 이어졌습니다.

2) 활발한 밈코인 생태계

솔라나 생태계는 본격적인 디파이·NFT 붐에 이어, 밈코인 분야에서도 두각을 나타냈습니다. 대표적으로 'BONK' 같은 밈코인이 등장해 커뮤니티 에서 엄청난 화제가 되었는데, 거래 수수료가 거의 들지 않으니 소액으로도 재미 삼아 참여하기 쉽다는 점이 부각됐습니다. 이처럼 솔라나 블록체인 위에서 다양한 밈코인이 잇따라 출시되고, 이를 지지하는 커뮤니티도 상당히 활성화되어 있습니다. 밈코인 생태계가 활기를 띠게 되고 솔라나 네트워크에서 기본 통화인 SOL을 기준으로 거래가 이뤄지다 보니 솔라나에 대한 수요를 높이면서 때로는 솔라나 가격 상승을 견인하는 결과로 이어지기도 합니다. 트럼프 밈코인 역시 솔라나 기반으로 발행되면서 솔라나는 밈코인의 본거지로 불리기도 했습니다.

3) 스타트업·개발자 친화적 환경

솔라나는 여러 해커톤을 개최하고, 다양한 개발자 지원 프로그램을 운영하는 방식으로 적극적으로 생태계 참여를 장려해 왔습니다. 덕분에 초기 개발 비용이 부담되는 스타트업들이 솔라나 위에서 빠르게 프로젝트를 구현할 수 있는 환경이 조성됐습니다. 개발 문서나 툴 역시 계속 개선되고 있어서 기술적 장벽이 조금씩 낮아지고 있다는 점도 장점 중 하나로 꼽힙니다.

단점

1) 메인넷 가동 중단(다운타임) 이슈

솔라나가 아무리 빠르고 저렴하다고 해도, 네트워크가 안정적으로 돌아가지 않으면 치명적인 문제가 됩니다. 실제로 솔라나는 수차례 메인넷이 중단되는 사태를 겪었는데, 이는 사용자나 프로젝트 입장에서 '블록체인 상의 거래가 잠시 멈춰버리는 것'이나 다름없습니다. 다운타임 때마다 솔라나 재단 측에서 긴급 조치와 재가동을 진행했지만, 네트워크 중앙화 논란과 함께 신뢰도에 타격을 입은 것은 어쩔 수 없는 사실입니다.

2) 경쟁 플랫폼과의 기술 우위 경쟁

이더리움, 폴카닷, 카르다노, BNB 체인 등 유수의 플랫폼들도 저마다 확장성과 수수료 문제를 해결하기 위해 기술적 진화를 이어가고 있습니다. 솔라나가 빠른 거래 처리 속도를 내세운다고 해도, 다른 프로젝트들이 레이어2 솔루션이나 업그레이드를 통해 비슷한 성능을 보여줄 수 있다면, 차별화가 힘들어질 수 있습니다.

3) 거시경제 악화 시 취약성

모든 알트코인 플랫폼이 그러하듯, 솔라나 또한 금리, 유동성 축소 등 거시경제 요인에 취약합니다. 밈코인처럼 투기적 요소가 강한 시장은 상승장에서는 폭발적으로 커지지만, 하락장에서는 빠르게 관심이 식을 수 있습니다. 솔라나 생태계가 유저들에게 '실질적 가치'를 얼마나 제공하느냐에 따라, 미래가 크게 달라질 것으로 생각됩니다.

솔라나, 10년 뒤 어떤 모습일까?

솔라나가 단기적으로 가격 급등과 급락을 반복하며 화제성 뉴스를 많이 만들어 내 왔던 것도 어느 정도 사실입니다. 하지만 디톡스 마인드로 접근한다면, 우리가 궁극적으로 봐야 할 것은 '이 플랫폼이 실제로 대규모 트래픽을 안정적으로 소화할 수 있는가, 그리고 사용자에게 지속적 가치를 제공할 수 있는가?'라는 질문이 아닐까, 생각합니다.

1) 안정성 확보와 지속적 업그레이드

잊을 만하면 한 번씩 솔라나가 보여주는 메인넷 다운타임은 프로젝트에 큰 흠집을 냈습니다. 10년 뒤 솔라나가 생존하고 있을지, 그리고 주류 플랫폼으로 인정받을 수 있을지는 안정성 개선과 업그레이드가 얼마나 빠르게 이뤄질지에 달려 있을 것으로 보입니다.

2) 밈코인 붐의 지속 가능성

밈코인 생태계는 솔라나 커뮤니티에 흥미와 활력을 불어넣었지만, 투기 열풍이 꺼지면 그 유동성이 다른 곳으로 이동할 수 있습니다. 결국 플랫폼 자체가 '진짜 유용한 애플리케이션'을 얼마나 많이 만들어내느냐가 핵심입니다. 밈코인도 일시적 유행에 그치지 않고, 탄탄한 커뮤니티와 실제 사용 사례를 구축한다면 장기적인 경쟁력이 될 수도 있을 것입니다.

3) 다른 블록체인과의 협력 & 상호 운용성(Interoperability)

향후 블록체인 업계는 단일 플랫폼이 독주하기보다, 여러 체인이 서로 연결되어 자산이나 정보를 교환하는 크로스체인 환경으로 진화할 가능성이 높다고 보여집니다. 이때 솔라나가 다른 체인들과 원활히 연동되고, 디앱 개발자들에게 편리한 인터페이스를 제공할 수 있다면, 생태계가 더욱 풍성해질 것입니다.

4) 제도권 편입과 규제 이슈

아직 전 세계 정부 차원에서 암호화폐에 대한 규제가 불투명한 부분이 많은데, 이 과정에서 솔라나처럼 VC(벤처캐피탈)와 재단의 영향력이 큰 프로젝트가 더욱 엄격한 잣대를 적용받을 가능성도 있습니다. 규제가 투명하게 정비되어 기관 자금이 본격적으로 유입된다면, 솔라나가 자금력과 기술력을 한층 강화하는 계기가 될 수도 있을 것으로 보입니다.

정리: 결국, 솔라나의 미래는 네트워크 안정성 보완, 디앱 생태계의 내실 강화, 밈코인 열풍을 넘어선 실질적 유용성 확보에 달려 있다고 할 수 있습니다. 초고속 트랜잭션과 낮은 수수료라는 장점은 분명 시장에 강렬한 인상을 주었고, 지금도 활발한 프로젝트들이 이어지고 있습니다. 하지만 디톡스 마인드로 보자면, '단기 과열에 휩쓸려서 무작정 매수하는 행위'가 아니라, 솔라나 네트워크의 기술 업그레이드 로드맵, 주요 파트너십, 커뮤니티 활성도를 중장기적으로 체크하며 합리적 판단을 내리는 것이 중요합니다.

암호화폐 시장 전체가 그렇듯, 솔라나 역시 한 단계 성숙해지기까지 시간이 걸릴 것입니다. 다운타임 이슈나 갑작스러운 유동성 변화 등으로 인해 변동성이 클 수밖에 없지만, 그만큼 새로운 기회와 창의적인 프로젝트들이 발빠르게 모이는 무대이기도 합니다. 중요한 것은 우리가 이 플랫폼을 대할 때, 무리한 기대나 감정적 매수 대신, 디톡스의 원칙을 지키는 태도라는 점을 다시 한 번 강조하고 싶습니다.

4. BNB 코인: 시총 상위권의 대표적 거래소 코인

암호화폐 시장에서 거래소 코인(Exchange Token)은 '거래소 생태계 내에서의 유틸리티'를 전면에 내세우며, 특정 거래소 플랫폼의 성장과 함께 몸집을 불려왔습니다. 그중에서도 BNB(Binance Coin)는 세계 최대 규모로 꼽히는 바이낸스(Binance) 거래소와 연결돼, 시가 총액 기준으로 상당히 오랫동안 상위권을 유지해온 대표 거래소 코인입니다. 한편으로 거래소 코인은 발행 주체인 거래소의 운영·재무 구조와 직접적으로 연동되기 때문에, 장점과 단점이 매우 분명하게 드러나는 것이 특징입니다

BNB는 원래 바이낸스(Binance) 거래소가 2017년에 ICO를 통해 발행했던 토큰으로, 초창기에는 이더리움 기반(ERC-20)으로 시작했습니다. 이후 바이낸스 체인(Binance Chain)과 바이낸스 스마트 체인(Binance Smart Chain, 현재 BNB 체인으로 명칭 변경)이 구축되면서, BNB는 이 네트워크들의 기축 역할을 맡게 됐습니다.

거래소 유틸리티

바이낸스 거래소에서 수수료 할인, Launchpad 참여, 스테이킹, 이벤트 참여 등 다양한 혜택을 제공합니다. 이런 기능 덕분에 바이낸스 플랫폼 사용자가 많을수록 BNB 수요가 늘어나는 구조를 만들어낼 수 있었습니다.

스마트 체인(블록체인) 플랫폼 토큰

BNB 체인(BSC)은 디앱(DApp) 개발, 디파이(DeFi), NFT 마켓플레이스 등 다양한 생태계를 확장하고 있습니다. 빠른 트랜잭션 처리와 상대적으로 저렴한 수수료를 장점으로 내세워, 이더리움의 경쟁 플랫폼 가운데 하나로 성장해 왔습니다.

결국 BNB는 단순히 '수수료 할인 코인'에 그치지 않고, 거래소 이익 모델과 자체 블록체인 생태계를 아우르는 토큰으로 발전해 왔습니다. 이를 통해 장기간에 걸쳐 시총 상위권 자리를 지키며, 수많은 이용자들에게 익숙한 암호화폐가 되었습니다.

장점

1) 강력한 모기업(바이낸스)과 생태계 지원

BNB는 바이낸스라는 막강한 글로벌 거래소의 지원을 받고 있습니다. 바이낸스의 글로벌 유저층이 워낙 넓다 보니, BNB 역시 폭넓은 활용처(수수료 할인, 런치패드, 스테이킹)가 확보돼 있습니다. BNB 체인에서도 디파이, NFT, 게임 파이(GameFi) 등 다양한 프로젝트가 등장하며 네트워크 효과를 키우고 있습니다.

2) 정기적인 코인 소각(Burn) 정책

바이낸스는 일정 주기마다 BNB를 대량 소각하는 정책을 도입했습니다. 공급량 감소로 인한 희소성 증대를 유도하는 장치로, 장기 보유자들 입장에선 '가격 상승 요인'으로 기대될 수 있습니다.

3) 빠른 트랜잭션 속도와 저렴한 수수료

이더리움 대비 트랜잭션이 빠르고 수수료가 낮은 편이어서, 사용자들이 디앱(특히 디파이) 활동을 할 때 부담이 적습니다. BNB 체인은 '이더리움 가상 머신(EVM) 호환'을 지원하기에, 개발자들이 이더리움에서 사용하던 툴을 그대로 쓸 수 있다는 편리함도 있습니다.

단점

1) 거래소 코인이 갖는 불확실성

거래소가 발행하는 토큰은 그 자체가 '중앙화된 운영 주체'와 밀접하게 연결되어 있습니다. 예를 들어 FTX 거래소 사태 때, FTT라는 거래소 코인이 급락하며 거래소 파산까지 이어진 사건을 우리는 기억하고 있습니다. 발행 주체인 거래소가 재무적으로 위태로워지면 해당 코인도 동반 붕괴할 수 있다는 위험성을 여실히 보여준 사례였습니다.

2) 규제 및 감독 리스크

대형 거래소가 글로벌 전역에서 영업을 펼치는 만큼, 각국의 금융·증권 규제 등 통제 대상이 될 수 있습니다. 규제 이슈가 발생해 거래소 운영이 타격받을 경우, BNB 가치에도 직접적인 영향이 미칠 수밖에 없습니다.

3) 중앙화 논란

BNB 체인 또한 탈중앙화 수준이 이더리움 같은 네트워크보다 낮다는 지적을 받습니다. 검증인(Validator) 수가 제한적이고, 개발·운영 방향을 바이낸스가 사실상 결정하는 구조에 대해 '실질적인 중앙화'라는 비판도 존재합니다.

BNB, 10년 뒤 어떤 모습일까?

크립토 디톡스를 지향하는 관점에서, BNB를 투자 대상으로 놓고 검토할 경우, '바이낸스가 앞으로 10년간 안정적으로 성장하고 유지될 것인가?'라는 근본적인 질문을 던질 필요가 있습니다. 거래소 코인은 거래소 운영 상황과 직결되므로, 중장기 전망을 논할 때 다음과 같은 요소들을 살펴봐야 하죠.

1) 바이낸스의 글로벌 영향력 유지 여부

현재로서는 바이낸스가 거래량·이용자 수 등에서 업계 최대 거래소로 자리 잡고 있습니다. 만약 지속적인 규제 압박이나 경쟁 거래소의 부상, 내부 경영 문제 등으로 지배력이 약화된다면, BNB의 활용도 역시 축소될 가능성이 높습니다.

2) BNB 체인 생태계의 독자적 발전

거래소 코인이라는 한계를 넘어 '스마트 체인 플랫폼'으로서 BNB 체인 자체의 생존력을 키워나갈 필요가 있습니다. 10년 뒤에도 디파이, NFT, 메타버스 등 다양한 분야에서 BNB 체인이 주요 네트워크로 인정받는다면, BNB도 그 유틸리티를 유지·확장할 수 있을 것입니다.

3) 규제와 감독 환경 변화

전 세계적으로 암호화폐 규제가 강화될 수 있으며, 특히 중앙화 거래소(CEX)에 대한 회계 투명성, 자금 세탁 방지 등 엄격한 기준이 도입될 전망입니다. 이 과정을 바이낸스가 무난히 통과한다면, 오히려 제도권에서 더 신뢰를 얻어 더 많은 기관 투자자를 끌어들일 수도 있을 것입니다 .하지만, 반대로 제재를 받으면 BNB의 가치가 급락할 위험도 배제할 수 없습니다.

4) FTX 사태의 교훈

FTX 파산 사례는 거래소 코인이 가지고 있는 '중앙화된 발행 주체' 위험을 극명히 보여주었습니다. 바이낸스와 BNB가 다른 길을 걸으려면, 재무 투명성, 준비금 증명, 사용자 보호 장치 등에 대해 업계 최고 수준의 신뢰도를 쌓아야 합니다. 10년 뒤에도 살아남으려면 '거래소 코인이라도 투명하고 지속 가능한 운영이 가능하다'라는 점을 실제 행보로 입증해야 할 것입니다.

BNB는 글로벌 최대 거래소 바이낸스라는 탄탄한 후원자를 등에 업고 시총 상위 알트코인 자리를 지켜 왔습니다. 수수료 할인, 소각 메커니즘, BNB 체인 기반의 디앱 생태계 등을 무기로 성장세를 이어가고 있지만, 동시에 '중앙화 거래소 코인'이 안고 있는 규제·투명성·거래소 자체 리스크에 대한 우려도 존재합니다.

정리: 디톡스 마인드를 가진 투자자라면, BNB의 단기적인 가격 변동이나 이벤트성 소식에만 휘둘리지 않고, 바이낸스가 얼마나 안정적으로 영업을 지속할 수 있을지, BNB 체인 생태계를 어떻게 발전시킬지, 규제 이슈와 경쟁 거래소의 부상에 어떤 식으로 대응할지를 주기적으로 체크하는 습

관이 필요합니다. FTX 사태에서 확인했듯, 중앙화된 발행 주체의 리스크는 생각보다 더 빠르고 극적으로 터질 수 있기 때문입니다. 결국 장기적으로도 생존하고 번영하는 코인이 되기 위해서는, 바이낸스와 BNB가 명확한 신뢰 기반을 구축하고 지키는 길 외에는 없을 것입니다.

5. 카르다노(ADA): 학술적 접근을 내세운 차세대 블록체인 프로젝트

암호화폐 시장에서는 각 프로젝트가 저마다의 철학과 기술적 비전을 내세워 '차세대 플랫폼'을 표방합니다. 그중에서 카르다노(Cardano)는 매우 학술적이고 단계적인 연구를 통해 탄탄한 기반을 구축하겠다는 목표를 앞세워 등장한 프로젝트입니다. 창립자 찰스 호스킨슨(Charles Hoskinson)은 이더리움 공동 창업자 중 한 명으로도 유명하고, 한때 이더리움을 향해 '휠체어에 앉은 노인네'라고 비하할 정도로 경쟁심을 드러내 이슈가 되기도 했습니다. 하지만, 실제로는 이더리움만큼 빠르게 생태계를 확장했다고 보기 어렵고, 아직까지는 폭발적 플랫폼 성장성보다는 '장기적 비전'을 중시하는 모습입니다.

카르다노는 2015년에 IOHK(Input Output Hong Kong)라는 연구 개발 회사가 주도해 시작됐고, 2017년 메인넷이 공식 론칭되었습니다. 찰스 호스킨슨을 필두로 한 팀은 블록체인 기술을 학술적으로 접근했는데, 수학적 검증과 피어 리뷰(Peer Review) 과정을 거친 프로토콜을 완성하겠다는 비전을 강조해 왔습니다.

Ouroboros(우로보로스) 합의 알고리즘

카르다노는 에너지 효율이 높은 지분증명(Proof of Stake, PoS) 기반의 알고리즘을 도입했습니다. 특히 '우로보로스'라는 독자적 프로토콜을 통해, 보안성과 탈중앙화를 최대한 확보하겠다고 주장합니다.

장기적으로 확장성과 지속 가능성

카르다노는 여러 단계(바이런, 셸리, 고겐, 바쇼, 볼테르 등)로 나눠서 네트워크를 점진적으로 업그레이드해 나가고 있습니다. 탈중앙화, 스마트 컨트랙트 기능, 확장성(Scaling), 거버넌스(의사결정) 순으로 차근차근 발전시키겠다는 계획입니다.

이런 철저한 연구 기반 접근 때문에 카르다노는 종종 '과학자들의 블록체인'으로 불리기도 합니다. 하지만, 다른 한 편으로는 이더리움 등 다른 플랫폼이 먼저 빠르게 시장을 점유하는 동안, 카르다노는 개발 속도가 느리다는 비판을 받아 왔습니다.

장점

1) 학술적·검증된 기술 기반

논문 작성 및 동료 평가 과정을 통한 기술 검증이 카르다노의 핵심 정체성입니다. 이런 방식은 코드의 안정성과 보안성을 높이는 데 도움이 될 수 있고, 장기적으로 대형 기관이나 정부 기관과 협업할 때 '신뢰' 자산이 될 수도 있습니다.

2) 지분증명(Proof of Stake)의 선도적 적용

에너지 소모가 큰 작업증명(Proof of Work) 대신 지분증명(Proof of Stake: PoS)를 채택함으로써, 블록 생성과 트랜잭션 검증에 필요한 비용과 환경 부담을 줄였다는 평가를 받습니다. 경쟁 플랫폼들도 PoS로 전환하거나 레이어2를 도입하고 있지만, 카르다노는 비교적 일찍부터 PoS를 기본 체제로 설계했습니다.

3) 장기 로드맵과 꾸준한 업데이트

바이런(Byron)→셸리(Shelley)→고겐(Goguen)→바쇼(Basho)→볼테르(Voltaire) 식으로, 각 단계마다 목표를 설정하고 차근차근 구현해 가고 있습니다. '서두르기보다는 확실히 한 단계씩 쌓아가자'라는 방식의 접근은 단기 시장 트렌드에 좌우되지 않는 장점도 있습니다.

단점

1) 더딘 생태계 성장

이더리움이나 BNB 체인, 솔라나 등과 비교했을 때, 카르다노 위에서 활발히 돌아가는 디앱(dApp)·디파이(DeFi)·NFT 프로젝트가 아직은 제한적입니다. 스마트 컨트랙트가 본격 도입된 후로도 개발자 유입이 폭발적이지 않다는 점에서 '실사용 생태계 구축이 더디다'는 지적도 받고 있습니다.

2) 지나치게 긴 개발 일정

학술적 접근은 안정성·완성도를 높이지만, 그만큼 개발 속도가 느릴 수밖에 없습니다. 경쟁 플랫폼은 이미 여러 업데이트를 거치면서 사용자·개발자 풀을 빠르게 키웠는데, 카르다노는 아직도 앞으로도 '할 일이 많다'라는 이미지가 강합니다.

3) 비전과 현실의 괴리

찰스 호스킨슨은 인터뷰나 SNS 등에서 이더리움 등 경쟁 플랫폼을 향해 비판적 혹은 공격적 발언을 서슴지 않는 편입니다. 하지만 그만큼 카르다노가 대중이나 개발자 커뮤니티에 '차세대 대안'이라는 확신을 심어주지 못하고 있다는 평가도 있습니다. 즉, 자주 언급되는 '아프리카 진출' 등 장밋빛 로드맵이 실질적 성과로 이어지는 데는 시간이 걸린다는 의견이 많습니다.

카르다노, 10년 뒤 어떤 모습일까?

디톡스 마인드로 투자할 때는, 프로젝트의 장기 생존력과 실질적 가치 창출 가능성을 중점적으로 봐야 합니다. 그렇다면 학술적 접근을 내세운 카르다노가 10년 뒤에는 어떤 가능성과 리스크를 안고 있을까?

1) 안정성과 보안성

카르다노가 단계를 나누어 철저히 검증 작업을 거치는 만큼, 장기적으로는 보안성과 안정성 측면에서 높은 평가를 받을 수 있습니다. 기관 투자나 국가 단위 디지털 프로젝트와의 협업이 늘어날 경우, '학술적 기반으로 신뢰를 확보했다'는 점이 강점으로 부각될 수 있습니다.

2) 생태계 확장 속도

스마트 컨트랙트가 도입되었음에도 아직까지 이더리움·BNB 체인·폴리곤·솔라나 등에 비해 디앱 개발자나 사용자 유입이 더딘 편입니다. 카르다노가 대형 디파이·NFT 프로젝트의 본거지로 성장할지, 혹은 일정 규모 이상의 생태계를 만들지 못하고 '틈새'에 머물지 여부는 앞으로 10년 동안의 행보에 달려 있습니다.

3) 거버넌스와 탈중앙화

카르다노는 향후 볼테르 단계에서 온체인 거버넌스를 강화해, 커뮤니티 전체가 의사 결정에 참여하는 완전한 탈중앙화 체제를 구축하겠다고 밝히고 있습니다. 이건 기술적으론 흥미로운 도전이지만, 실제로 효율적인 의사결정과 빠른 대응이 가능할지는 미지수입니다.

4) 경쟁 플랫폼 간의 기술 격차

이더리움과 솔라나 등은 이미 상당한 네트워크 효과를 갖춘 상태입니다. 카르다노가 10년 뒤에도 의미 있는 시장 지위를 유지하려면, 스마트 컨트랙트 성능, 사용자 편의성, 개발 친화성 등을 가시적으로, 체감 가능한 수준으로 높여야 합니다. 기술 업그레이드를 너무 천천히 진행하면, 이미 성숙한 다른 플랫폼에게 계속 뒤처질 가능성도 높습니다.

정리: 카르다노(ADA)는 학술적 기반과 단계별 접근을 통해 완성도 높은 블록체인 생태계를 지향하는 프로젝트입니다. 이론적으로는 장기적 신뢰를 쌓아갈 수 있는 든든한 방법이지만, 실제 개발·배포 속도가 느리고, 아직까지 대규모 생태계를 확보하지 못했다는 약점도 명확합니다. 찰스 호스킨슨이 경쟁 플랫폼을 도발할 만큼 큰 포부를 드러내지만, 정작 사용자나 개발자의 적극적 참여를 이끌어내려면 더 오랜 시간이 걸릴 수 있습니다.

디톡스 마인드로 보자면, 카르다노에 대한 투자는 학술적·장기적 관점에서 기술적 발전 가능성을 믿고, 시간을 충분히 두고 지켜보는 태도가 필요해 보입니다. 단기 가격 급등락에 휘둘리기보다는, 우로보로스 합의 알고리즘 업그레이드, 디앱 생태계 성장 속도, 전 세계 기관과의 협력 진행 등을 천천히 모니터링하면서 '진짜로 상용화에 성공하고 있는가?'를 확인하는 것이 현명하지 않을까 생각됩니다. 만약 카르다노가 말 그대로 차세대 블록체인 표준으로 자리 잡게 된다면, 지금의 느린 속도 또한 '신중함과 품질을 위한 투자'였다는 평가를 받게 될 것입니다. 하지만, 그 반대의 경우라면 이번에도 '비전만 거창했다'라는 비판 속에서 스스로가 '휠체어에 앉은 노인네'가 될지도 모를 일입니다.

6. 트론(TRX): 콘텐츠 공유 생태계를 지향하는 블록체인

암호화폐 시장에서 특정 프로젝트의 이미지가 '창업자 개인'과 매우 밀접하게 연결되는 경우가 있습니다. 그런 측면에서 트론(TRX)은 대표적인 예라고 할 수 있습니다. 창업자 저스틴 선(Justin Sun)이 트론을 알리는 과정에서 여러 마케팅 이슈와 논란을 일으켜 온 부분이 있기 때문입니다. 그만큼 트론 프로젝트 자체의 기술적·사업적 성과보다는, 창업자 리스크 측면에서 평가가 이루어지는 경우도 적지 않습니다.

트론은 2017년에 저스틴 선이 주도해 설립된 블록체인 프로젝트로, 탈중앙화된 디지털 콘텐츠 플랫폼을 표방합니다. 쉽게 말해, 기존의 중앙화된 콘텐츠 플랫폼(예: 유튜브, 넷플릭스 등)이 제작자와 소비자 간의 중개자 역할을 해 높은 수수료를 가져가는 구조를 바꾸고, 블록체인 기술을 통해 제작자들이 직접 콘텐츠를 배포하고 수익화할 수 있는 생태계를 지향한다는 것이 트론이 내세우는 핵심 가치입니다.

기술 측면

트론은 초기 이더리움 기반 토큰으로 시작했지만, 이후 독자적인 메인넷을 론칭하면서 자체 블록체인을 구축했습니다. 기존의 지분증명 방식에서 한 발 더 나아가 위임 지분증명(Delegated Proof of Stake, DPoS)을 도입했습니다. 위임 지분증명은 토큰 보유자들이 자신들의 지분을 특정 대표(Validator 또는 Witness라고 부르기도 함)에게 '위임'하고, 선출된 대표들이 블록을 생성하게 하는 구조를 의미합니다. 이를 통해 빠르고 확장성 있는 트랜잭션 처리가 가능하다고 홍보해 왔습니다.

플랫폼 확장

트론은 단순히 콘텐츠 생태계라는 한정된 범위를 넘어, 디앱(DApp), NFT, 디파이(DeFi) 등 전방위로 확장하려고 시도하고 있습니다. 또, 트론 기반 스테이블코인인 USDD를 발행하면서, 스테이블코인 생태계에도 발을 들여놓았습니다.

장점

1) 빠른 트랜잭션 처리와 저렴한 수수료

트론 블록체인은 위임 지분증명 방식(Delegated Proof of Stake)을 통해 비교적 빠른 트랜잭션 속도를 제공합니다. 실제 사용자 입장에서 송금 수수료가 저렴하고, 네트워크 부담이 적다는 것은 분명한 장점입니다.

2) 다양한 디앱(DApp)과 거래량

트론은 엔터테인먼트·게임·디파이 등 다양한 디앱을 유치하고, 일일 거래량 측면에서 꽤 높은 수치를 기록하기도 합니다. 특히 카지노, 로또 등 도박(Degenerate) 디앱 등 특정 분야에서 거래가 활발해, 체인 활성도 자체는 무시할 수 없는 수준으로 평가받기도 합니다.

3) 창업자의 공격적인 마케팅과 네트워킹

저스틴 선은 트론을 알리는 데 있어 매우 적극적인 마케팅, 인플루언서 활용, SNS 홍보 등을 펼쳐 왔습니다. 이로 인해 트론이 빠른 시기에 시장

인지도와 시총을 확보할 수 있었다는 점은 부정하기 어려울 것 같습니다.

단점

1) 창업자 리스크(저스틴 선 논란)

트론 하면 떠오르는 인물인 저스틴 선은, 블록체인 업계에서 여러 논란의 중심에 서 있었습니다. 예를 들어, 프로젝트 로드맵 과장 홍보, 이더리움 등 다른 유명 프로젝트 표절 의혹, '워렌 버핏과의 식사 경매' 같은 이벤트성 마케팅 등 종류도 참 다양했고, 그만큼 다양한 관심을 받아 온 인물입니다. 저스틴 선의 과도한 언론 플레이나 빈번한 말 바꾸기는 투자자들에게 혼선을 주며, 트론이 '신뢰성' 측면에서 의심받게 만드는 원인이 되기도 합니다.

2) 중국 규제와 연관성

저스틴 선이 중국계 인물이고, 트론 초기부터 중국 시장을 대상으로 한 마케팅을 대대적으로 실시했습니다. 하지만, 중국 정부가 암호화폐에 대한 강력한 규제 정책을 시행해 온 만큼, 향후 트론이 중국 내 입지를 어떻게 유지되고 발전시킬지가 불투명합니다. 저스틴 선이 최근 해외로 거점을 옮기는 움직임을 보이긴 하지만, 이 역시 불확실성을 안고 있다는 지적이 있습니다.

3) 미흡한 콘텐츠 생태계 구현

트론이 내세우는 '탈중앙화 콘텐츠 플랫폼'이라는 비전에 비해, 아직도 사용자들이 체감할 만한 글로벌 콘텐츠 서비스가 두드러지진 않습니다. 실제로 주목받는 건 도박이나 디파이 정도이고, 트론이 원래 초기부터 광고하며 강조했던 '콘텐츠 창작자를 위한 혁신'이 어느 정도 구현되고 있는지는 의문이라는 평가가 많습니다.

트론, 10년 뒤 어떤 모습일까?

디톡스 마인드에서 투자를 검토할 때는, 프로젝트의 장기 생존 가능성과 가치 창출 능력을 꼼꼼히 따져봐야 합니다. 트론 또한, 저스틴 선의 화려한 마케팅이 아닌 실제 네트워크의 가치를 어떤 식으로 입증해 나가느냐가 관건이라고 할 수 있습니다.

1) 콘텐츠 생태계로서의 성공 여부

탈중앙화 콘텐츠 플랫폼이라는 초기 목표를 실질적으로 구현해 낼 수 있다면, 트론은 크리에이터 경제(Creator Economy) 분야에서 이더리움이나 폴리곤 같은 다른 체인들과 차별화된 위치를 차지할 수도 있습니다. 반대로 지금처럼 도박성 디앱·단기 투기 서비스 위주로만 활성화된다면, 시장이 성숙해질수록 경쟁력을 잃을 수도 있습니다.

2) 규제 압력과 창업자 동향

저스틴 선은 이미 몇 차례 SEC나 해외 규제 당국으로부터 주목을 받고 있다는 루머가 돌기도 했습니다. 만약 창업자 본인이 법적 리스크에 휘말리거나, 트론의 자금 운용이 불투명하다는 사실이 드러난다면, FTX 사태와 같이 프로젝트 전체가 신뢰를 잃는 시나리오도 가능합니다.

3) 네트워크 업그레이드와 생태계 다양화

트론이 대형 NFT 마켓, 디파이 프로토콜, 메타버스 플랫폼 등 다양한 분야로 확장하면서 경쟁 플랫폼과 어깨를 나란히 하려면, 기술적인 업그레이드와 파트너십 확보가 필수적입니다. 여기서 저스틴 선의 네트워킹 능력이 긍정적으로 작용할 수도 있지만, 동시에 한 사람의 영향력이 지나치게 크다는 점은 장기적 리스크가 될 수도 있습니다.

4) 스테이블코인(USDD) 등 금융 서비스 안정성

트론이 발행한 스테이블코인 USDD가 알고리즘 방식으로 운영되면서, 한때 테라·루나 사태와 유사한 위험성이 제기되기도 했습니다. 10년 뒤에도 USDD가 건재하려면, 시장 신뢰를 훼손하지 않을 만큼 투명하고 안전한 준비금 운용과 리스크 관리가 필수적일 것입니다.

정리: 트론(TRX)는 '탈중앙 콘텐츠 플랫폼'이라는 본래 비전과 달리, 창업자 저스틴 선의 화려한 행보가 프로젝트 전반을 대표하는 양상을 보여왔습니다. 빠른 트랜잭션과 디앱 활성도 등 기술적·실용적 장점을 갖추고 있으나, 창업자 리스크와 규제 불확실성, 그리고 초기 목표와 현실 간 괴리가 큰 숙제로 남아 있습니다.

디톡스 마인드로 접근한다면, 트론을 단순히 '자스틴 선의 마케팅 이슈'나 '단기 투기'로만 볼 게 아니라, 장기적으로 네트워크 가치가 얼마나 지속 가능할지를 판단해야 합니다. 콘텐츠 생태계 구현, 규제 대응, 진정한 탈중앙화 및 기술 업그레이드가 제대로 이뤄진다면, 트론이 10년 후에도 시장에서 의미 있는 지위를 차지할 수 있을 것입니다. 하지만 그 반대라면, 결국 '유명세에 비해 내실은 부족했다'는 결론으로 정리될 가능성도 배제할 수 없어 보입니다.

7. 쑤이(SUI): 빅테크 출신 개발자들이 설계한 차세대 솔라나?

최근 암호화폐 시장에는 이른바 '차세대 고성능 블록체인'이라 불리는 프로젝트들이 연이어 등장하며 투자자들의 이목을 사로잡고 있습니다. 그중에서도 쑤이(SUI)는 메타(Meta) 출신 개발자들이 만든 프로젝트라는 점에서, 런칭 전부터 큰 기대와 관심을 받았습니다. 메타가 추진하던 디엠(Diem, 구 리브라) 프로젝트에 참여했던 핵심 인력들이 주축이 돼, 이들이 쌓은 빅테크 경험과 노하우를 접목한 고성능 레이어1 블록체인을 표방하고 있기 때문입니다. 그래서, 일부 커뮤니티에서는 쑤이를 가리켜 '차세대 솔라나'라 부르기도 합니다. 이번 장에서는 쑤이가 무엇이며, 어떤 장단점을 가지고 있고, 10년 뒤 어떤 가능성을 보여줄 수 있을지 살펴보겠습니다.

메타 출신 개발자들이 설립한 미스틴 랩스(Mysten Labs)

쑤이는 미스틴 랩스 팀이 개발한 레이어1 블록체인 프로젝트입니다. 미스틴 랩스의 구성원 상당수가 메타(Meta)에서 디엠(Diem) 프로젝트와 자체 스마트 컨트랙트 언어인 무브(Move)를 연구·개발하던 핵심 인력들로 이루어져 있습니다.

이들은 디엠이 규제 문제로 좌초된 후, 탈중앙화 블록체인 영역에서 고성능·확장성을 극대화할 수 있는 독자적 플랫폼을 만들겠다는 목표로 쑤이를 출범시켰습니다.

Move 프로그래밍 언어 기반

쑤이는 디엠(Diem)에서 개발된 프로그래밍 언어인 무브(Move)를 기반으로 합니다. 무브는 스마트 컨트랙트와 자산을 안전하고 효율적으로 관리하기 위해 설계된 언어로, 보안성과 병렬 처리 면에서 여러 장점을 가진다고 알려져 있습니다. 이런 언어적 특성 때문에, 트랜잭션 병렬 처리(Parallel Execution)나 지분증명(Proof of Stake, PoS) 합의 알고리즘 최적화 같은 기술적 강점을 내세우고 있습니다.

고성능, 낮은 레이턴시(Latency: 지연시간)

쑤이는 시장에서 '차세대 솔라나'로 불리기도 합니다. 솔라나처럼 초당 거래 처리량(TPS)을 높여 대규모 디앱(DApp) 실행에 대응하겠다는 목표가 유사하기 때문입니다. 개발팀은 블록체인 트랜잭션 처리 과정을 혁신적으로 개선해, 아주 낮은 수수료와 빠른 최종성(Finality)을 제공할 수 있다고 강조합니다.

장점

1) 빅테크 출신 핵심 인력의 경험

메타에서 글로벌 규모의 프로젝트(디엠, 무브 등)을 진행한 개발자나 연구진으로서의 경험은 분명히 차별화된 자산입니다. 대규모 사용자, 높은 트래픽을 다뤄본 이력이 쑤이의 확장성 설계에 직접적으로 반영될 가능성이 높습니다.

2) 무브(Move) 언어의 기술적 우수성

무브는 자산과 스마트 컨트랙트의 상태 전환을 엄격히 관리하도록 설계됐고, 병렬 처리가 용이하다는 평가를 받고 있습니다. 안전성을 중시하면서도 처리 속도를 극대화할 수 있어, 개발자들이 더 쉽고 안정적으로 고성능 디앱을 제작할 수 있는 환경이 될 수 있습니다.

3) 초기부터 글로벌 자본의 주목

쑤이는 출시 전부터 유명 벤처캐피털(VC)이나 기관 투자자들의 주목을 받았습니다. 빅테크 백그라운드의 인적 자원과 거액의 투자금이 결합해 생태계 조성(해커톤·인센티브 프로그램 등)에 대대적으로 투자할 여력이 있습니다.

단점

1) 신생 프로젝트 리스크

솔라나, 폴카닷, 카르다노 등 여러 스마트 컨트랙트 플랫폼이 이미 존재하는 상황에서, 쑤이가 과연 얼마나 빠른 속도로 디앱·개발자·사용자를 모을 수 있을지는 아직 미지수입니다. 아무리 기술력이 뛰어나도, 실제 프로젝트들이 대거 이주하거나 신규 개발이 활발해지지 않으면 '무늬만 고성능'에 그칠 수도 있습니다.

2) 중앙화 논란 가능성

빅테크 출신 팀이 주도하고, 초기 자본도 특정 대형 투자자들이 집중적으로 투입하는 형태라면, 거버넌스나 네트워크 운영 초기에 **중앙화 우려**가 제기될 수 있습니다. 블록체인 생태계에서 '탈중앙화를 얼마나 구현했는가?'는 중요한 가치이기 때문에, 검증인(Validator) 분포, 토큰 분배 구조 등에서 투명성을 보여줘야 할 것으로 보입니다.

3) 기술적 목표 달성 여부가 불확실

병렬 처리, Move 언어 최적화 등 구체적인 설계가 실제 메인넷에서 대규모 트래픽을 안정적으로 소화할 수 있는지는 검증 과정을 거쳐야 알 수 있습니다. 솔라나도 초기엔 초고속 TPS로 주목받았으나, 다운타임(downtime) 문제를 겪은 바 있듯이, 쑤이 역시 유사한 과제를 맞닥뜨릴 수 있습니다.

쑤이(SUI)는 10년 뒤 어떤 모습일까?

디톡스 마인드로 본다면, 쑤이에 대한 투자는 단순한 빅테크 출신 명성이나 '차세대 솔라나'라는 마케팅 슬로건에 기대기보다는, 실질적인 기술 검증과 생태계 형성 과정을 차분히 지켜보아야 할 것입니다. 그렇다면 10년 뒤, 이 프로젝트가 어떤 가능성을 보여줄 수 있을까?

1) 생태계 구축 속도

쑤이가 이더리움, 솔라나, 폴리곤 등과 경쟁해 **메인 디앱 허브**로 올라서려면, 초창기부터 디앱 개발자와 사용자들이 몰려들어야 합니다. 미스틴 랩스가 적극적으로 인센티브 프로그램, 해커톤, VC 연계 지원을 제공한다면, 빠른 생태계 성장을 기대해볼 수도 있을 것입니다.

2) 기술적 안정성과 확장성 입증

'초고속 TPS'와 '무브 기반 안전성'이 실제 메인넷에서 제대로 작동해, 대량의 사용자 유입과 거래량을 안정적으로 처리한다면, 그 자체가 강력한 경쟁력이 될 것입니다. 반면 다운타임 발생이나 보안 취약점이 드러난다면, 초기 이미지에 심각한 타격을 입을 수 있습니다.

3) 빅테크 인적 자원 및 규제 대응 능력

메타 출신 개발자들의 네트워크는 기술계뿐 아니라 거시적·제도적 측면에서도 긍정적 영향을 줄 수 있습니다. 글로벌 규제 환경이 급변할 때, 대기업 출신 창업자들의 정책 대응 노하우나 로비 능력이 도움이 될 가능성도 있습니다.

4) 다른 'Move' 계열 프로젝트와의 경쟁

메타 출신 인력이 쑤이만 만든 것은 아닙니다. 예컨대 비슷한 배경을 가진 팀이 개발한 앱토스(Aptos)도 이미 메인넷을 출시해 활동하고 있습니다. 두 프로젝트가 "Move 언어 + 고성능 블록체인" 시장을 놓고 경쟁할 수도 있고, 협력 가능성도 열려 있습니다. 10년 뒤 어떤 생태계가 더 큰 사용자를 끌어들일지는 지켜봐야 합니다.

정리: 쑤이(SUI)는 빅테크 경험이 녹아든 신생 레이어1 블록체인으로서, 암호화폐 시장에서 한껏 주목받고 있는 프로젝트입니다. '차세대 솔라나'라는 별칭이 붙은 만큼, 고성능·확장성·낮은 수수료 등을 강조하고 있지만, 실제로 이 모든 약속을 지켜낼지는 아직 검증 단계에 있다고 볼 수 있습니다.

디톡스 마인드의 투자자라면, 짧은 기간의 마케팅이나 폭발적 가격 변동에만 매달리지 말고, 메인넷 안정성·디앱 활성도·거버넌스 구조 등을 꼼꼼히 모니터링해야 합니다. 10년 후에도 쑤이가 주요 플랫폼 중 하나로 자리 잡으려면, 빅테크의 명성 그 이상의 실질적 혁신을 보여줘야 한다는 점은 분명해 보입니다.

8. 스텔라(XLM): 리플의 형제 코인, '소매 금융' 특화 블록체인 프로젝트

암호화폐 시장에서 리플(XRP)과 스텔라(XLM)는 종종 '형제 코인'처럼 묶여서 언급됩니다. 실제로 스텔라는 리플에서 파생된 프로젝트이자, 두 코인 모두 국제 송금 결제에 초점을 맞추고 있기 때문입니다. 하지만, 리플이 주로 은행 금융 기관 등 엔터프라이즈(Enterprise) 대상 비즈니스에 초점을 맞추고 있다면, 스텔라는 개인, 소매(Retail) 시장에 더욱 초점을 맞추고 있다는 점에서 차이가 있습니다.

스텔라는 2014년, 리플 공동 창업자였던 제드 맥칼렙(Jed McCaleb)이 리플을 떠나 설립한 비영리 단체인 '스텔라 재단(Stellar Development Foundation)'을 중심으로 탄생한 프로젝트입니다.

리플에서 하드포크된 형제 코인

스텔라는 코드 베이스와 초기 목표가 리플과 비슷하지만, 거버넌스·토큰 보급 전략 등 운영 방식이 달라졌습니다. 제드 맥칼렙은 리플과의 방향성 차이로 인해 결별했고, 스텔라를 통해 더 대중적이고 분산된 네트워크를 만들겠다는 비전을 제시했습니다.

소매 금융 및 소액 결제에 집중

스텔라의 주요 목표는 '은행 계좌가 없는 사람들(Unbanked)'에게 저비용·고속 송금을 제공하는 것입니다. 예를 들어, 개발도상국 등 전 세계 어디서든 스마트폰만 있으면 금융 서비스를 이용할 수 있게 하겠다는 취지로, 개인 간 국제 송금이나 마이크로페이먼트(소액 결제)에 방점을 두고 있습니다.

XLM(루멘, Lumen)의 역할

스텔라 네트워크에서 수수료 지불 및 송금 매개체로 사용되는 토큰이 XLM(루멘)입니다. 금융 기관보다는 개인·소상공인들이 저렴한 비용으로 송금을 하거나 디지털 자산을 교환하는 데 활용할 수 있도록 설계되었습니다.

스텔라의 장단점: 리플과의 비교 중심

(a) 공통점

1) 빠른 결제 속도와 낮은 수수료

스텔라와 리플 모두 비트코인이나 이더리움에 비해 훨씬 빠른 블록 생성 속도를 제공하고, 거의 무료 수준의 저렴한 수수료를 지향합니다. 국제 송금의 복잡한 과정을 단순화하고, 기존 금융 시스템의 높은 수수료와 지연을 개선하겠다는 기본 취지가 거의 동일합니다.

2) 탈중앙화 논란

두 프로젝트 모두 초기부터 재단(또는 회사)가 토큰 상당량을 보유, 관리해왔고 개발 방향도 중앙 집권적으로 이끌어왔다는 지적을 받기도 합니다. 스텔라 재단은 비영리이긴 하지만, 리플사와 마찬가지로 '실질적 탈중앙화가 어느 정도인가?'라는 질문이 완전히 해소됐다고 보기는 어려운 모습입니다.

(b) 차이점

1) 주요 타깃 시장: 엔터프라이즈 vs. 소매

리플(XRP)은 은행이나 대형 금융 기관을 대상으로 B2B 엔터프라이즈 비즈니스가 핵심 비즈니스 모델입니다. 반면 스텔라(XLM)는 개인 사용자, 특히 금융 소외 계층이나 소액 결제 시장에 집중하겠다는 비전을 강조합니다.

2) 거래 파트너십과 에코시스템 구성

리플사는 은행과 직접 계약을 맺고, 국제 송금 인프라를 교체하거나 보완하려는 접근을 해왔습니다. 반면, 스텔라는 IBM, 머니그램(MoneyGram) 등과 협업해 개인과 소규모 업체들이 손쉽게 송금·결제를 할 수 있는 솔루션을 구축하는 데 힘쓰고 있습니다.

3) 네트워크 운영과 재단 구조

리플사의 주가치가 '상업적 성공'을 지향하는 편이라면, 스텔라 재단은 비영리 미션을 표방하며 '금융 포용성(Financial Inclusion)'을 강조합니다. 물론, 실제 운영 구조를 보면 재단이 강력한 영향력을 행사하는 공통점이 있긴 하지만, 스텔라는 상대적으로 공익적인 요소를 더 앞세우는 형태입니다.

(c) 스텔라만의 장점

1) 개인 대상 저비용 송금 전문성

리플과 달리 대형 금융 기관보다는 일반 개인·소상공인의 소액 송금에 집중해, 사용자 경험(UI·UX) 개선에 주력하는 프로젝트들이 생태계에 많습니다. 결과적으로 P2P 송금, 기부, 디지털 지갑 등을 개발하는 스타트업들이 스텔라 위에서 사업을 펼치는 사례가 늘어나고 있습니다.

2) 신흥시장·개발도상국 접근성

아프리카, 남미, 동남아 등 은행 인프라가 취약한 지역에서, 휴대폰 한 대로 송금과 결제가 가능하도록 만들어 경제의 새로운 활로를 열겠다는 비전을 꾸준히 밀고 있습니다. 실제로 스텔라 기반 기업들이 해당 지역에서 마이크로 금융 사업을 시도하는 등 공익적 목표와 연결되는 사례가 존재합니다.

스텔라, 10년 뒤 어떤 모습일까?

디톡스 마인드로 투자를 고려할 때는 단순 시가 총액보다는 프로젝트의 장기 생존 가능성과 실제 사용 사례를 보는 편이 좋습니다. 단기간에 단타치고 빠진다는 게 목표라면 상관 없지만, 중장기 투자의 개념으로 접근한다는 것은 당연히 기업 분석이 필수이기 때문입니다.

1) 규제 및 국제 송금 생태계 변화

리플과 마찬가지로, 스텔라도 국제 송금이라는 '규제 많은' 분야를 다루고 있습니다. 각국의 암호화폐·금융 규제 변화가 스텔라에도 직접적인 영향을 줄 수밖에 없습니다. 다만 스텔라 재단이 비영리라는 점, 개인 소액 송금에 초점을 둔다는 점이 어느 정도 유리하게 작용할 수도 있습니다.

2) 중앙화 지적의 해소와 탈중앙 생태계 확장

스텔라 재단이 장기적으로 더 많은 밸리데이터(Validator)를 확보하고, 거버넌스를 투명하게 운영한다면, 실질적인 탈중앙화에 대한 비판을 어느 정도 해소할 수 있을 것입니다. 이 과정에서 자체 디앱(dApp), 지갑 개발, 크로스체인 협업이 활발해지면, 스텔라 생태계도 한층 성장할 수 있을 것으로 전망됩니다.

3) 신흥 시장 활용 사례의 성과 여부

개인·소상공인 대상 솔루션은 상대적으로 큰 거래량을 만들기 어렵고, 수익 모델 확보가 쉽지 않을 수도 있습니다. 하지만, 신흥 시장 인구가 계속 증가하고, 모바일 금융 수요가 폭발적으로 늘어난다면, 스텔라가 지향하는 '소액 송금 플랫폼'이 중요한 축으로 자리잡을 여지도 있습니다.

4) 리플과의 지속적 비교 구도

스텔라는 리플과 기술적, 역사적으로 연결되어 있기 때문에, 앞으로도 두 프로젝트가 직접적으로나 간접적으로 비교될 수밖에 없습니다. 만약 리플이 대규모 은행 계약을 연이어 성사시키거나, SEC 소송에서 유리한 결과를 이끌어낸다면, 스텔라 역시 관심을 받으며 협업 기회를 넓힐 수도 있습니다. 물론 상황에 따라서 그 반대의 경우도 불가능하다고 말하기는 어려울 것입니다. 하지만, 리플도 스텔라도 시간이 지날수록 의미 있는 확장성을 보여주고 있다는 점에서 2025년을 기준으로 봤을 때는 지금보다도 미래가 더 기대되는 프로젝트가 아닌가, 개인적으로 생각합니다. 물론, 미래 비전과 잠재력이 있다는 게 시세 상승을 보장한다는 의미는 물론 아닙니다. 지금 암호화폐 시장에서 엄청난 비전과 실제 블록체인 혁신 결과로 주목받고 있는 프로젝트들도 시세 측면에서 바닥을 기어다니는 경우가 꽤 많다는 점은 언제나 염두에 둘 필요가 있는 부분입니다.

정리: 스텔라(XLM)는 리플에서 하드포크되어 '형제 코인'으로 불리지만, 타깃 시장이 다릅니다. 물론 겹치는 부분도 있지만, 이해 차원에서 큰 틀의 비교를 하자면 그렇다는 것이고, 엔터프라이즈 vs. 소매 금융이라는 뚜렷한 차이점을 확인할 수 있습니다. 빠른 송금·낮은 수수료라는 공통 장점을 공유하고 있지만, 스텔라의 경우에는 특히나 개인·소상공인에게 포커스를 맞춘다는 점이 특징이라고 할 수 있습니다.

디톡스 관점에서 본다면, 스텔라가 진정으로 신흥 시장의 금융 소외 계층에게 도움을 줄 수 있는 인프라를 확충하고, 여기서 더 나아가 지속 가능한 생태계를 만드는지를 주시하는 것이 중요합니다. 리플이나 솔라나 등 메이저들과 비교했을 때 다소 주목도가 떨어지는 측면은 아쉽게 느껴지는 부분입니다. 그럼에도 불구하고 스텔라가 주목받은 것은 디파이 혁신은 이제 시작점에 자리하고 있고, 리플과 더불어 스텔라가 보여주는 특장점 역시 선명하기 때문이 아닐까 생각됩니다.

9. 톤코인(TON): 텔레그램의 미래가 톤코인의 미래다?

암호화폐 시장에는 특정 메신저 플랫폼이나 소셜미디어와 결합되어 주목받는 프로젝트들이 있습니다. 톤코인(TON, The Open Network)이 대표적인 사례라고 할 수 있는데, 원래 텔레그램의 창업자들이 주도했던 '텔레그램 오픈 네트워크(Telegram Open Network)'에서 출발했습니다. 지금은 텔레그램이 직접 관여하진 않지만, 여전히 텔레그램과의 연계성이 강하게 부각되며 최근 시가 총액 상위권에 진입하는 등 투자자들의 관심을 모으고 있습니다.

텔레그램과의 역사적 연관성

톤(TON)은 원래 2018년경 텔레그램이 개발하려 했던 블록체인 프로젝트 '텔레그램 오픈 네트워크(Telegram Open Network)'에서 시작했습니다. 원래 그램(Gram)이라는 토큰을 발행해 텔레그램 메신저 내 결제·송금 등을 지원하려 했었지만, 미국 SEC의 소송으로 인해 텔레그램은 2020년 개발에서 철수하는 결정을 내립니다.

커뮤니티 주도로 이어진 프로젝트

텔레그램이 손을 뗀 뒤, 외부 개발자 커뮤니티와 재단(TON Foundation)이 프로젝트를 이어받아 '더 오픈 네트워크(The Open

Network)'라는 이름으로 재출범했습니다. 현재 우리가 부르는 톤코인
(TON)은 원래 그램(Gram)의 후신 격이고, 텔레그램 메신저와의 긴밀한 연
동 가능성을 여전히 강점으로 삼고 있습니다.

기술적 특징

톤은 샤딩(Sharding)과 고성능 합의 알고리즘을 도입해, 초당 수천 건
이상의 트랜잭션을 처리할 수 있다고 주장합니다. 지분증명(Proof of Stake)
기반으로, 노드 운영에 참여하는 이들이 스테이킹과 검증 과정을 통해 블
록 생성에 기여합니다. 스마트 컨트랙트 기능도 지원하는데, 메신저 앱 내
에서 간단히 암호화폐 송금, 디앱(DApp) 사용이 가능하다는 점이 잠재적
장점으로 꼽힙니다.

장점

1) 텔레그램 거대 사용자 풀과의 시너지 잠재력

텔레그램은 전 세계 수억 명이 사용하는 메신저 플랫폼으로, 특히 크
립토 커뮤니티가 매우 활발한 축에 속합니다. 톤코인이 텔레그램 생태계와
밀접히 결합할 경우, 메신저에서 바로 지갑, 송금, NFT, 디앱 접속 등의 서
비스가 구현될 가능성이 높습니다. 이미 텔레그램 측은 TON을 활용한 지
갑 봇 등을 부분 지원하고 있습니다. 엄밀히 따지면 텔레그램 자체 코인은
아니지만, 협업은 가능하다는 스탠스를 보여주고 있습니다.

2) 고성능·확장성 지향

샤딩 기반 구조로 설계돼 트랜잭션 처리 속도와 네트워크 확장성 면에서 상당히 우수하다고 알려져 있습니다. 메시징 서비스와 결합해도 체증이 심하지 않도록 초기부터 설계됐다는 점이 매력으로 느낄 수 있는 부분입니다.

3) 커뮤니티·재단 주도의 탈중앙성 지향

텔레그램이 SEC 소송으로 물러난 뒤, 프로젝트가 완전히 없어진 것이 아니라 오픈소스 커뮤니티가 이어받아 발전시켰습니다. 이게 미국 SEC의 소송 이슈로 촉발된 상황이라서, 초기에는 다소 혼란스러웠지만, 결과적으로는 '특정 기업에 종속되지 않는다'라는 나름 의미 있는 메시지를 내세울 수 있게 됐고, 그렇게 탈중앙화의 원칙도 강조할 수 있게 됐습니다.

단점

1) 텔레그램과의 불명확한 관계

텔레그램이 공식적으로 'TON은 독립적인 프로젝트'라고 밝혔지만, 시장에서는 여전히 '텔레그램이 다시 TON 프로젝트에 깊이 관여할 것'이라는 기대와 전망이 혼재해 있습니다. 바라보기에 따라서 다소 모소한 스탠스로 여겨질 수 있는 부분입니다. 또, 규제나 법적 문제가 재점화될 여지를 남긴다는 지적도 있습니다.

2) 규제 리스크

톤코인의 탄생 과정은 이미 SEC의 기소로 인해 한바탕 큰 좌절을 겪어야 했습니다. 만약 텔레그램이 다시 적극 관여하거나, 톤코인이 실제로 메신저 내 결제 수단으로 사용되어 큰 규모의 자금 흐름을 만든다면, 규제 당국의 주목을 다시 받을 가능성이 있습니다. 물론 트럼프 행정부 출범을 통해서 미국의 암호화폐 규제 스탠스가 산업 친화적인 방향으로 완전히 전환되기는 했지만, 원론적으로 바라봤을 때 그렇다는 것입니다.

3) 프로젝트 주도권 및 중앙화 논란

지금은 재단과 커뮤니티 중심으로 운영되고 있다지만, 대형 투자자(고래)의 지분이 어느 정도인지, 거버넌스 의사 결정 구조가 실질적으로 얼마나 탈중앙화되어 있는지는 완전히 투명하지 않은 편입니다. 텔레그램 창업자인 두로프 형제 측이 어느 정도 영향력을 계속 행사하고 있는지에 대한 의문도 일부 커뮤니티에서 제기되고 있습니다.

4) 실질 사용 사례 부족

톤코인이 최근 시총 순위에서 급등하며 조명받고 있지만, 아직까지 '이것이 톤코인만의 킬러 디앱이다'라고 꼽을 만한 성공 사례는 제한적입니다. 대부분의 기대감은 '텔레그램에 도입되면 폭발적 성장 가능하다'에 맞춰져 있기 때문에, 실제 기술·생태계 수준보다 시장 기대치가 앞서고 있다는 지적도 있습니다. 쉽게 말해 '텔레그램 빨이다'라고 지적할 수 있는 여지도 분명히 자리하고 있다는 것입니다.

톤코인, 10년 뒤 어떤 모습일까?

톤코인의 미래는 '텔레그램 메신저와 얼마나 깊이 결합되느냐'에 따라 크게 좌우될 가능성이 높습니다. 그래서 투자자의 입장에서도 막연한 '텔레그램 빨 기대'보다는 여러가지 상황을 고려해 봐야 합니다.

1) 텔레그램 플랫폼 내 결제·송금 서비스의 본격화

만약 텔레그램이 규제적으로 안전장치를 마련하고, TON 재단과 협력해 메신저 내 암호화폐 송금, NFT 마켓, 봇 결제 등을 대규모로 활성화한다면, 수억 명의 사용자를 바로 유입할 수 있는 엄청난 강점이 현실화됩니다. 이건 다시 말해 TON이 '글로벌 메신저 결제 코인'으로 부상하는 시나리오로 이어질 수 있습니다.

2) 규제와 법적 안정성 확보

과거 SEC 소송 이력이 있는 만큼, 톤코인이 실사용 단계로 가려면 미국·유럽 등 주요국 규제 당국의 승인 또는 적어도 문제없는 합의점을 찾아야 할 것입니다. 이걸 어떻게 풀어나가는지에 따라 TON이 장기적으로 지속 가능할지가 결정될 수 있습니다.

3) 커뮤니티 주도형 생태계 vs. 특정 주체 의존

TON이 탈중앙화된 레이어1 프로젝트로서 다채로운 디앱, 디파이, NFT 환경을 구축해 나간다면, 텔레그램과 별개로도 의미 있는 생태계를 형성하게 됩니다. 반면, 텔레그램 측의 '지원 여부'나 특정 고래 투자자가 좌우하는 거버넌스 구조를 벗어나지 못한다면, 결국 플랫폼 코인의 한계를 벗어나기 어려울 수도 있습니다.

4) 경쟁 체인들과의 속도·수수료 우위 유지

지금 암호화폐 생태계에는 솔라나, 앱토스, 쑤이 등 고속 레이어1 프로젝트들이 속속 등장하고 있습니다. TON이 기술력을 유지·개선하지 못하면, 빠른 처리 속도와 낮은 수수료라는 매력이 희석될 수 있습니다.

정리: 톤코인(TON)은 텔레그램이 시도했다가 SEC 소송으로 포기했던 그램 프로젝트가 커뮤니티 주도로 부활한 형태라고 볼 수 있습니다. 텔레그램이라는 거대 플랫폼과의 연계성에 대한 기대가 고조되면서 최근 시총 상위권으로 올라서는 등 시장의 주목을 받고 있지만, 규제·법적 리스크, 프로젝트 주도권, 실제 생태계 활용성 등 여러 과제가 여전히 남아 있다고 할 수 있습니다.

결국 톤코인의 장기 생존 가능성은 결국 텔레그램과의 협업 방향과 커뮤니티 주도의 분산 거버넌스가 얼마나 안정적으로 정착되느냐에 달렸다고 할 수 있습니다. 단기적인 기대감에 치우치기보다는, 정확한 기술·정책 로드맵과 실제 활용 사례를 지속적으로 모니터링하는 것이 바람직할 것으로 생각됩니다.

10. 라이트코인(Litecoin) : 한때는 '디지털 은(Silver)'

암호화폐 시장에서 라이트코인(LTC)은 역사가 깊은 편에 속합니다.

2011년, 구글 엔지니어인 출신인 찰리 리(Charlie Lee)가 비트코인을 기반으로 해서 '좀더 가볍고 빠른 결제용 암호화폐'를 만들겠다는 취지로 시작했습니다. 이후 오랜 시간 동안 라이트코인은 시가 총액 상위권에 머물며, '비트코인이 디지털 금이라면 라이트코인은 디지털 은이다'라는 표현으로 불리기도 했습니다. 한국에서는 규제 이슈로 인해 주요 거래소에서 상장 폐지돼 해외에 비해 상대적으로 관심이 적지만, 미국 시장에서는 현물 ETF(상장지수펀드) 우선 출시 가능성이 상당히 높은 종목으로 거론될 정도로 여전히 의미 있는 프로젝트입니다.

비트코인 코드 포크(Fork) 기반

라이트코인은 기술적으로 비트코인의 소스 코드를 가져와 일부 파라미터를 조정해 탄생했습니다. 처음부터 비트코인과 차별화를 위해 방점을 찍은 건 속도였습니다. 비트코인은 평균 10분에 한 번씩 블록을 생성하는 반면, 라이트코인은 이걸 약 2분 30초로 단축했습니다. 이 덕분에 결제 속도가 더 빠르고, 소액 거래에도 적합하다는 점을 내세워 왔습니다. 지금 생각하면 별로 대단한 장점이라고 하기 어려울 정도로 많은 프로젝트들이 엄청난 처리 속도를 선보이고 있지만, 이 시장이 탄생하던 시기 올드 그룹에서는 꽤나 신선한 부분으로 평가받기도 했습니다.

장점

1) 오랜 검증과 폭넓은 인지도

2011년 탄생 이후 10년 넘게 유지되어 온 프로젝트인 만큼, 대규모 해킹이나 치명적 결함 없이 생존해 왔다는 점이 신뢰 요소가 될 수 있습니다. 단순 비교는 어렵지만 솔라나 같은 초대형 프로젝트도 걸핏하면 메인넷이 멈추는 먹통 사태가 발생하는 걸 생각해 보면 나름 강점으로 여겨질 수 있는 부분입니다. 특히, 비트코인 다음으로 역사가 긴 알트코인 중 하나이기 때문에, 해외에서는 유동성이나 사용자층 측면에서 꾸준한 수요가 있습니다.

2) 결제용 코인으로서의 활용성

블록 생성 주기가 짧고 수수료가 비교적 낮아, 실제 결제를 위한 가벼운 암호화폐로 설계되었습니다. 몇몇 전자상거래 플랫폼이나 ATM 네트워크에서 라이트코인을 비트코인과 함께 지원하는 사례도 볼 수 있습니다.

3) 미국 시장에서의 제도권 편입 기대

역사가 오래된 만큼 미국에서는 이미 금융 상품으로 출시된 종목입니다. 대표적인 예가 그레이스케일의 라이트코인 트러스트입니다. 특히 2025년으로 접어들면서 이더리움 현물 ETF 다음으로 출시될 가능성이 가장 높은 알트코인으로 라이트코인이 거론될 정도로 미국에서는 나름의 존재감을 가지고 있습니다.

단점

1) 한국 주요 거래소 비상장

라이트코인이 2022년 5월 이후 업비트, 빗썸 등 국내 주요 거래소에서 상장 폐지됐습니다. 그 배경에는 '밈블윔블(MimbleWimble) 업그레이드'를 통해 익명성을 강화한 점이 "특정 금융거래정보법(특금법) 준수에 위배될 가능성"이 있다는 이유가 컸습니다. 익명성의 특징을 악용해서 사기꾼들이 환치기 등 사기 행각에 악용할 수 있다는 점이 우려점으로 작용한 것입니다. 그래서 결과적으로 국내 투자자 입장에서 접근하기가 쉽지 않아져, 한국 시장에서 인지도가 예전만 못하게 됐습니다.

2) 뚜렷한 차별화 약화

라이트코인은 출시 초기에는 비트코인 대비 빠른 결제 속도를 특장점으로 내세웠지만, 이후 등장한 솔라나·폴리곤 등 빠르고 저렴한 수수료를 자랑하는 플랫폼이 늘어나면서 경쟁력이 상당히 약해졌다고도 할 수 있습니다. 결제용 암호화폐 시장에서도, 스테이블코인이나 CBDC(중앙은행 디지털 화폐) 등이 부상하면 라이트코인의 설 자리가 더 줄어들 가능성이 있습니다.

3) 개발 리소스와 생태계의 한계

비트코인이나 이더리움처럼 활발한 개발·업데이트가 이루어지지 않고, 디앱 생태계도 사실상 거의 없습니다. 단순 결제와 가치 저장 용도로만 사용되는데다 이 부분에 더 강점이 큰 프로젝트들도 매우 많다 보니, '앞으로 혁신이 부족할 수 있다'라는 평가도 있습니다.

라이트코인, 10년 뒤 어떤 모습일까?

비록 한국 거래소에는 상장되어 있지 않아 관심이 낮지만, 라이트코인은 글로벌 시장에서 시가 총액 상위권을 오래 유지하며 '올드 알트코인'의 대표 주자로 꼽혀 왔습니다. 특히 미국에서는 규제 환경이 빠른 속도로 재정비되고 있기 때문에 2025년 2월 기준으로 가장 우선적으로 출시될 알트코인 현물 ETF의 주인공은 라이트코인이 될 것이라는 기대감이 상당히 높습니다. 블룸버그의 경우에는 2025년에 출시 가능성이 높은 알트코인 현물 ETF로 솔라나와 리플(XRP)보다 라이트코인을 꼽기도 했습니다.

1) 안정성·보안성 측면에서의 상징성: 오랜 기간 동안 주요 블록체인 중 하나로 자리 잡았고, 대규모 보안 사고도 없었다는 점은 향후 제도권 편입 가능성을 높이는 요소입니다.

2) 익명성 기능에 따른 규제 이슈: 밈블윔블(MimbleWimble)을 통한 프라이버시 기능이 국내 거래소들로부터 '상장 폐지' 조치를 받게 만든 핵심 이유였듯이, 해외에서도 규제 압박이 심화될 경우 영향이 있을 수 있습니다.

3) 경쟁 환경 및 대체재 증가: 비트코인 결제 수수료가 줄어들고(세그

윗, 라이트닝 네트워크 등), 더욱 **빠르고** 확장성 높은 알트코인들이 등장함에 따라, 라이트코인의 유틸리티가 어디까지 인정받을 수 있을지는 지켜봐야 합니다.

정리: 라이트코인은 비트코인보다 **빠르고** 가벼운 디지털 화폐라는 아이덴티티로 수년 동안 나름의 입지를 지켜왔고, 미국 등 해외 시장에서의 현물 ETF 기대감이 앞으로도 일정 수준 관심을 유지시키는 요인으로 보입니다. 다만 한국에서는 규제와 특금법 이슈로 인해 사실상 접근이 쉽지 않고, 더 넓게는 전 세계적으로 프라이버시 코인 관련 규제가 강화될 경우에도 안정적으로 살아남을지 여부는 예단하기 어렵습니다.

디톡스 마인드로 접근하자면 '역사가 길고 보안이 안정적'이라는 점은 분명 라이트코인이 갖는 매력이지만, 동시에 '새로운 기능이나 생태계 확장 측면에서 한계가 있다'는 점도 인식해야 합니다. ETF 출시라는 재료가 단기간 주목을 끌 수도 있지만, 장기적으로는 결제·유통망을 얼마나 확보하고 규제 리스크를 잘 관리하는지가 관건일 것으로 보입니다.

2

끊임없는 리서치와
정보 업데이트

테마를 보면 트렌드가 보인다
: 유틸리티부터 밈코인까지

암호화폐 시장을 바라볼 때, 단순히 '이 코인이 오를까, 내릴까' 정도의 단편적인 시선에서 벗어나려면, 지금 '어떤 테마'가 부상하는지를 살펴보는 것이 중요합니다. 실제로 몇 년 전만 해도 디파이(DeFi)라는 개념이 생소했지만, 어느 순간 탈중앙화 대출·예치 플랫폼을 비롯해 엄청난 프로젝트들이 쏟아져 나오며 시장의 판도를 뒤흔들었습니다. 그 뒤로는 실물 자산 토큰화(RWA), NFT, 메타버스, 밈코인 등이 연쇄적으로 등장해, 암호화폐 생태계가 분야마다 얼마나 빠르게 진화하는지 보여줬습니다.

이번에는 '핵심 테마'별로 대표 사례들을 간단히 정리하면서, 각 프로젝트가 어떤 배경에서 탄생했고 어떤 가치를 목표로 하는지 살펴볼 예정입니다. 디파이부터 RWA, 그리고 밈코인까지 두루 다루다 보면, 어떤 테마가 한 시기를 압도적으로 주도했는지, 그리고 어떤 테마가 다음 흐름을 선도하게 될지를 대략적으로나마 가늠할 수 있습니다.

물론, 테마만 보고 무조건 뛰어들었다가는 단기 열풍에 휩쓸려 낭패를 볼 수도 있습니다. 그래서 각 프로젝트를 소개하면서 '왜 이 테마가 떠올랐고, 해당 프로젝트가 해결하려는 문제는 무엇인가?'를 함께 고민해 볼 계획입니다. 투자는 결국 '가치'와 '리스크'를 동시에 판단하는 과정이기 때문입니다. 유틸리티가 확고한 프로젝트라도 처음에는 시장 관심을 받지 못할 수 있고, 반대로 밈코인처럼 장난스러운 출발이었지만 예상치 못한 폭발적 열풍을 일으키는 경우도 적지 않습니다.

지금부터 이어질 각 테마별 대표 코인·프로토콜 사례들은 단순한 리스트업이 아니라, 암호화폐 시장의 트렌드가 어디서 어떻게 생기고 발전해왔는지를 짚어보는 작은 안내서가 될 것입니다. '유틸리티부터 밈코인까지'라는 부제처럼, 상반된 듯 보이는 각 분야의 프로젝트를 하나씩 살펴보며, 우리의 투자·분석 스펙트럼을 넓히는 계기로 활용하실 수 있으면 좋겠습니다.

1. 디파이

1) 헤데라 해시그래프(Hedera Hashgraph): 차세대 분산 원장으로 디파이 혁신과 기업 파트너십을 동시에

암호화폐 시장에서 헤데라 해시그래프(Hedera Hashgraph, HBAR)는 독자적인 합의 알고리즘인 '해시그래프(Hashgraph)'를 통해 고성능·안정성·공정성을 모두 추구하는 분산 원장 기술을 표방합니다. 기존의 블록체인(Blockchain)과는 달리 DAG(Directed Acyclic Graph) 구조를 활용해 빠른 트랜잭션 처리, 낮은 수수료, 에너지 효율 등을 장점으로 내세웠습니다. 특히 여러 대형 기업들과 파트너십을 맺고, 실질적인 금융·기업 활용 사례를 만들어가며 '블록체인 혁신'을 보여주는 점이 강점으로 평가받고 있습니다.

해시그래프 합의 알고리즘

기존 블록체인은 모든 노드가 순차적으로 블록을 생성하고 검증하는 구조지만, 해시그래프는 이벤트(거래 정보)들이 DAG 형태로 기록되고, '가십 어바웃 가십(Gossip about Gossip)'과 '가상 투표(Virtual Voting)' 기법을 통해 빠르게 합의에 도달합니다. 이를 통해 초당 수천~수만 건 이상의 트랜잭션을 처리 가능하다고 홍보하며, 트랜잭션 비용도 매우 낮게 책정됩니다.

(1) 헤데라 거버닝 카운슬(Hedera Governing Council)

IBM, 구글, 보잉, 도이치텔레콤, LG전자 등 글로벌 대기업들이 함께 참여하는 이사회 형태로 운영됩니다. 이들은 네트워크 규칙·업데이트 방향을 결정할 권한을 가지고, 정기적으로 임기가 돌아가며 의사 결정에 참여합니다. 이런 구조는 '1~2개 업체가 독점하지 않는다'는 탈중앙성을 어느 정도 확보하는 동시에, 안정적이고 기업 친화적인 운영을 추구한다는 점이 특징입니다.

(2) HBAR 토큰

헤데라 네트워크에서 거래 수수료 지불, 스마트 컨트랙트 수수료, 스테이킹 보상 등에 사용되는 기본 토큰이 HBAR입니다. DApp(디앱) 구축, NFT 발행, 디파이 프로토콜에서의 유동성 공급 등 다양한 용도로 활용할 수 있습니다.

헤데라 해시그래프가 보여주는 디파이(DeFi) 혁신

(1) 고속·저비용 트랜잭션이 DeFi에 유리

디파이 프로토콜에서는 다수의 사용자가 스마트 컨트랙트를 동시에 호출할 수 있기 때문에, 네트워크 트래픽이 폭발적으로 증가할 수 있습니다. 헤데라 해시그래프는 DAG 합의 알고리즘을 통해 낮은 지연시간과 높은 처리량을 제시하며, 이론적으로 디파이 대중화를 위한 인프라를 제공하겠다고 강조합니다. 예컨대, 탈중앙 거래소(DEX)에서 주문이 밀리거나 수수료가 급등하는 현상을 최소화하려는 시도들이 이어질 수 있습니다.

(2) 에너지 효율성과 ESG 트렌드

지분증명(Proof of Stake) 기반이면서도, DAG 구조로 작업증명(PoW)보다 훨씬 적은 에너지를 사용한다는 점을 내세웁니다. 대기업들이 참여하는 거버넌스 구조 특성상, 환경·사회·지배구조(ESG) 관점에서 친환경성과 투명성을 홍보하는 것은 기업 입장에서 중요한 포인트일 수 있습니다. 이건 대형 금융기관이나 글로벌 기업들이 디파이에 진입할 때 헤데라를 긍정적으로 검토하게 만드는 요인이 될 가능성이 있습니다.

(3) 기업 파트너십을 통한 실질 금융 혁신 사례

일부 은행·금융 기관과의 협업으로, 실시간 결제(Real-time Settlement), 토큰화된 자산(부동산, 채권 등) 거래 등 구체적인 파일럿 프로젝트들이 진행되고 있습니다. 또한, Stablecoin 발행이나 CBDC 테스트 플랫폼으로도 헤데라 해시그래프를 검토하는 사례가 보고되고 있습니다. 결국 디파이가 단순 '암호화폐 트레이딩'에만 머무르지 않고, 전통 금융과 융합해 실질 가치를 창출하는 방향으로 진화하려면, 이러한 기업·기관 협업이 매우 중요합니다.

장점

(1) 대기업 중심의 신뢰 기반

헤데라 거버닝 카운슬에 속한 멤버들이 전 세계 유수 기업들인 만큼, 네트워크 신뢰도와 재무적 안정성 측면에서 다른 알트코인 대비 유리하다는 평가가 있습니다. 기업 관점에서는 "어디서 온지도 모를 탈중앙 커뮤니티"보다, 명확한 이사회와 글로벌 브랜드가 보증하는 시스템을 선호하기 마련입니다.

(2) 고성능·낮은 수수료 구조

DAG 합의 기반으로 초당 수천~수만 트랜잭션을 지원하고, 수수료가 매우 낮기에, 일반 사용자가 쓰기에도 부담이 적습니다. 이는 향후 디파이뿐 아니라 NFT, 게이밍, 공급망 관리 등 다양한 영역에서 확장성을 갖추는 데 유리합니다.

(3) ESG·규제 대응 측면에서 호감도

작업증명 방식의 막대한 에너지 소비에 대한 비판이 강해지는 추세에서, 헤데라는 PoS + DAG 구조로 상대적으로 에너지 사용이 적다는 점을 적극 어필합니다. 공공망이면서 동시에 명확한 법인·이사회 체제가 존재해, 규제 당국과 소통하기에도 비교적 유리할 수 있습니다.

단점

(1) 부분적인 중앙화 논란

거버닝 카운슬에 대형 법인들이 참여해 의사 결정을 하다 보니, '탈중앙화가 충분히 보장되는가?' 라는 의문이 계속 제기됩니다. 일반 PoS 블록체인처럼 전 세계 누구나 검증인(Validator)이 될 수 있는 구조가 아니므로, 대기업 중심 통제라는 비판도 일부 존재합니다.

(2) DAG 구조의 대중 인식 부족

대부분 사용자는 '블록체인'이라는 용어에 익숙해져 있고, DAG(해시그래프) 기술은 상대적으로 알려져 있지 않습니다. 이로 인해 개발자나 기업 유치 과정에서, "블록이 아닌 해시그래프를 어떻게 도입하고, 기존 솔루션과 어떻게 연동하는가?"라는 진입 장벽이 생길 수 있습니다.

(3) 시장 경쟁 격화

솔라나, 폴카닷, 아발란체, 카르다노 등 확장성과 저수수료를 내세운 레이어1 프로젝트들이 이미 많습니다. 기업 파트너십을 확보해 나간다고 해도, 계속해서 기술 업그레이드를 진행하고, 대형 디앱·디파이 프로젝트를 끌어들여야만 시장에서 주도권을 유지할 수 있을 것입니다.

정리: 디파이 혁신과 기업 활용의 교차점에 있는 프로젝트

헤데라 해시그래프(HBAR)는 빠른 처리 속도, 낮은 수수료, ESG 친화적 특징 등으로 디파이를 비롯한 블록체인 혁신에 기여할 수 있는 잠재력을 갖춘 프로젝트입니다. 특히 글로벌 대기업들과의 파트너십을 통해 기업 중심의 파일럿 프로젝트를 활발히 진행하는 점에서, "암호화폐가 단순 투기나 소규모 커뮤니티를 넘어 실질 산업·금융 분야에 어떻게 적용될 수 있는가"라는 본질적 질문에 대한 유의미한 사례를 보여주고 있습니다.

물론 정착 과정에서 겪을 중앙화 논란, 다른 레이어1 체인들과의 치열한 경쟁, DAG와 블록체인의 차이에 대한 이해 확산 등 해결해야 할 과제도 적지 않습니다. 그러나 거버닝 카운슬의 다국적 대기업 참여, 디파이·토큰화 프로젝트들의 꾸준한 증가, 규제 대비를 위한 기업 친화적 프레임 등을 종합해 볼 때, 헤데라는 장기적으로도 주목할 가치가 높은 인프라형 프로젝트 중 하나라고 평가할 수 있겠습니다. 디톡스 마인드로 투자하거나 관심을 가질 때에도, 실사용 사례와 거버넌스 투명성, 기업 파트너십 확대 과정을 꾸준히 모니터링하면서 진가를 파악해 보는 것이 바람직하다고 할 수 있습니다.

2) 에이브(Aave): 디파이(DeFi)의 선두주자

에이브(AAVE)는 대표적인 디파이(탈중앙화 금융) 플랫폼 가운데 하나, 탈중앙화 대출(렌딩)과 예치 서비스를 선도적으로 제공해 왔습니다. 이더리움 생태계를 기반으로 출발했고, 폴리곤, 아발란체 등 다양한 체인으로 확장해 디파이 대중화에 크게 기여하고 있다고 평가받고 있습니다.

⑴ 탈중앙화 대출 프로토콜

에이브는 사용자가 암호화폐를 예치(Deposit)하면 예치에 따른 이자를 받을 수 있고, 반대로 필요한 암호화폐를 빌리(Borrow)며 담보를 맡길 수 있는 렌딩 프로토콜입니다. 전통 금융권의 대출 기능을 블록체인 상에서 스마트 컨트랙트를 통해 구현하되, **중앙화된 기관 없이** 실행한다는 점이 가장 큰 특징입니다.

⑵ 역사와 주요 변천

2017년, 'ETHLend(이더렌드)'라는 이름으로 최초 출시되면서 P2P 대출 서비스를 시작했습니다. 이후 2020년 초에 프로토콜 이름을 'Aave'로 변경했고, 플랫폼 기능을 대폭 확장하면서 본격적으로 디파이 시장의 핵심 프로젝트로 자리 잡았습니다. 생태계의 기본 토큰인AAVE 토큰은 거버넌스(의사 결정)와 스테이킹을 통한 보안 강화 등에 사용됩니다. 프로토콜에서 발생하는 수수료 일부를 이용해 AAVE 토큰을 바이백하거나, 예치자 보호기금(Insurance)으로 운영하기도 합니다.

장점

(1) 다양한 자산 지원

에이브에서는 이더(ETH), 스테이블코인(DAI, USDC, USDT 등), 그리고 기타 메이저 알트코인까지 폭넓게 예치·대출할 수 있습니다. 각 자산별로 예치 이자율과 대출 이자율이 실시간으로 변동하고, 시장 수요에 따라 자동 조정됩니다.

(2) 플래시 론(Flash Loan) 기능

에이브가 유명해진 큰 이유 중 하나가 플래시 론(Flash Loan)입니다. 스마트 컨트랙트 내에서 단일 트랜잭션 안에 대출·사용·상환이 모두 이루어지는 대출 방식으로, 이 과정에서 담보가 필요 없다는 게 특징입니다. 플래시 론은 자동 청산, 차익 거래, 디파이 프로토콜 간 자금 이동 등에 활용되며, 새로운 금융 활용 사례를 열었다는 평가를 받습니다.

(3) 멀티체인 지원과 확장성

에이브는 이더리움 메인넷뿐 아니라, 폴리곤, 아발란체, 옵티미즘 등 레이어2 및 다른 레이어1 체인으로 영역을 확장해 왔습니다. 이로 인해 사용자는 저렴한 수수료와 빠른 트랜잭션 환경에서 대출 서비스를 이용할 수 있게 되었고, 에이브의 총 예치 자산(TVL)도 크게 증가했습니다.

(4) 거버넌스와 커뮤니티

AAVE 토큰 보유자들은 프로토콜 업데이트, 파라미터 변경(담보 비율, 금리 등), 신규 자산 상장 등에 대해 투표할 수 있습니다. 이건 디파이 프로토콜 운영에서의 탈중앙화 의사 결정을 의미하며, 커뮤니티 주도형 발전을 추구하는 큰 장점으로 꼽힙니다.

에이브의 단점

(1) 스마트 컨트랙트 취약점

모든 디파이 프로토콜이 그렇듯, 에이브도 스마트 컨트랙트 버그나 해킹 위험을 완전히 배제할 수는 없습니다. 에이브는 대형 감사(Audit) 업체들의 점검과 오랜 운영 경험을 통해 비교적 안정적이라는 평가를 받지만, 디파이 특성상 보안 리스크는 늘 존재합니다.

(2) 과도한 레버리지 및 청산 위험

담보를 예치하고 대출을 받는 구조이긴 하지만, 사용자들이 높은 레버리지를 이용하면 시장 급락 시 대규모 청산이 발생할 수 있습니다. 이 경우 예치자와 대출자 간 이해관계가 충돌할 수 있고, 시장 유동성이 큰 변동에 노출될 수 있습니다.

(3) 규제 불확실성

탈중앙화 금융 서비스가 규제 당국의 관심을 끌면서, 자금 세탁 방지

(AML)나 증권법 위반 등의 이슈가 불거질 소지가 있습니다. 에이브 자체는 탈중앙화된 프로토콜이지만, 토큰 유통이나 거버넌스 구조가 어떻게 규제에 적용될지 아직 확정적이지 않습니다.

⑷ 경쟁 디파이 프로토콜 증가

컴파운드(Compound), 메이커다오(MakerDAO), 커브(Curve) 등 디파이 시장에는 이미 여러 렌딩·예치 프로토콜이 존재합니다. 새롭게 등장하는 프로토콜들이 더 높은 이자나 편의 기능을 내세울 경우, 에이브의 시장 점유율이 일정 부분 잠식당할 수도 있습니다.

정리: 에이브(AAVE)는 탈중앙화 대출·예치 프로토콜의 대표 주자로, 디파이 업계에서 높은 인지도와 유의미한 사용자 자산 규모를 확보해 왔습니다. 다양한 체인을 지원하며, 고도화된 기능(플래시 론 등)으로 혁신을 주도하고 있다는 점이 강점입니다.

• 디파이 시장의 대표 프로토콜: 에이브는 플래시 론 같은 혁신적 기능을 통해 디파이 분야에서 새 지평을 열었다는 평가를 받습니다. 멀티체인 전략으로 TVL을 높은 수준으로 유지하고 있으며, 전통 금융과 블록체인 금융의 접점을 확대하는 사례가 계속 나오고 있습니다.

• 장기 생존력: 오랜 운영 경험, 활발한 거버넌스, 지속적인 업그레이드를 통해 디파이 '중심축'으로 자리 잡았다면, 향후 규제 환경이 정립되더라도

주요 프로토콜로 살아남을 가능성이 높다는 관측이 많습니다.

• 리스크 관리 중요: 다만 디파이 특유의 보안 취약점, 청산 리스크, 레버리지 문제 등이 늘 존재하기 때문에, 사용자로서는 자금 운용 시 신중함과 보안 의식을 가져야 합니다.

3) 에테나: Defi의 새로운 패러다임을 제시한다

에테나(Ethena)는 아직 대중적으로 많이 알려지진 않았지만, 탈중앙화 금융(DeFi) 영역에서 새로운 패러다임을 제시하려는 프로젝트 중 하나로 평가받기도 합니다. 간혹 '에테나 랩스(Ethena Labs)'라고도 불리며, 주로 파생 상품(derivatives), 스테이블코인, 이자 농사(yield farming) 관련 기능을 결합한 혁신적인 금융 프로토콜을 만들겠다는 목표로 알려져 있습니다. 아직 개발 진행 단계가 많아, 구체적인 제품이 완전히 론칭된 상태는 아니지만, 최근 탈중앙화 스테이블코인과 이자 관련 이슈가 커지는 상황에서 주목을 받고 있습니다.

(1) LSD(지분증명 유동화) 파생상품 기반

에테나 프로젝트는 이더리움 지분증명(PoS) 시대에 맞춰, 예치된 ETH(스테이킹된 이더리움)를 유동화하는 LSD(Liquid Staking Derivatives) 생태계와 파생 상품 시장을 결합하려 시도합니다. 즉, 사용자가 직접 이더를 스테이킹해 잠가두기만 하는 것이 아니라, 스테이킹 자산을 담보로 다양한 금융 상품(스테이블코인 발행, 옵션·선물 등 파생상품)을 활용할 수 있게

끔 하겠다는 것입니다.

(2) 탈중앙화 스테이블코인 추구

에테나는 자체적으로 USDe 등 달러 페깅 스테이블코인을 발행할 수 있는 구조를 계획하고 있습니다. 주로 ETH 파생 상품에 의해 가치가 뒷받침되는 형태로, 전통 금융 기관이나 중앙화된 보증 없이도 달러 가치에 가까운 스테이블 자산을 제공한다는 게 핵심입니다. 이때, 발행자가 부채(대출) 이자를 지불하지 않아도 되거나, 예치자가 일정 이자를 얻게 되는 식의 '이자 발생 스테이블코인'을 목표로 한다고 알려져 있습니다.

(3) 복합 파생 상품 프로토콜

단순 대출·차입만이 아니라, 스마트 컨트랙트를 통해 옵션·선물·스왑 등 다양한 형태의 파생 상품을 구현하려고 합니다. 이를 통해 사용자들은 **레버리지, 헤징, 차익 거래** 같은 전략을 탈중앙화된 환경에서 펼칠 수 있게 될 것이라 기대됩니다.

에테나의 디파이 관점 주요 특징

(1) 자본 효율성을 높이는 구조

일반적으로 이더 스테이킹은 잠금 기간이나 언스테이킹 대기 시간이 있어서, 유동성이 한정적입니다. 에테나처럼 LSD+파생 상품을 결합하면, 예치 자산(ETH)을 유동화하면서도 추가로 스테이블코인 혹은 다른 자산을 운용해 볼 수 있는 길이 열립니다. 이건 디파이에서 중요한 '자본 효율성(capital efficiency)'을 높이는 핵심 요인으로 작용할 수 있습니다.

(2) 탈중앙화 보증 구조

DAI(메이커다오) 같은 기존 탈중앙화 스테이블코인들도 있지만, 그 담보 자산 일부가 USDC 등 중앙화된 자산인 것이 현실입니다. 반면 에테나는 ETH 파생 포지션만으로 스테이블코인을 뒷받침한다는 점을 강조합니다. 이는 중앙화된 예치금이 필요 없으므로, 이론적으로 규제·검열 위험에서 상대적으로 자유로울 수 있다는 장점이 있습니다.

(3) 이자 발생(혹은 무이자) 구조 실험

일부 탈중앙화 대출 프로토콜(예: 메이커다오)에서는 대출 금리를 부과하지만, 에테나는 무이자 대출(혹은 예치자에게 이자가 오히려 지급되는 모델)을 실험하려고 합니다. 이것이 가능한 이유는, 스테이킹된 ETH 자체에서 발생하는 리워드를 특정 방식으로 프로토콜이 수취·재분배하기 때문인데, 이는 아직 정확한 메커니즘이 공개되지 않아 앞으로 검증이 필요합니다.

장점

(1) 디파이 파생 상품의 미래 지향성

디파이가 단순 대출·스왑을 넘어 옵션, 선물, 레버리지, 합성 자산 등 전통 금융의 정교한 파생 상품 기능을 탈중앙화 환경에서 구현하려는 흐름이 커지고 있습니다. 에테나는 이 영역에서 비교적 앞선 접근을 시도함으로써, 초기 선점 효과를 누릴 가능성이 있습니다.

(2) 완전한 탈중앙화 스테이블코인 모델

• 만약 ETH 파생 상품으로만 스테이블코인을 안정적으로 유지할 수 있다면, 규제 압력에 덜 노출된 알트 스테이블코인이 될 수 있습니다.

• 특히 최근 은행 연결 고리가 약화되거나, USDC·BUSD 등 중앙화 스테이블코인에 대한 규제 이슈가 많아지는 상황에서, 순수 암호화폐 담보 스테이블코인에 대한 수요가 늘 수 있습니다.

(3) 고도화된 레버리지·헤징 전략 지원

• 일반 투자자보다는 디파이 전문 트레이더나 기관급 펀드들이, 이더 파생 상품을 이용해 다양한 헤지·투자 포지션을 취할 수 있게 됩니다. 이건 장기적으로 프로토콜 유동성 증대와 거래량 증가로 이어질 수 있습니다.

단점

(1) 아직 초기 개발 단계

에테나는 정식 메인넷 론칭이나, 주요 기능 완비가 이루어지지 않은 것으로 알려져 있습니다. 토큰 경제 모델(tokenomics)과 수익·이자 분배 방식도 구체적 문서가 충분히 공개되지 않아, 투자자 입장에선 **하이 리스크**가 될 수 있습니다.

(2) 스마트 컨트랙트 리스크

LSD(유동화 스테이킹)와 파생 상품을 결합한 구조는 아주 복잡한 스마트 컨트랙트를 필요로 합니다. 복잡성이 높아질수록 보안 취약점도 늘어나고, 디파이 해킹의 표적이 될 가능성이 커집니다.

(3) 시스템 안정성(디페깅) 위험

에테나가 발행하는 스테이블코인이 실제로 달러 가치를 안정적으로 유지하려면, ETH 가격 급락이 발생할 때에도 충분히 담보와 파생 포지션이 뒷받침되어야 합니다. 실패할 경우 테라/루나처럼 '디페깅' 사태가 생길 우려가 있어, 담보율·청산 메커니즘·긴급 프로토콜 등이 얼마나 robust(견고)한지 사전 검증이 필요합니다.

(4) 규제 및 경쟁 프로토콜 증가

탈중앙화 스테이블코인이라 해도, 파생 상품 성격이 강하기 때문에 각국 금융 규제가 적용될 수 있습니다. 또한, 이미 메이커다오, DAI 파생 모델, 또는 새롭게 부상하는 LSDfi(Liquid Staking DeFi) 프로토콜들이 계속 등장하고 있어, 경쟁이 심화될 수 있습니다.

정리: 에테나(Ethena)는 이더리움 지분증명 시대에 발맞춰, LSD(유동화 스테이킹) + 파생 상품 + 스테이블코인이라는 복합적 아이디어를 탈중앙 금융 프로토콜로 구현하려고 하는 프로젝트로 볼 수 있습니다. 제대로 작동한다면, 단순 대출·스테이킹을 넘어 기관급 트레더나 고급 투자자가

요구하는 정교한 금융 서비스를 탈중앙화 환경에서 제공할 수 있어, 차세대 디파이 인프라로 성장할 잠재력이 있습니다.

반면, 아직 개발 초기 단계이고, 각종 스마트 컨트랙트·거버넌스·리스크 관리 부분이 완비되지 않아 높은 변동성과 리스크가 예상됩니다. 따라서 투자자나 유저 입장에서는, 프로젝트 공식 문서(Whitepaper, Litepaper 등)와 개발 로드맵, 감사(Audit) 및 보안 점검 결과, 커뮤니티/거버넌스의 투명성 등을 주기적으로 확인하는 것이 중요합니다.

디톡스 마인드로 접근한다면, 단기적 이슈나 루머에 휩쓸려 투자하기보다는, 실제 프로토콜이 어떻게 론칭되고, 유동성이 어떻게 형성되며, 리스크 관리를 얼마나 체계적으로 하고 있는지를 차근차근 지켜보는 태도가 바람직합니다. 앞으로 DeFi 시장이 더 성숙해지고, 규제 이슈가 어느 정도 정리되면, 에테나 같은 고도화된 금융 프로토콜이 암호화폐 생태계의 핵심 플레이어 중 하나로 자리 잡을 가능성도 충분히 존재합니다.

4) 레이디움(Raydium): 솔라나(Solana) 생태계를 대표하는 DEX 프로토콜

솔라나 블록체인 위에서 가장 활발히 사용되는 탈중앙화 거래소(DEX) 프로토콜 중 하나가 바로 레이디움(Raydium)입니다. 이더리움 기반의 유니스왑(AMM 방식)이나 스시스왑처럼, 사용자들이 자유롭게 유동성을 공급하고, 낮은 수수료와 빠른 트랜잭션을 통해 코인을 거래할 수 있게 해줍니다. 레이디움은 특히 솔라나가 가진 빠른 속도와 낮은 수수료라는 특성을 적극 활용해, 유동성을 높이는 것이 특징입니다.

(1) 솔라나 블록체인 기반의 AMM·DEX

레이디움은 솔라나의 빠른 트랜잭션과 저렴한 수수료를 활용한 자동화 시장 조성(AMM) 프로토콜입니다. 유니스왑·스시스왑 같은 이더리움 DEX와 달리, 거래 처리 속도가 매우 빠르며 가스비가 거의 들지 않는 것이 강점입니다.

(2) 오더북(Serum) 연동 & Ray 토큰

레이디움은 단순 AMM 풀만 운영하는 것이 아니라, 프로젝트 세럼(Serum)이 제공하는 온체인 오더북과 통합되어 있습니다. 이를 통해 레이디움 유동성 풀에 예치된 자산이 세럼의 중앙화 거래소(CEX)와 유사한 오더북 방식으로도 매칭될 수 있어, DEX 유동성을 극대화한다는 목표를 내세웁니다.

레이디움 플랫폼의 거버넌스 및 스테이킹에 사용되는 토큰이 RAY입니다. 유동성 공급자(LP)가 수수료를 얻고, 보상을 RAY로 받는 등 다양한 보상 구조를 형성해 프로토콜 생태계를 유지합니다.

디파이 관점에서 레이디움의 주요 특징

(1) AMM + 오더북 하이브리드

일반적인 AMM DEX는 풀(Pool) 내 토큰 비율에 따라 가격을 자동으로 결정합니다. 레이디움은 여기에 추가로 세럼의 중앙한 주문장(Order Book)을 활용하여, AMM 풀의 유동성을 오더북과 연동함으로써 더 정교한 가격 발견과 유동성 매칭을 시도합니다.

(2) 빠른 거래 체결과 낮은 수수료

솔라나 네트워크는 초당 수천~수만 건의 트랜잭션을 목표로 설계되었고, 거래 수수료가 매우 낮습니다. 이 덕분에 레이디움에서 스왑하거나 유동성을 공급할 때, 이더리움 기반 DEX보다 훨씬 빠르고 비용 부담이 적다는 장점이 있습니다.

(3) 다양한 유동성 풀과 이자 농사(Farming)

RAY 토큰 보상을 받을 수 있는 농사(Farming) 풀, 파트너십 프로젝트들의 인센티브 풀, 이자 농사 전략 등 디파이 서비스가 잘 갖춰져 있습니다. 사용자는 SOL, USDC, USDT, 기타 솔라나 생태계 토큰 등을 예치해 스왑 수수료 및 RAY 토큰을 보상으로 받을 수 있습니다.

(4) IDO 플랫폼(Launchpad) 등 생태계 확장

레이디움은 새롭게 출시되는 솔라나 기반 프로젝트들이 IDO(Initial

DEX Offering)를 진행할 수 있는 플랫폼도 제공합니다. 이를 통해 프로젝트 팀이 자체 토큰을 판매·배포하고, 레이디움 커뮤니티 유저들은 초기 투자 기회를 얻을 수 있는 구조입니다.

장점

(1) 솔라나의 고성능·저비용 이점

레이디움은 솔라나 메인넷의 특성을 최대한 활용하여, 초당 높은 트랜잭션 처리량과 낮은 수수료를 제공한다는 점이 디파이 사용자를 끌어들이는 핵심 동력입니다.

(2) AMM과 오더북의 시너지

여타 DEX가 단순 AMM 풀만 활용하는 것과 달리, 세럼 온체인 오더북과 통합된 **하이브리드 구조**로 더 풍부한 유동성을 확보합니다. 이는 거래 슬리피지(slippage)를 줄이고, 대규모 주문 체결도 가능하게 만든다는 장점이 있습니다.

(3) 다양한 파트너십과 생태계 확장

레이디움은 솔라나 생태계 내 여러 프로젝트와 협업하여, 토큰 상장·이자 농사 풀 개설·IDO 지원 등 폭넓은 에코시스템을 형성하고 있습니다. 솔라나 생태계가 성장할수록 레이디움도 덩달아 주목받는 구조입니다.

단점

(1) 솔라나 네트워크 안정성 문제

솔라나 자체가 과거 메인넷 다운타임(가동 중단)을 겪거나, 네트워크 혼잡을 경험한 적이 있습니다. 레이디움도 솔라나 위에서 운영되기 때문에, 솔라나 네트워크 문제가 곧 레이디움 프로토콜의 리스크로 이어집니다.

(2) 해킹·스마트 컨트랙트 취약점 위험

2022년 12월, 레이디움에 대한 해킹 공격이 발생해 일부 자금이 유출된 사례가 있습니다. 디파이 프로토콜이 항상 그렇듯, AMM 풀과 스마트 컨트랙트가 복잡할수록 보안 취약점에 노출될 가능성이 있습니다.

(3) 솔라나 경쟁 DEX 증가

솔라나 생태계에도 최근 여러 DEX(오르카(Orca), 세럼(Serum) 자체 UI, 아틀라스(Atlas) 등이 등장해 경쟁이 치열해지고 있습니다. 특히, 다른 체인(이더리움, BNB 체인 등)도 레이어2 확장을 통해 수수료를 낮추고 있기 때문에, 레이디움만의 유니크한 이점을 얼마나 유지할 수 있을지가 관건입니다.

(4) 거시경제·시장 침체 시 디파이 유동성 감소

암호화폐 시장이 하락장에 접어들면, 디파이 TVL(총 예치자산)도 급감하기 마련입니다. 레이디움도 예외가 아니며, 시장 변동성에 따라 TVL과

거래량, 토큰 가격(RAY)이 크게 흔들릴 수 있습니다.

　정리: 레이디움(Raydium)은 솔라나 생태계를 대표하는 AMM·DEX이자, 세럼 오더북과 연동된 유동성 풀을 운영함으로써 디파이 혁신을 구현해 온 주요 프로젝트 중 하나입니다. 빠른 거래 속도와 낮은 수수료, 하이브리드 AMM 모델을 통해 많은 사용자와 유동성을 끌어모았습니다.

　하지만, 솔라나 네트워크 자체의 안정성 문제, 디파이 프로토콜 해킹 리스크, 경쟁 DEX 증가 등 해결해야 할 과제도 적지 않습니다. 레이디움은 솔라나 생태계 발전 속도와 본인 프로토콜의 보안·기술 업그레이드 수준에 따라 계속해서 지위를 굳힐 수도 있고, 시장 환경 변화에 휘둘릴 수도 있습니다. 디톡스 마인드로 투자할 때는, 프로토콜 보안성·TVL(유동성 지표)·솔라나 네트워크 상황 등을 꾸준히 모니터링하면서 합리적인 판단을 내리는 것이 바람직할 것입니다.

2. RWA(Real World Assets)

1) 체인링크(Chainlink) RWA(Real World Assets) 시대를 열어가는 대표 오라클(Oracle) 프로젝트

　체인링크(Chainlink)는 온체인 스마트 컨트랙트와 오프체인 데이터를 연결해주는 오라클 솔루션으로, 탈중앙화 금융(DeFi), 게임, 보험, 예측 시장 등 다양한 블록체인 서비스에서 폭넓게 활용되고 있습니다. 이름 자체가 잘 보여주듯이 우리의 현실 속 데이터를 블록체인 위로 링크시키는 역할을 합니다. 특히 최근 블록체인 업계에서 중요한 테마로 자리 잡은 RWA(Real World Assets, 실물 자산 토큰화) 분야에서 체인링크는 사실상 경쟁자가 없을 정도로 독보적인 기술과 생태계를 구축했다는 평가를 받기도 합니다. 이번 장에서는 체인링크의 주요 특징과 장단점을, RWA 테마와 연관하여 정리해보겠습니다.

체인링크 주요 특징

(1) 스마트 컨트랙트용 오라클(Oracle) 네트워크

블록체인 스마트 컨트랙트는 체인 내부 정보(온체인 데이터)에 대해서만 신뢰할 수 있지만, 가격 피드, 날씨 데이터, 실물 자산 가치 등 외부 세계의 정보(오프체인 데이터)를 직접 가져오기는 어렵습니다. 체인링크는 탈중앙화 오라클 네트워크(DON, Decentralized Oracle Network)를 통해 이러한 데이터를 안전하고 정확하게 블록체인에 전달하도록 합니다.

(2) LINK 토큰

체인링크 네트워크에서 노드 운영자(Oracle Node)들은 정확한 데이터 제공을 통해 보상을 받고, 사용자는 링크(LINK) 토큰을 스테이킹(혹은 지불)해 데이터를 구매하거나 오라클 서비스 비용으로 활용합니다. 이 구조를 통해 신뢰도 높은 노드 운영자에게 인센티브가 주어지고, 부정확한 데이터를 제공하는 노드에게는 페널티가 부과되는 경제 모델이 작동합니다.

(3) RWA(Real World Assets)와의 연계성

최근 실물 자산의 토큰화가 급속도로 주목받으면서, 실물 자산 가치 평가나 법적 소유권 증명 등을 블록체인으로 가져오는 시도들이 늘고 있습니다. 이 과정에서 객관적 시세나 소유 증명 정보가 필요할 때, 체인링크가 오라클 네트워크로서 핵심적인 역할을 수행할 수 있습니다.

(4) 체인링크와 RWA 테마의 연결 고리

부동산, 주식, 채권, 원자재(금·은·석유 등)를 블록체인에서 토큰화하려면, 해당 자산의 현재 시세나 이자율 지표 등 오프체인 데이터가 필요합니다. 체인링크는 이미 DeFi 영역에서 가격 피드(Price Feeds) 제공을 통해 입지를 다졌으며, RWA에서도 비슷한 방식으로 신뢰할 수 있는 시세 정보를 온체인에 연결해줄 수 있습니다. 특히, 체인링크는 오라클 기능에 그치지 않고, CCIP라는 메시지 전송 프로토콜을 개발해 여러 블록체인 간 자산·데이터 이동을 원활하게 만들겠다고 밝히기도 했습니다. RWA가 다양한 체인에서 발행되고 거래된다면, CCIP를 통해 **크로스체인 연동**이 편리해질 가능성이 높다고 바라볼 수 있습니다.

장점

(1) 탈중앙화 오라클의 선구자

체인링크는 2017년 ICO 이후 오랫동안 온체인-오프체인 데이터 연결 문제를 전문적으로 파고든 프로젝트입니다. 여러 블록체인과 디파이 프로토콜에서 이미 체인링크 가격 피드가 표준처럼 활용되고 있어, 네트워크 효과가 강합니다.

(2) 파트너십 및 협업 사례의 풍부함

디파이 주요 프로토콜(에이브, 커브, 스시스왑 등), 기업(구글, SWIFT 등 금융기관), NFT·게임 프로젝트 등 폭넓은 파트너십을 갖추고 있습니다. RWA와 관련해서도 여러 파일럿 프로젝트들이 체인링크 오라클을 활용하려는 움직임이 이어지고 있어, 실사용 사례가 빠르게 늘어날 수 있습니다.

(3) RWA 시장에서 경쟁 우위

체인링크는 'RWA 시장에서 체인링크는 사실상 경쟁자가 없다'라는 평가가 있을 정도로, 오랜 기간 축적된 기술력과 인프라가 강점입니다. 법적·제도적 인프라가 정비되는 대로, RWA가 대규모로 시장에 도입될 경우 오라클 수요가 크게 증가해 체인링크의 생태계 가치도 함께 상승할 가능성이 있습니다.

단점

(1) 부분적 중앙화 논란

오라클 노드가 실제로 얼마나 탈중앙화되어 있는지, 큰 고래 혹은 특정 기업이 노드를 통제할 위험이 있는지 등에 대한 논의가 있습니다. 체인링크 측은 노드 분산 구조를 강화하고 스테이킹 메커니즘을 도입해 신뢰를 보강하는 중이지만, '충분한 탈중앙화가 이루어졌는가' 하는 부분은 지속적인 논쟁거리입니다.

(2) 데이터 출처 신뢰도 문제

오라클이 온체인에 데이터를 가져오는 과정에서, 오프체인 출처(예: 특정 거래소 가격, 은행 API 등)가 조작될 가능성도 완전히 배제할 수 없다는 지적도 있습니다. 체인링크는 다수 노드를 통한 검증으로 이런 위험을 줄이려 하지만, 여전히 소스 데이터 자체가 부정확하면 오라클 기능도 제한적일 수 있다는 우려가 존재하는 모습입니다.

(3) 다른 오라클 솔루션과의 경쟁

Band Protocol, DIA, API3 등 탈중앙화 오라클 프로젝트들이 등장하여 체인링크의 독점 구도를 깨려 하고 있습니다. 체인링크가 이미 시장 선점을 한 만큼 쉽지 않겠으나, 기술 진보나 수수료 경쟁으로 인해 점유율 일부를 잃을 가능성도 존재합니다.

(4) RWA 시장의 규제 불확실성

RWA가 제도권 금융에 연결되려면, 국가별 법률, 증권법, 자산 등기 시스템 등 복잡한 문제들이 얽혀 있습니다. 제도권 편입이 지연되거나 제한적으로 허용된다면, 체인링크가 기대하는 대규모 RWA 오라클 수요가 늦어질 수 있습니다.

체인링크의 10년 뒤 미래는?

체인링크는 이미 탈중앙화 오라클의 대표 주자로 자리 잡았고, RWA(Real World Assets)라는 신흥 테마와 접목되어 더욱 높은 성장 가능성을 지니고 있습니다. 블록체인과 실물 세계의 정보를 잇는 역할이 점차 중요해지는 상황에서, 체인링크는 다음과 같은 방향으로 발전할 수 있습니다.

(1) RWA 대규모 채택 시 오라클 수요 폭발

부동산, 주식, 원자재, 예술품 등 다양한 실물 자산이 온체인에 올라오는 추세가 빨라지면, 신뢰할 수 있는 시세·소유권·평가 데이터가 필수적입니다. 이때 체인링크가 사실상 표준 인프라로 쓰이게 된다면, 프로토콜 수익 및 LINK 토큰 수요가 크게 증가할 수 있습니다.

(2) CCIP 통한 크로스체인 확장

여러 체인에서 발행되는 RWA를 서로 교환하거나, 스마트 컨트랙트 간 메시지를 주고받을 때 체인링크 CCIP가 중개자로 활약할 수도 있습니다. 이는 체인링크 생태계를 블록체인 전체 인프라로 격상시키는 중요한 포인트가 될 전망입니다.

(3) 스테이킹 및 노드 운영의 강화

체인링크가 스테이킹 기능을 본격 도입·확장함으로써, 노드 운영자에게 더 많은 인센티브와 네트워크 보안 강화 효과를 기대할 수 있습니다. 동시에, LINK 토큰 홀더들이 적극적으로 거버넌스나 노드 검증에 참여한다면, 탈중앙화 수준도 높아질 수 있습니다.

정리: 체인링크(Chainlink)는 스마트 컨트랙트와 실물 세상을 연결해주는 탈중앙화 오라클 네트워크의 대표 프로젝트로, 특히 RWA 테마에서 핵심 인프라로 부상하고 있습니다. 이미 DeFi 시장에서 필수적인 가격 피드 솔루션으로 자리 잡았고, 대형 금융 기관들과의 협업 가능성도 열려 있어, 장기적으로도 독보적 위치를 공고히 할 수 있다는 전망이 우세합니다.

다만 탈중앙화 정도, 데이터 출처 신뢰성, 경쟁 오라클 프로젝트, RWA 관련 규제 불확실성 같은 숙제는 여전히 남아 있습니다. 디톡스 마인드로 접근할 때는, 체인링크 스테이킹·노드 분산 현황, 파트너십·거버넌스 업데이트, RWA 시장 규제 동향 등을 주기적으로 모니터링하면서, 체인링크가 실제로 어떤 실사용 사례와 매출(수익) 창출을 이뤄가는지 꼼꼼히 살펴보는 것이 바람직하지 않을까 생각됩니다.

2) 아발란체(Avalanche): RWA(Real World Assets) 시대의 블록체인 혁신 리더

아발란체(Avalanche)는 '고성능·확장성·호환성'을 내세운 레이어1 블록체인으로, 출시 초기부터 빠른 거래 처리와 친환경적 합의 알고리즘을 통해 주목받았습니다. 최근에는 RWA(Real World Assets) 테마에서 핵심 인프라로 자리매김하며, JP모건 등 글로벌 금융기관과의 파트너십을 통해 실질적 블록체인 혁신을 추진하는 대표적인 프로젝트로 평가받고 있습니다.

(1) 고성능·확장성 지향 레이어1 블록체인

아발란체는 지분증명(Proof of Stake) 기반의 독자적인 합의 알고리즘을 사용해, 매우 빠른 최종성(Finality)과 높은 확장성을 구현하려 합니다. 초당 수천 건 이상의 트랜잭션을 처리할 수 있는 것으로 알려져 있고, 낮은 수수료와 친환경성을 내세워 기존 레거시 금융 및 디파이(DeFi) 산업에 솔루션을 제시합니다.

(2) 서브넷(Subnet) 구조

아발란체의 가장 큰 특징 중 하나는 '서브넷(Subnet)' 개념입니다. 누구나 자신만의 별도 블록체인(서브넷)을 구성해, 독립적인 합의·토큰·경제 모델을 운영할 수 있고, 아발란체 메인넷과 상호 호환됩니다. 이를 통해 기업·기관이 원하는 규칙 및 요구사항에 맞춰 맞춤형 블록체인을 구축하는 것이 가능하고, 바로 이것이 아발란체가 엔터프라이즈 시장에서 각광받는 이유 중 하나입니다.

(3) AVAX 토큰

아발란체 생태계의 기본 토큰으로, 거래 수수료 지불과 네트워크 검증(스테이킹), 서브넷 보안 등에 활용됩니다. AVAX는 서브넷 생성 시 일정량의 AVAX를 스테이킹해야 하며, 네트워크 운영자(검증인, Validator)가 인센티브를 받는 구조를 갖습니다.

RWA(Real World Assets)와 아발란체

(1) 글로벌 금융 기관과의 파트너십

아발란체는 최근 **JP모건, 시티그룹** 등 글로벌 투자 은행과의 협업 소식을 전하며, 전통 금융권의 자산 토큰화(Tokenization) 프로젝트에서 핵심 기술을 제공하고 있습니다. 이를 통해 채권·주식·파생 상품 등 다양한 실물 금융 자산을 온체인으로 가져와, 거래 속도 개선, 비용 절감, 투명성 확보 등 혁신을 구현하겠다는 목표를 제시하고 있습니다.

(2) 서브넷 기반 RWA 플랫폼 구축 용이

은행이나 자산 운용사 같은 기관은 퍼블릭 블록체인을 그대로 쓰기에는 규제·보안·사생활 문제가 있어 망설이곤 합니다. 하지만, 아발란체의 서브넷 구조를 활용하면, 기관 전용 네트워크와 퍼블릭 메인넷을 필요에 따라 연동할 수 있기 때문에, 규제 준수와 탈중앙화 장점을 동시에 추구할 수 있습니다.

(3) RWA 디파이 생태계 성장

RWA가 본격적으로 온체인화되면, 아발란체 기반 디파이 프로토콜(대출·스테이킹·유동성 풀 등)이 새로운 담보 자산(부동산, 채권 등)으로 활용할 수 있게 됩니다. 이건 디파이 시장 유동성을 크게 늘리고, 전통 금융의 대규모 자금이 블록체인 생태계로 유입되는 계기가 될 수 있는 부분입니다.

장점

(1) 서브넷(Subnet) 통한 엔터프라이즈 친화성

기업·기관이 자신의 규정에 맞는 네트워크를 원하는 경우, 아발란체의 서브넷은 탁월한 해법이 됩니다. 이걸 기반으로 금융·게임·공급망 등 다양한 산업을 겨냥할 수 있어, 폭넓은 파트너십을 맺기 쉽습니다.

(2) 고속 합의 알고리즘

비트코인·이더리움이 처리 속도와 수수료 문제로 어려움을 겪는 것과 달리, 아발란체는 **빠른 최종성과 낮은 거래 비용**을 제공해 실시간 트랜잭션이 필수적인 RWA에 적합하다는 평가를 받고 있습니다.

(3) 활발한 디앱·디파이 생태계

아발란체는 이미 Aave, Curve 같은 대표적인 디파이 프로토콜들과 협업해, 온체인 유동성을 확보하고 있습니다. RWA가 본격화되면, 해당 프로토콜들이 새 담보 자산이나 스테이블코인 서비스를 확장할 수 있어, 생태계 파급 효과가 기대됩니다.

(4) 친환경·ESG 강조

지분증명(PoS) 기반이어서, 작업증명(비트코인) 대비 에너지 사용량이 훨씬 적습니다. 대형 금융 기관과 정부 정책에서 탄소 발자국이 중요한 이슈가 되면서, ESG 친화적 블록체인으로 어필하기 쉽습니다.

단점

(1) 메인넷 안정성과 서브넷 관리 복잡성

서브넷 구조가 유연한 만큼, 다양한 노드 구성과 설정이 발생해 관리와 업데이트가 복잡할 수 있습니다. 실제로 다수 서브넷이 운영될 때, 네트워크 포화나 상호 운용성 이슈가 나타날 가능성을 배제할 수 없습니다.

(2) 레이어1 경쟁 심화

솔라나, 폴카닷, 카르다노, BNB 체인 등 다른 레이어1 프로젝트들도 고성능·확장성을 내세우며 기관 시장을 공략하고 있습니다. 아발란체가 서브넷이라는 독자적 컨셉으로 차별화를 시도하지만, 경쟁 체인들도 자체 파라체인, 롤업, 사이드체인 등을 통해 유사한 기능을 지원할 수 있습니다.

(3) 규제 불확실성과 제도권 장벽

RWA(실물 자산의 온체인화)는 법률·규제·회계 처리 등 복잡한 문제와 얽혀 있습니다. 은행들의 적극적 도입 의사와 무관하게, 각국 금융 당국이 어떤 규칙을 적용하느냐에 따라 프로젝트의 진행 속도가 달라질 수 있습니다.

(4) 에코시스템 내 디앱·유저 유치 경쟁

· 아발란체 생태계가 디앱 개발자와 사용자를 빠르게 확대하지 못하면, TVL(총 예치 자산)이나 거래량이 정체될 수 있습니다.

• 엔터프라이즈 파트너십 외에, 일반 사용자 대상 디앱도 어느 정도 활력을 가져야 지속 가능한 블록체인 생태계를 구축할 수 있기 때문입니다.

아발란체의 10년 뒤 미래는?

아발란체는 서브넷(Subnet) 기반의 확장성과 고속 합의 알고리즘을 앞세워, RWA 시대를 여는 주요 레이어1 체인 중 하나로 부상했습니다. 특히 JP모건 등 글로벌 금융 기관들이 아발란체와 협업을 시도하는 것은, 온체인 자산 거래와 결제가 단순 파일럿을 넘어 실제 금융 혁신으로 이어질 가능성을 높이는 신호입니다.

(1) 기관 진출 가속화

전통 금융권에서 채권, 주식, 파생 상품 등을 토큰화해 서브넷을 도입하면, 대규모 자본이 아발란체 생태계에 들어와 생산적인 디파이·금융 활동을 펼칠 수 있습니다.

(2) 멀티체인·크로스체인 가능성

• RWA가 여러 블록체인에 걸쳐 존재한다면, 체인 간 자산 이동과 데이터 교환이 중요해집니다.

• 아발란체는 서브넷들 간 혹은 외부 체인과도 상호 운용성을 향상시키기 위해 다양한 브리지 솔루션, 확장 툴을 개발 중입니다.

(3) 에코시스템 성숙도

디톡스 마인드로 볼 때, 아발란체가 단순히 '빠른 체인'만을 넘어 풍부한 디앱·디파이·NFT·RWA 프로젝트들이 유기적으로 움직이는 성숙한 에코시스템으로 발전할 수 있느냐가 관건이라고 할 수 있습니다. 이에 따라 장기 생존력과 AVAX 토큰의 가치 안정성이 판가름 날 것으로 보입니다.

정리: 아발란체(Avalanche)는 확장성·서브넷 구조를 강점으로 RWA(실물 자산 토큰화) 분야에서 두각을 나타내는 레이어1 프로젝트입니다. JP모건, 시티그룹 등 굵직한 금융 기관과의 파트너십 소식은, 블록체인이 실제 금융권 혁신에 적용되는 사례를 보여주는 중요한 신호이기도 합니다.

물론 레이어1 경쟁, 규제 불확실성, 에코시스템 확장 속도 등 넘어야 할 산이 많지만, 기업·기관이 원하는 맞춤형 블록체인 인프라를 제공한다는 점에서 높은 평가를 받습니다. 디톡스 마인드로 접근할 때는, 서브넷의 실제 가동 사례, 금융기관과의 협력 진행 상황, 디앱·디파이 TVL 추이, 네트워크 안정성 등을 꼼꼼히 모니터링하면서 중장기적인 가치를 판단하는 것이 바람직할 것입니다.

3) 온도파이낸스(Ondo): RWA 신흥 강자로 자리잡을까?

온도파이낸스(Ondo Finance)는 미국 국채, 펀드 등 전통자산을 토큰화해, 디파이(DeFi)와 연결하는 RWA(Real World Assets) 솔루션으로 주목받는 프로젝트입니다. 특히 세계 최대 자산 운용사인 블랙록(BlackRock)과 협력해 국채 상품을 온체인 형태로 제공하면서, 기관 투자자들의 대규모 자금이 암호화폐 생태계로 유입될 수 있는 발판을 마련했다는 평가를 받고 있습니다.

기존에는 디파이가 주로 암호화폐 자체에 국한된 생태계를 형성했다면, 온도파이낸스는 전통 금융에서 운영하던 자산(채권, 펀드 등)을 스마트 컨트랙트 기반으로 투자·관리할 수 있도록 지원하는 것이 핵심 목표입니다. 이로써 개인·기관 투자자가 법적·회계적으로 인정된 실물 자산에 손쉽게 접근하면서도, 디파이 특유의 유동성·탈중앙화 장점을 활용할 수 있게 되는 것입니다.

물론 규제 준수, 토큰화된 자산의 법적 효력, 적격 투자자 요건 등 해결해야 할 과제도 남아 있습니다. 그럼에도 온도파이낸스가 선보인 국채 토큰화 상품은 RWA 시장의 현실성을 입증했다는 의미가 크다고 할 수 있습니다. 전통 금융권과 블록체인이 실제로 접점을 찾으며, 장기적으로 산업 전반에 걸친 금융 혁신을 가능하게 하는 중요한 사례로 꼽히고 있습니다.

(1) 토큰화 금융상품 및 DeFi 연결 솔루션

온도파이낸스는 전통 금융권의 다양한 자산(국채, 펀드 등)을 블록체인 상에서 토큰화하여, 투자자들이 디파이 환경에서 쉽게 접근할 수 있도록 돕는 프로젝트입니다. 즉, 미국 국채나 펀드를 굳이 은행이나 증권 계좌를 통해서만 사는 게 아니라, 스마트 컨트랙트 기반으로 디지털 토큰을 매입하는 방식으로 투자를 할 수 있다라는 아이디어를 현실화시키고 있습니다.

(2) 전통 자산운용사와의 협업

온도파이낸스는 블랙록(BlackRock), 해밀턴 레인(Hamilton Lane) 등 굴지의 자산 운용사 상품을 온체인 형태로 제공하기 위해 파트너십을 맺으며 주목받기도 했습니다. 이를 통해 미국 단기 국채, 채권 펀드, 사모 펀드 등을 디지털 토큰 형태로 투자할 수 있는 서비스를 론칭해, RWA를 선도적으로 구현했다는 평가를 받습니다.

(3) DeFi 지향 플랫폼

온도파이낸스는 단순히 국채를 토큰화하는 데 그치지 않고, 디파이 프로토콜과 연결해 스테이블코인과 국채 토큰 간 스왑·예치·대출 같은 금융 서비스를 확대하려는 계획을 제시하기도 했습니다. 이는 전통 금융권의 자산이 블록체인 생태계 내에서 탈중앙화 금융(DeFi)과 접목되는 중요한 사례가 될 수 있습니다.

RWA(Real World Assets) 테마에서 온도파이낸스

(1) 오프체인 자산을 온체인으로

온도파이낸스가 국채 등을 토큰화함으로써, 블록체인에서 거래·보유·유동화가 가능한 길을 열었다는 점이 핵심입니다. 이를 통해 투자자들은 전통 시장 대비 더 빠르고 투명한 거래, 소액 투자, 국경 없는 접근성을 누릴 수 있게 됩니다.

(2) 기관 투자자 유입 가속

블랙록 등 대형 운용사의 상품이 온체인화될 경우, 기관급 자금이 디파이로 유입되는 중요한 계기가 될 수 있습니다. RWA가 안정적인 이자율과 낮은 변동성을 제공하기 때문에, 암호화폐 시장 특유의 변동성을 헤지하려는 투자자들에게도 매력적인 옵션이 될 수 있습니다.

(3) 규제와 신뢰도

국채나 사모펀드를 블록체인 형태로 발행하려면, 법적 회계적 규제적 장치가 필요합니다. 온도 파이낸스는 미국 SEC 등 금융 당국 요구 사항을 준수하는 형태로, 합법적인 투자 기구를 설계하기 위해 노력해 왔다는 점을 강조해 왔습니다. 이건 RWA 시장의 투명성과 신뢰를 높이는 사례가 될 수 있습니다.

장점

(1) RWA 분야 선도적 사례

디파이가 암호화폐 자체만을 다루는 단계를 넘어, 미국 국채·사모 펀드 등 전통 자산으로 확장되는 데 온도파이낸스가 중요한 역할을 했습니다.

(2) 기관 유치와 신뢰도 제고

블랙록 같은 세계 최대 자산 운용사와 협력했다는 점은, 온도파이낸스의 프로토콜 안정성과 합법성을 보여주는 유의미한 신호로 해석됩니다.

(3) 디파이와 전통 금융의 가교

암호화폐 시장 외부에서 "On-chain" 자산을 손쉽게 거래·운용하는 길을 열어, 기관과 개인 투자자 모두에게 새로운 투자 기회를 제공합니다.

단점

(1) 규제 및 적격 투자자 이슈

미국 증권법상, 국채나 펀드 상품을 토큰화했을 경우 '증권성'이 인정되어 적격 투자자(Accredited Investor) 제한 등이 붙을 수 있습니다. 이건 일반 소액 투자자들이 쉽게 접근하기 어려운 구조로 남을 가능성이 있으며, 사용 범위가 제한적일 수 있습니다.

(2) 오프체인 의존성

결국 기초 자산(국채, 펀드)이 오프체인에 존재하고, 온도파이낸스는 이를 스마트 컨트랙트로 옮기는 역할을 하는데, 기초자산 운영·보관·법적 권한 등은 **전통 금융사**에 의해 좌우됩니다. 만약 운용사가 토큰화된 자산의 상환이나 가치 보증을 중단하면, 온체인 토큰도 문제가 생길 수도 있습니다.

(3) 시장이 아직 초기 단계

RWA 자체가 막 시작된 테마이므로, 대규모 유동성과 사용자 기반이 자리 잡기 전까지는 프로젝트가 안정적 수익을 창출하기 어려울 수 있습니다. 거시경제나 규제 변화에 크게 영향을 받기 때문에, 토큰 홀더나 서비스 이용자 입장에서는 변동성이 클 수 있습니다.

정리: 온도파이낸스는 미국 국채·펀드 등 전통 자산을 토큰화해 디파이 생태계로 편입시키는, RWA분야의 중요한 선도 사례라고 할 수 있습니다. 실제로 블랙록 등 대형 운용사 상품을 온체인화한 것은 RWA 테마가 단지 아이디어에 그치는 것이 아니라, 현실 금융에 접목되는 단계로 진화하고 있다는 것을 보여주는 강력한 신호이기도 합니다. 2025년 2월에는 트럼프 일가가 추진하고 있는 디파이 프로젝트 월드리버티파이낸셜과 파트너십을 체결하면서 주목을 받았고, 리플 기반의 미국 국채 토큰화 상품을 출시하겠다는 계획을 밝히기도 했습니다. 앞으로의 상황이 어떻게 될지 예단하긴 어렵더라도, 온도파이낸스가 전 세계 금융 기관·블록체인 프로젝트와 협력 범위를 급격히 확대해 나갈 가능성 정도는 생각해볼 수 있는 부분입니다.

디톡스 마인드로 이 프로젝트를 지켜본다면, 규제 환경, 기초 자산의 법적 권리 관계 등을 주의 깊게 살펴볼 필요가 있습니다. 하지만 전반적으로, 온도파이낸스는 RWA 혁신의 한 축을 맡고 있는 중요한 프로젝트로서, 디파이와 전통 금융의 접점을 탐색하려는 투자자·기관들에게 큰 관심을 받고 있는 것은 상당히 의미있는 포인트 지점이 아닌가 생각됩니다.

4) 비체인(VeChain): 공급망 혁신과 명품 인증을 선도하는 블록체인 프로젝트

비체인(VeChain)은 기업용 블록체인 플랫폼으로, 공급망(SCM)과 물류 추적, 제품 이력 관리 등을 혁신하는 데 초점을 맞추고 있습니다. 실제로 명품 브랜드나 자동차 제조사, 식품회사 등과의 협업을 통해, 제품의 진위 확인과 공정·물류 과정을 블록체인으로 투명하게 관리하는 사례를 선보여 왔습니다.

(1) 중국 기반으로 시작된 프로젝트

비체인은 2015년 경 '써니 루(Sunny Lu)' 등을 주축으로 중국에서 설립돼 시작된 프로젝트로 알려져 있습니다. 이후 법인을 싱가포르에 두면서 글로벌 확장을 시도했지만, 주요 활동 무대가 중국 기업·유통망과 밀접하게 연관되어 있다는 점에서 중국 자본 프로젝트로 분류되기도 합니다.

(2) 기업용 블록체인 플랫폼

개인 투자자 대상보다는, 기업·산업 분야에서 실제 활용 가능한 BaaS(Blockchain as a Service) 솔루션을 제공하는 것을 목표로 합니다. 자체 메인넷과 토큰(VET, VTHO)을 운용하며, 스마트 컨트랙트 기능 및 데이터 추적 시스템을 결합해 **공급망** 전 과정을 블록체인에 기록합니다.

(3) 듀얼 토큰 구조

- **VET**: 비체인 생태계 내 주된 가치 전송·스테이킹 용도로 쓰이는 메인 토큰.
- **VTHO**: 트랜잭션이 발생할 때 소모되는 '가스' 개념으로, VET 보유자에게 일정량이 생성(에어드롭)돼 수수료로 활용됩니다.

명품·자동차·식품 등 주요 파트너십

(1) 명품 기업: 루이비통(LVMH) 계열 등

비체인은 짝퉁 방지와 정품 이력 추적을 위한 솔루션으로 먼저 주목받았습니다. 명품 브랜드가 비체인 플랫폼을 도입하면, 생산 단계부터 판매에 이르기까지 모든 기록을 블록체인에 저장하여 **진품 증명**을 쉽고 투명하게 제공할 수 있습니다.

(2) BMW, 월마트 차이나(Walmart China) 등

비체인은 자동차 제조사인 BMW, 대형 유통사 **월마트 차이나**와 협업해, 부품 이력 관리 및 정비 이력 추적, 식품의 원산지·유통과정 모니터링 같은 시스템을 구축했습니다. 이를 통해 소비자나 기업이 **안전성**과 **신뢰성**을 높이는 사례가 늘어났습니다.

(3) 의약품·식품·공급망 전반

의약품 유통 과정에서도 위조·유효 기간 조작 등을 방지하기 위해 비체인 기술을 적용해볼 수 있고, 신선식품 이력 관리, 냉장·냉동 상태 등 온도 센서와 연동한 블록체인 기록 등 다양한 확장 사례가 존재합니다.

비체인의 기술적 특징

(1) 투명하고 변경 불가능한 데이터 기록

공급망 관리에서 가장 중요한 것은, 어떤 제품이 어느 시점에 어떤 경로로 이동했는지를 정확히 아는 것입니다. 비체인은 블록체인을 활용해 이러한 기록을 중앙 서버가 아닌 **분산형 원장에 저장**함으로써, 데이터 위조를 극도로 어렵게 만듭니다.

(2) IoT 센서·RFID 태그 연동

실제 사례에서는 RFID, NFC, QR 코드, 온도 센서 같은 하드웨어가 비체인 블록체인과 연결되어, 제품 상태 변화를 실시간 업로드합니다. 예를 들어, 명품 가방에 부착된 RFID 태그를 스캔하면, 제조·유통 이력을 블록체인에서 확인 가능한 방식을 꼽을 수 있습니다.

(3) PoA(Proof of Authority) 기반 합의 알고리즘

비체인은 권위증명(PoA) 방식을 변형한 합의 알고리즘을 사용해, 트랜잭션을 빠르고 효율적으로 처리합니다. 일정 수의 검증인(Authority Masternode)이 검증을 담당하기 때문에 에너지 소모가 적고, 기업 환경에서 요구하는 처리 속도에 부합합니다. 다만, 완전히 무허가(Permissionless) 방식이 아니기 때문에, 탈중앙화 수준에 대한 논의가 계속 있어 왔습니다.

장점

(1) 상용화된 파트너십과 실사용 사례 풍부

다른 블록체인 프로젝트들이 '개념 검증(Proof of Concept)' 단계에서 머무르는 경우가 많지만, 비체인은 명품·자동차·유통·물류 등 다양한 산업에 실제 적용 사례를 보여주었습니다. 그래서 블록체인이 실제 비즈니스를 어떻게 혁신할 수 있는가를 잘 보여주는 대표적 사례 중 하나로 자주 언급됩니다.

(2) 공급망 분야에 특화된 기술 구조

듀얼 토큰, 권위증명 합의, IoT 센서 연동 등 기업 친화적 설계가 특징이어서, 대기업들이 비교적 쉽게 도입할 수 있다는 평가를 받습니다.

(3) 중국 시장과의 밀접한 연계

중국 정부는 이미 지난 2019년부터 블록체인 기술 자체를 '혁신 인프라'로 육성한다는 기조를 밝혔고, 일부 기업을 통해 공급망 관리·위조 방지 등을 지원하고 있습니다. 비체인은 중국 자본·기업과의 네트워크가 견고해, 현지 시장에서 빠른 성장세를 보일 가능성이 있습니다.

단점

(1) 부분적 중앙화 논란

PoA 방식과 기업 맞춤형 구조로 인해, 탈중앙화 수준이 이더리움 등 퍼블릭 체인에 비해 낮다는 지적이 있습니다. 검증인 노드가 제한적이고, 주로 재단과 일부 기업 파트너가 의사 결정 권한을 행사하는 구조라는 비판도 있습니다.

(2) 중국 규제 리스크

비체인은 중국 프로젝트로 분류되기도 하는 만큼, 만약 중국 당국의 암호화폐 규제가 강화될 경우 프로젝트 운영에 영향을 받을 수 있습니다. 다만, 비체인 측은 기업용 솔루션과 토큰 생태계를 분리해 운영하려 애쓰고 있는 모습이어서, 어떤 식으로든 규제를 회피·완화하는 방안을 모색 중인 것으로 알려져 있습니다.

(3) 적극적인 마케팅 대비 토큰 활용도

기업들과 대규모 파트너십 소식이 많지만, 정작 VET, VTHO 토큰의 시장 수요·가격 흐름이 실질 유틸리티와 얼마나 직결되는가에 대한 의문이 제기됩니다. 일부 파트너십은 단순 시범 적용(POC)에 그치거나, 블록체인 활용 범위가 제한적일 수 있습니다.

비체인의 10년 뒤 미래는?

(1) 명품·자동차 등 핵심 시장 확장

비체인이 가장 자신 있는 분야는 위조품 방지, 공급망 추적입니다. 이 영역은 명품·자동차·의약품·식음료 등 엄청난 규모의 글로벌 시장을 가지고 있습니다. 실제 도입 사례가 늘어날수록, VET·VTHO 생태계 전체에 대한 신뢰도도 올라갈 가능성이 높습니다.

(2) 중국·아시아 시장 공략

중국을 비롯해 아시아 시장이 제조업과 유통의 중심지인 만큼, 비체인에게는 지리적 이점이 있습니다. 중국 정부의 블록체인 우호적 정책(단, 암호화폐는 예외)이 확대되면, 비체인이 관련 프로젝트에서 중요한 역할을 할 수 있다는 관측도 있습니다.

(3) 글로벌 기업 확장과 경쟁 구도

현재는 이더리움, 아발란체, 폴카닷 등 다른 퍼블릭 체인도 공급망과 인증 분야에 진출하고 있어, 경쟁이 심화될 수 있습니다. 비체인이 본격적으로 다국적 기업들과 협력해, 전체 거래량·TVL 증가, 에코시스템 디앱 활성화 등을 달성한다면, 장기 생존력이 한층 강화될 것입니다.

정리: 비체인(VeChain)은 공급망 관리와 위조 방지 같은 실질적 산업 문제를 해결하려는 대표적인 기업용 블록체인 프로젝트입니다. 루이비통,

BMW, 월마트 차이나 등 대형 파트너십을 성사시키며, 블록체인의 현실 적용 가능성을 보여줬다는 점에서 큰 의미가 있다고 할 수 있습니다.

물론 PoA 합의 구조가 가져오는 중앙화 논란, 중국 규제 리스크, 토큰 경제의 실효성 같은 이슈도 계속 거론됩니다. 그럼에도 명품·자동차·유통 분야 대기업들이 실제 도입해 온 성공 사례는 비체인의 경쟁력을 입증하는 주요 근거가 되고 있습니다. 디톡스 마인드로 보면, 비체인의 파트너십 계약이 실질 사용까지 이어지는지, 토큰이 기업 솔루션과 어떻게 연동돼 가치가 상승하는지 등을 계속 모니터링하면서 장기적 가치를 평가하는 것이 바람직할 것으로 생각됩니다.

5) 인젝티브(Injective): 파생 상품과 RWA 혁신을 이끄는 레이어1

인젝티브(Injective)는 탈중앙화 파생 상품 거래를 핵심으로 한 레이어 1 블록체인으로, 코스모스(Cosmos) 생태계를 기반으로 빠른 거래 처리와 크로스체인(Inter-Blockchain Communication, IBC) 연동을 지원하는 것이 특징입니다. 한때 시세가 크게 뛰며 투자자들의 이목을 끌었으며, 최근에는 RWA테마가 부상하면서, 온체인 파생 상품과 실물 자산을 결합할 수 있다는 잠재력 측면에서 다시금 주목을 받고 있습니다.

(1) 코스모스 기반의 레이어1 체인

인젝티브는 코스모스 SDK를 활용한 독자적 레이어1 블록체인으로, IBC(Inter-Blockchain Communication)를 통해 여러 체인과 상호 운용이 가능합니다. 이더리움, 폴카닷, 솔라나 등과도 브리지 연동을 구축하면서, 다양한 자산이 인젝티브 생태계에서 거래될 수 있도록 지원합니다.

(2) 탈중앙화 파생상품 거래

인젝티브의 대표적인 강점은 온체인 파생 상품 거래 프로토콜을 메인넷 레벨에서 지원한다는 것입니다. 즉, 스마트 컨트랙트나 앱 레이어에서 선물 옵션 스왑 등 파생 상품을 구현하는 것이 아니라, 프로토콜 차원에서 고급 금융 기능을 제공해 빠른 매칭 속도와 낮은 수수료를 추구합니다. 이게 말이 좀 어렵게 느껴질 수 있는데, 이더리움을 예를 들어서 비교해 보겠습니다. 이더리움에서 디파이를 구현한다는 것은 이더리움 자체는 기본 플랫폼 역할만 하고, 에이브, 유니스왑 등 디파이 프로토콜이 대출과 파생 상품 등을 구현하는 방식입니다. 그런데 인젝티브는 파생 상품 기능을 운영하는 스마트컨트랙트가 별도 애플리케이션에서 구현되는 게 아니라, 체인 자체에 파생 상품을 다룰 수 있는 기능이 내장돼 있다는 차별점이 있습니다.

(3) INJ 토큰의 역할

INJ는 네트워크 검증(스테이킹), 거래 수수료 지불, 거버넌스 투표 등에 사용되는 기본 토큰입니다. 또한 탈중앙화 거래소(DEX)상에서 거래 수수료 일부가 토큰 바이백 등에 활용되는 경제 모델이 도입되면서, 토큰 가치 상승 요인으로 작용하기도 합니다.

인젝티브와 RWA(Real World Assets)

(1) 온체인 파생 상품 확장 → 실물 자산 토큰화 연계

인젝티브의 강점은 파생 상품 거래를 손쉽게 온체인화할 수 있다는 것입니다. 이때 실물 자산(RWA)을 토큰화해 인젝티브 프로토콜 위에서 선물·옵션을 발행하거나 거래한다면, 전통 금융과 탈중앙 금융이 결합하는 새로운 모델을 만들 수 있습니다. 예를 들어 국채, 주식, 부동산 리츠 등 실물 자산을 토큰화하고, 이를 기초 자산으로 삼는 파생 상품을 인젝티브 체인상에서 거래할 수 있게 될 가능성을 생각해볼 수 있습니다.

(2) 크로스체인 자산 유입과 RWA 스케일업

코스모스 IBC, 이더리움 브리지 등을 통해, 다양한 체인에서 RWA 토큰이 인젝티브로 들어와 거래될 수 있습니다. 실제로 RWA에 관심 있는 기관·프로젝트들은 인지도와 기술 기반이 있는 레이어1을 선호하게 되는데, 인젝티브가 파생 상품 특화 체인이라는 점이 차별화 요소가 됩니다.

(3) 유동성·레버리지 극대화

디파이 시장에서 RWA가 본격 활성화되려면, 담보·대출·파생 상품 같은 고도화된 금융 기능이 필수적입니다. 인젝티브가 제공하는 온체인 오더북, DEX, 파생상품 프로토콜 등이 RWA 토큰에 적용되면, 유동성 극대화가 가능해질 수 있습니다.

장점

(1) 고성능 파생 상품 지원

인젝티브는 레이어1 차원에서 파생 상품 거래 엔진을 제공하므로, 단순 AMM(자동화 시장조성) 방식을 넘어 오더북 기반을 포함한 다채로운 디파이 서비스를 구현할 수 있습니다. DeFi 사용자들이 선호하는 선물, 옵션, 스왑 등의 거래가 원활히 이뤄지면, 시장 유동성과 사용자 규모가 증가할 여지가 높습니다.

(2) 코스모스 생태계 연동성

IBC 프로토콜을 통해 코스모스 생태계와 자연스럽게 연결되는 점이 강점입니다. 코스모스 기반 프로젝트뿐 아니라, 다른 주요 체인과도 브리지를 확장하기가 용이해, 멀티체인 시대에 경쟁력이 높습니다.

(3) RWA 테마와의 시너지

파생 상품 특화라는 장점으로 인해, 실물 자산 토큰이 인젝티브 체인에서 거래될 경우 레버리지, 헤지, 차익거래 등 다양한 전략을 구사할 수 있게 됩니다. 이는 기관급 투자자나 전문 트레이더들을 유입하는 매력 포인트가 될 수 있습니다.

단점

(1) 레이어1 경쟁 심화

솔라나, 아발란체, 폴카닷 등 이미 많은 프로젝트가 확장성·DeFi 특화 체인을 표방하고 있어, 중장기적인 생존 경쟁이 치열할 가능성이 높습니다. 인젝티브가 '파생 상품 특화 체인' 이미지를 확실히 굳히지 못하면, 다른 플랫폼에 잠식당할 위험도 있습니다.

(2) 규제 리스크(파생 상품)

파생 상품은 일반적으로 규제가 엄격한 금융 상품 중 하나입니다. 정부 당국이 탈중앙화 파생 상품에 대해 부정적 시각을 견지할 경우, 인젝티브와 같은 프로토콜이 직접적인 제재 대상이 될 가능성도 배제하기 어렵습니다.

(3) RWA 실제 도입 속도

RWA 테마가 시장에서 화두가 되고 있지만, 아직 국채·주식·부동산 등 실물 자산을 온체인에 대규모로 도입하기까지 법률·회계·규제 인프라가 충분히 마련되지 않았습니다. 실제 대규모 RWA 거래가 실현되기까지 인젝티브가 버티는 시간이 얼마나 될지, 그리고 초기 adopters와 협력해 시스템을 제대로 갖출 수 있을지가 관건이라고 할 수 있습니다.

정리: 인젝티브(Injective)는 탈중앙화 파생 상품 시장을 염두에 두고 설

계된 **고성능 레이어1 블록체인**으로, 최근 디파이(DeFi)와 RWA(Real World Assets) 테마가 교차하는 지점에서 강력한 시너지를 낼 수 있다는 기대를 받습니다. 코스모스 생태계의 IBC 연동, 오더북 기반 DEX, 옵션·선물 거래 등을 지원함으로써, 온체인 실물 자산이 발생하는 다양한 금융 거래를 처리할 잠재력이 있는 것입니다.

다만, 글로벌 규제, RWA 본격 도입 시기, 레이어1 간 경쟁 등이 변수로 작용할 수 있습니다. 디톡스 마인드로 접근한다면, 인젝티브가 얼마나 빠르게 RWA 관련 디앱·프로토콜을 유치하고, 규제 대응이나 파트너십을 체계적으로 구축해 나가는지를 지속적으로 모니터링해야 하겠죠. 궁극적으로, 탈중앙 금융과 실물 자산이 연결되는 미래가 가시화될수록 인젝티브의 파생 상품 인프라가 빛을 발할 가능성이 높다는 점에서 주목할 가치가 충분한 프로젝트입니다.

3. 밈코인(meme coin)

1) 도지코인(Dogecoin): 밈(meme)에서 출발해 결제(Payment) 코인으로 진화하는 대표 사례

도지코인(DOGE)은 밈코인이라는 개념을 대중화한 선구자 격 프로젝트라고 할 수 있습니다. 원래는 인터넷 밈인 시바견(Shiba Inu) 이미지를 활용해 2013년에 장난스러운 목적으로 탄생했는데, 일론 머스크(Elon Musk)를 비롯한 유명 인사들의 언급과 SNS 열풍을 타고 시가총액 상위권 알트코인으로 도약했습니다. 최근에는 '단순한 농담 코인' 수준을 넘어 결제 기능을 포함한 실용성을 갖추려는 움직임이 두드러져, 밈코인의 대표이자 페이먼트 코인으로 발전하는 모습을 보이고 있습니다.

(1) 밈(meme)에서 출발한 암호화폐

도지코인은 원래 라이트코인(Litecoin) 기반 코드를 포크(fork)하여 만들어진 코인으로, 2013년 12월에 '재미 삼아' 출시됐습니다. 시바견을 모티브로 한 로고와 장난스러운 커뮤니티 문화가 특징이어서, 초기에는 소액 팁(Tip) 주고받거나 기부 용도로 쓰이곤 했습니다.

(2) 개발자의 의도

도지코인 창시자 빌리 마커스(Billy Markus)와 잭슨 팔머(Jackson Palmer)는 비트코인에 과도하게 몰려 있는 투자 열풍을 풍자하려는 취지로 도지코인을 만들었다고 알려져 있습니다. 그래서 채굴 보상이나 통화 공급량 설계에서도 인플레이션 모델을 택했고, 엄격한 이코노믹스보다는 즐거운 커뮤니티 문화 형성에 주력했습니다.

(3) 무한 발행 구조

도지코인은 최대 발행량 제한이 없고, 매년 일정 양의 DOGE가 신규 발행되는 구조입니다. 인플레이션 코인이라 장기적 가치 저장 수단으로는 논란이 있지만, 소액 결제나 팁 등 유통과 사용에 초점을 맞추고 있습니다.

일론 머스크, 도지 파더

(1) SNS에서의 적극적 언급

2021년을 전후로 테슬라 CEO 일론 머스크가 트위터에서 도지코인을 자주 언급하면서 가격이 급등했습니다. '내가 가장 좋아하는 암호화폐는 도지코인'같은 농담부터, 스페이스X·테슬라 결제 수단으로 도지코인을 고려하겠다는 발언 등으로 커뮤니티를 들썩이게 만들었습니다.

(2) 머스크의 영향력

일론 머스크가 트위터를 인수한 뒤, 사용자들이 결제나 리워드로 도지코인을 사용할 수도 있다는 기대감이 커졌습니다. 실제로 트위터 로고를 시바견으로 잠시 교체한 적도 있어서 '도지코인이 트위터의 공식 결제, 팁 수단이 되지 않을까'라는 추측이 꾸준히 제기되고 있습니다.

(3) 장점과 한계

머스크 효과로 인해 도지코인의 시총이 급등했지만, 이는 때때로 급락 위험성을 동반합니다. 또, 프로젝트의 장기적 비전이나 개발 로드맵이 머스크의 발언에 의존하는 경향이 있어, 시장 변동성이 크다는 한계도 존재합니다.

밈코인에서 결제(Payment) 코인으로 진화

(1) 결제 기능 도입 사례

도지코인은 여러 온라인 커머스나 소셜 플랫폼에서 팁 형태로 사용되다가, 최근에는 실물 결제 옵션으로 채택되는 사례도 늘어나고 있습니다. 댈러스 매버릭스(미국 NBA팀) 공식 상품 구매, 일부 전자상거래 사이트 등에서 DOGE를 결제 수단으로 허용한 것이 대표적 예입니다.

(2) 인플레이션 설계와 소액 거래의 장점

도지코인은 비트코인처럼 발행량이 제한되지 않기 때문에, '디플레이션 자산'보다는 소액 거래와 빠른 전송 쪽에 초점을 두기 수월합니다. 채굴 보상이 계속 이어져 네트워크 유효성을 유지하고, 거래 수수료가 상대적으로 저렴한 편이라 일상 결제나 팁 문화에 적합하다는 평도 있습니다.

(3) 생태계 발전 시도

도지코인 커뮤니티 일부에서는 도지가 단순 밈(meme) 이미지에서 벗어나, 실제 결제 코인으로 도약하자라는 움직임도 보이고 있습니다. 이 과정에서 도지코인 재단이 재정비됐고, 이더리움 공동 창업자인 비탈릭 부테린도 자문단에 이름을 올리는 등 기술적 개선을 모색하는 모습을 보이기도 했습니다.

도지코인의 미래와 의의

(1) 밈코인의 대표 아이콘

도지코인은 밈(meme) 경제의 상징적인 존재로, 이후에 등장한 시바이누(SHIB), 베이비도지, 플로키(Floki) 등 수많은 밈코인들의 길잡이가 됐다고 평가할 수 있습니다. 커뮤니티 문화와 SNS 파급력이 크기 때문에, 일반 대중에게 암호화폐 친화적인 이미지를 확산시키는 긍정적 역할을 하기도 합니다.

(2) 결제 코인으로서의 잠재력

일론 머스크 같은 영향력 있는 인물이 계속 언급해 준다면, 트위터·테슬라·스페이스X 등에서 DOGE 결제 정식 채택 가능성도 아예 배제할 수 없습니다. 이미 일부 전자상거래 사이트가 DOGE 결제를 도입하고 있는 만큼, 향후 더 많은 기업이 수용, 채택한다면 도지코인의 사용 가치가 커질 것으로 생각해볼 수 있습니다.

⑶ 변동성·개발 주도성 부족

다만, 밈코인 특유의 투기적 성격과 인플레이션 모델 때문에, 장기 투자 자산으로 인식하기엔 여전히 회의적인 시각이 많습니다. 개발팀 자체가 비영리·자원 봉사 형태로 운영되고 있어, 비트코인·이더리움처럼 체계적 로드맵을 갖추지 못한 점이 중장기적으로는 불안 요소가 될 수 있습니다.

정리: 도지코인은 밈코인의 대명사로 시작했지만, 일론 머스크를 비롯한 유명 인사들의 SNS 언급과 커뮤니티 지지를 받으며 시가총액 상위권에 안착했습니다. 최근에는 결제 기능이 실제 도입되는 사례가 늘고, 일부 기업들이 DOGE를 지원함으로써 단순 재미용 코인에서 실용적 결제 코인으로 진화하려는 모습을 보이고 있습니다.

그러나 여전히 머스크 등 특정 인물의 영향력이 크고, 개발 로드맵이나 거버넌스 체계가 취약하다는 점에서 투기적 변동성이 상당합니다. 디톡스 마인드로 바라보자면, 도지코인의 실제 활용도, 결제 채택 확산, 커뮤니티·개발팀의 기술적 개선 노력 등을 주기적으로 체크하면서 장기적 가능성을 평가하는 것이 바람직할 것으로 생각됩니다.

2) 시바이누(Shiba Inu): '도지 킬러(Doge Killer)'로 출발한 밈코인

시바이누(SHIB)는 2020년 이더리움 기반(ERC-20)으로 탄생한 밈코인으로, '도지 킬러(Doge Killer)'라는 나름의 기치를 내세우며 세상에 등장했습니다. 귀여운 시바견 이미지를 마스코트로 하면서도, 초기부터 탈중앙화 거래소(DEX), NFT, 스테이킹 등 디파이(DeFi) 기능을 대거 결합하려는 시도를 보여주면서, 밈코인들 중에서도 한층 발전된 형태를 지향한다는 점을 강조한 것을 특징으로 꼽을 수 있습니다.

(1) '도지 킬러' 콘셉트

시바이누는 밈코인 대명사인 도지코인(Dogecoin)에 대한 일종의 도전장을 내밀며, 'DOGE와 달리 이더리움 스마트 컨트랙트 위에서 더 다양한 기능을 제공하겠다'라는 구호를 내세웠습니다. 시바이누는 도지코인의 시바견 마스코트에서 영감을 받아, 같은 견종(시바견)을 로고로 사용하지만, 독립적 ERC-20 토큰으로 설계됐습니다.

(2) 완전한 익명 창립자 'Ryoshi'

시바이누 프로젝트 창시자는 'Ryoshi'라는 가명을 쓰며, 본명이나 배경을 공개하지 않았습니다. 초기 토큰 배분에서도 별도의 팀 할당량 없이, 탈중앙화 거래소 유니스왑 풀을 통해 공개적으로 유통한다는 점을 강조해 탈중앙화를 어필했습니다.

SHIB, LEASH, BONE: 3종 토큰 생태계

(1) SHIB

시바이누 생태계의 대표 토큰으로, 주로 투기적 거래와 커뮤니티 활동 중심으로 유통이 이루어집니다. 초기 유동성 공급 이후, 이더리움 창시자 비탈릭 부테린에게 상당 물량을 전송하기도 했는데, 비탈릭이 그 일부를 소각하고 나머지를 인도 코로나19 구호 기금에 기부해 화제가 됐습니다.

(2) LEASH

초기에는 '도지코인 가격을 추적하는 리베이스(Rebase) 토큰'으로 설계 됐지만, 지금은 SHIB 생태계 내 희소성을 갖춘 토큰으로 사용되고 있습니다. 발행량이 극히 적어, SHIB보다 더 높은 가격을 형성하는 경향이 있습니다.

(3) BONE

시바스왑(ShibaSwap) 탈중앙 거래소에서 거버넌스 토큰 및 유동성 제공자 보상으로 활용됩니다. 생태계 의사 결정에 참여하거나 보상풀을 배분받는 데 BONE이 쓰입니다.

시바이누의 디파이·NFT 및 생태계 확장

(1) 시바스왑(ShibaSwap)

SHIB 팀이 직접 개발한 탈중앙 거래소(DEX)로, 유니스왑과 유사한 구조를 바탕으로 합니다. 여기서 SHIB, LEASH, BONE을 포함한 다양한 토큰을 스왑하거나, LP 토큰을 예치하여 보상을 얻을 수 있습니다.

(2) NFT 프로젝트

시바이누는 'Shiboshis'라는 자체 NFT 컬렉션을 출시해, 커뮤니티 유저들이 NFT를 통해 추가적인 수익과 커뮤니티 액티비티를 즐길 수 있도록 했습니다.

(3) Shibarium(시바리움) 레이어2

최근 시바이누 팀은 이더리움 위에서 레이어2 솔루션을 준비 중이라고 발표하며, 거래 수수료와 속도를 개선해 시바이누 생태계를 한층 강화하겠다는 계획을 내놨습니다. 이를 통해 시바스왑, NFT, 게임 등 다양한 디앱을 부담 없이 구동하겠다는 비전을 제시하고 있습니다.

장점

(1) 밈코인 이상의 종합 생태계 지향

시바이누는 단순히 '개인투자자 주도의 투기 열풍'에 그치는 것이 아니라, DEX, NFT, 거버넌스 등 디파이 요소를 적극 도입해 실사용성과 커뮤니티 활동을 강화하려 하고 있습니다.

(2) 대규모 커뮤니티와 홍보 효과

SHIB는 SNS·커뮤니티를 통해 빠르게 확산된 덕분에, 일시적으로 시총 상위권에 오르기도 했습니다. 이 커뮤니티 열기가 생태계 발전 자금 조달과 홍보 측면에서 강력한 무기가 됩니다.

(3) 비탈릭 기부 사건

창시자가 무려 절반에 가까운 물량을 비탈릭 부테린에게 보냈고, 비탈릭이 이를 대규모로 소각하고 일부 기부하면서, 프로젝트의 탈중앙성과 투명성에 대한 인식을 높이는 효과가 있었습니다.

단점

(1) 밈코인 특유의 높은 변동성

SHIB 역시 도지코인처럼 **밈코인 투기 열풍**으로 인해 가격이 급등락을 반복하며, 무거운 시총에 비해 실사용 사례가 충분하지 않다는 비판도 존재합니다.

(2) 초기 설계/창시자의 익명성

창시자 'Ryoshi'가 익명이어서 **프로젝트 책임 소재**가 불분명하고, 코드를 포크한 수준이라 **기술적 독창성이 얼마나 있는지** 의구심이 제기되기도 합니다.

(3) 레이어2 구현 등 로드맵 실현 여부

Shibarium 레이어2, 디앱 확장 등이 실제로 얼마나 완성도 높게 구현될지는 지켜봐야 합니다. 밈코인 커뮤니티 특성상, **새로운 이슈**를 끊임없이 만들어내지 못하면 투자 열기가 **빠르게 식을 수 있습니다.**

정리: 시바이누(SHIB)는 밈코인 계열이지만, 다양한 디파이 기능(DEX, NFT, 스테이킹, 거버넌스)을 통해 단순 밈을 넘어선 생태계를 구축하겠다는 의지를 보여왔습니다. 커뮤니티의 광범위한 지지와 밈코인 붐을 타고 단기간에 급성장했지만, 레이어2 개발, 지속적 디앱 활성화, 실제 사용 사례 확대 등 과제를 해결해야 '지속 가능한 프로젝트'로 자리매김할 수 있을 것으로 보입니다.

디톡스의 관점에서 바라보면, 시바이누가 밈코인 이상의 기능을 얼마나 실현할지, 팀이 예고한 로드맵(Shibarium 등)을 제때 구현할 수 있을지, 커뮤니티가 투기 성향을 넘어 장기 보유와 실사용으로 이어질 동력을 갖출지 등을 관찰하며 신중히 판단하는 자세가 중요해 보입니다.

3) 페페(PEPE) 코인: 밈 문화에서 탄생한 초단기 열풍의 상징

페페 코인(PEPE)은 2023년 초 돌연 등장해, 밈코인 시장을 뒤흔든 프로젝트 중 하나입니다. 원래 '페페 개구리(Pepe the Frog)'라는 인터넷 밈(meme) 캐릭터에서 이름을 따온 것으로 대놓고 밈 코인 형태를 띠고 있습니다. 출시 직후 짧은 기간 동안 가격이 수십 배 이상 급등하며 많은 이슈를 낳았지만, 동시에 극도로 투기적인 움직임을 보면서 전형적인 밈코인의 특성을 보여주기도 했습니다.

(1) 인터넷 밈 '페페 개구리(Pepe the Frog)' 기반

마트 퓨리(Matt Furie)가 만든 만화 캐릭터 '페페 개구리'는 4chan, 레딧, 트위터 등 인터넷 커뮤니티에서 폭넓은 인기를 얻었고, 때로는 정치·사회적 이슈에 사용되며 논란이 되기도 했습니다. 페페 코인은 이런 인터넷 밈 문화를 암호화폐로 옮겨온 대표적인 사례라고 할 수 있습니다.

(2) ERC-20 밈코인

페페 코인은 이더리움(ETH) 네트워크에서 발행된 ERC-20 토큰으로, 별도의 체인이나 기술적 혁신 없이 간단히 배포되었습니다. 팀이 나름의 토큰 분배 계획, 유동성 풀 예치, 마케팅 등을 통해 짧은 기간에 커뮤니티 관심을 끌어모은 것이 특징입니다.

(3) 일종의 '바이럴' 마케팅

디스코드, 트위터 등 소셜 미디어를 중심으로 '페페 코인이 곧 100배, 1,000배 오른다'라는 식의 밈·루머가 확산되며 주목도를 높였습니다. 커뮤니티의 '농담'처럼 시작됐지만, 예전 도지코인·시바이누와 유사한 투기 열풍이 형성되면서 실제로 시가총액 상위권에 단기 진입하기도 했습니다.

밈코인 붐과 페페의 급등 배경

(1) 도지·시바이누 계보를 잇는 '밈코인 열풍'

도지코인(DOGE), 시바이누(SHIB) 등 전례가 있는 밈코인들이 거대 시총을 형성한 사례가 시장에 존재하기 때문에, 투자자들 사이에서 '밈코인에 일찍 들어가면 큰 수익을 볼 수 있다'라는 심리가 생겨서 페페 코인의 조기 투자가 집중된 측면이 있습니다.

(2) SNS·커뮤니티 영향력

암호화폐 가격 형성에 SNS가 미치는 영향이 점점 커지는 추세이고, 페페 코인도 트위터, 텔레그램, 디스코드 등에서 재미와 밈 요소를 앞세워 바이럴을 유도했습니다. 일부 암호화폐 인플루언서들도 초기에 페페 코인을 홍보하여, 단기 급등을 부추긴 면이 있습니다.

(3) 극단적 투기와 단기 차익 거래

페페 코인은 실질적인 유틸리티가 전무에 가까운 상태에서, 단순 가격 '펌핑(pump)'을 노린 매수세가 몰린 전형적 사례로 꼽을 수 있습니다. 일정 시점 이후 시세가 급락하며, 뒤늦게 들어온 투자자들이 큰 손실을 보는 모습도 반복됩니다.

장점

(1) 밈코인 문화의 지속성

도지코인, 시바이누에 이어 밈코인 프로젝트가 끊임없이 생겨나는 시장 흐름을 재확인하게 해준 사례라고도 할 수 있습니다. '농담'처럼 시작된 밈이 단기간에 엄청난 규모로 커지면서, 대중의 주목을 받는다는 점에서 **인터넷 문화의 힘**을 다시금 보여줬다고 평가할 수 있는 것입니다.

(2) 작은 자본으로도 폭발적 바이럴 가능

탈중앙화 거래소(DEX)와 소셜 미디어가 발전한 시대에는, 크게 비용을 들이지 않아도 간단한 토큰 발행과 공격적 마케팅만으로 대중적 관심을 유도할 수 있음을 시사합니다. 이건 암호화폐 시장의 **개방성과 창의성**을 엿볼 수 있는 부분이기도 합니다.

단점

(1) 투기 열풍과 급등락 위험

페페 코인의 사례는 본질적 유틸리티가 없는 밈코인이 극단적인 투기 대상이 될 수 있음을 다시 보여줬습니다. 가격이 단시간에 수백~수천 퍼센트 오르고, 그만큼 급락해버리는 일이 흔히 일어날 수 있다는 것이 핵심 리스크입니다.

(2) 루머·사기 위험

프로젝트 팀이 불분명하거나, 대규모 물량을 소수 지갑이 보유하는 구조일 때, 이들이 보유 코인을 한꺼번에 매도해서 이익을 취하는 일방적 '러그풀(rug pull)' 가능성을 완전히 배제하기 어렵습니다. 페페 코인에 대해서도 초기 보유 물량이나 유동성 풀 관리가 투명치 않아, 커뮤니티 사이에서 의혹이 일기도 했습니다.

(3) 장기 지속 가능성 불투명

밈코인은 중장기적으로 프로젝트 개발·유틸리티 확보가 이뤄지지 않으면, 시장이 다른 밈코인으로 옮겨가면서 순식간에 열기가 식을 수 있습니다. 대다수 밈코인들이 "열풍 → 폭락 → 소리소문 없이 사라짐" 패턴을 반복해 왔다는 점을 유의해야 합니다.

정리: 페페(PEPE) 코인은 2023년 밈코인 시장에서 가장 강력한 단기 열풍을 일으킨 사례로, 인터넷 밈 '페페 개구리'의 인기와 SNS 바이럴이 결합해 시가총액을 기하급수적으로 키웠습니다. 하지만, 뚜렷한 유틸리티나 개발 로드맵 없이, 순전히 투기적 수요만으로 가격이 급등락했다는 점에서, 밈코인 고유의 투자 위험성을 다시금 환기시키기도 했습니다.

디톡스 마인드로 보자면, 페페 코인 사례는 '밈코인 열풍이 얼마나 쉽게 일어날 수 있는지'와 '그만큼 가파른 하락도 뒤따를 수 있다'라는 교훈을 보여줍니다. 장기 투자 가치를 기대하기보다는, 과열된 투기 국면에서 유행처럼 부상했다가 사그라들 수 있다는 점에 주의가 필요합니다. 결국, 밈코인 투자에서는 재미와 주의가 공존해야 한다는 점이 다시금 확인된 것으로도 바라볼 수 있습니다.

4) 오피셜 트럼프 밈코인: 정치적 인물·이슈를 결합한 '색다른' 밈코인 사례

'오피셜 트럼프' 밈코인은 도널드 트럼프(Donald Trump) 미국 대통령을 소재로 공식 발행된 밈코인입니다. 하도 트럼프 대통령을 소재로 다룬 밈코인들이 많다 보니까, 오피셜 트럼프라고 이름지어 졌습니다. 2025년 1월 트럼프 행정부 2기 공식 출범을 앞두고, 대통령 당선인이 공식적으로 밈코인을 발행했다는 소식이 전해지면서, 전 세계적으로 엄청난 관심을 이끌어 냈습니다.

이 코인은 과거 'TrumpCoin' 등 트럼프 대통령과 무관하게 이름만 차용했던 밈코인들과 달리, 실제로 트럼프 측으로부터 브랜드 사용 승인을 받은 공식 프로젝트라는 점이 가장 큰 특징입니다. 기존에 우리가 알고 있던 정치·밈코인 사례와 달리, 정식 라이선스 계약을 통한 브랜드 확보가 이뤄진 만큼, 긍정적인 기대와 동시에 우려도 함께 존재합니다

트럼프 밈코인(TrumpCoin) 등장 배경

(1) 정치·밈코인 '사칭'에서 벗어나는 첫 사례?

지금까지 시장에 나온 '트럼프코인', 'MAGA코인' 등은 대부분 트럼프 본인이나 캠프 측과 무관한 밈코인이었습니다. 하지만 이 공식 밈코인은 트럼프 대통령 측으로부터 초상권·이름·로고 등 라이선스를 정식으로 승인받은 것으로 알려지면서, 기존 사칭 코인들과 구별되는 사례로 지목됩니다.

(2) 정치인 + 밈코인 = 이례적 결합

정치인이 NFT나 밈코인을 직접 '공식' 발행·라이선스하는 사례는 전 세계적으로도 드뭅니다. 트럼프 전 대통령은 이미 2022년 말부터 디지털 트레이딩 카드(NFT) 판매로 화제를 모았지만, 이번에는 코인 형태로 등장했다는 점에서 또 다른 의미를 갖습니다.

(3) 정치 자금인지, 굿즈인지

트럼프 대통령 측은 이 코인이 정치 자금 모금보다는 기념품(굿즈)과 디지털 자산 성격이 강조되고, 공식 캠페인 기부 수단과는 무관하다는 입장입니다. 다만, 트럼프 대통령 본인의 정치 활동과 맞물려 어떤 식으로 활용될지는 아직 불투명해 보입니다.

정치인 밈코인으로서의 특징

(1) 밈코인 + 정치 이슈 = 단기 바이럴 효과

트럼프 밈코인처럼 '이슈가 많은 정치인'을 밈코인 소재로 삼으면, 해당 정치인의 지지자·반대자 구분 없이 SNS나 언론에서 화제가 되기 쉽습니다. 이건 암호화폐 시장에서 단기 투기를 일으키는 원인이 되기도 하죠.

(2) 프로젝트 지속 가능성에 한계

정치인 밈코인은 **특정 시점**의 정치 이슈·선거 이벤트에 맞춰 폭발적 관심을 끌지만, 선거가 끝나거나 정치적 열기가 식으면 대부분 시세가 급락하고 잊혀질 가능성이 높습니다. 장기적으로 기술적 비전이나 실사용처를 기대하기는 어렵다는 평이 우세한 모습입니다.

(3) 공식 인증·저작권 문제

트럼프 밈코인의 경우에는 트럼프 대통령 측이 직접 '공식 밈코인'이라고 확인을 했지만, 상황에 따라서 정치인 본인이나 관련 단체가 승인하지 않은 상태에서 정치인 밈코인이 발행되고 유통될 수도 있습니다. 이럴 경우 상표권·저작권·명예권 등을 둘러싼 법적 문제가 발생할 소지가 있습니다. 이와 함께, 정치인 본인이 직접 암호화폐를 발행해 후원금 수령이나 캠페인 자금 조달을 시도한다면, 이는 금융·선거법 영역과 얽혀 복잡한 논란을 불러일으킬 수 있습니다.

장점

(1) 브랜드 정당성 확보

무엇보다 '가짜 트럼프코인' 문제가 잦았던 과거와 달리, 공식 라이선스를 얻었다는 점은 신뢰도 측면에서 기존 밈코인과 차별화되는 지점입니다. 트럼프 대통령의 지지자나 팬덤, 정치 이슈에 관심 있는 사람들에게 일종의 '정품 인증'을 보여줄 수 있습니다.

(2) 굿즈·수집품 시장 개척

트럼프 NFT 사례가 증명했듯, 유명 정치인의 IP(Intellectual Property)를 활용한 디지털 굿즈는 팬덤 내 확실한 수요가 있을 수 있습니다. 밈코인이긴 하지만, 정치 테마와 결합된 팬덤 경제로서 새로운 시장을 열 가능성이 존재합니다.

(3) 정치·블록체인 결합 사례

트럼프 밈코인이 좀 더 시간이 흐른 뒤에도 성공 사례로 평가받게 될 경우 다른 정치인이나 셀럽들도 공식 브랜드 코인 또는 NFT를 발행해 일정 수익·홍보 효과를 노리는 흐름이 확산될 수 있습니다. 암호화폐가 '밈 + 팬덤 + 굿즈'로서 기존 정치·엔터 산업과 접점을 넓히는 계기가 될 수도 있는 것입니다.

단점

(1) 투기 과열 및 펌프 앤 덤프 위험

밈코인은 대체로 내재적 유틸리티가 부족하고, '오피셜'만으로도 단기 가격이 급등한 뒤 급락하는 전형적 패턴이 나타날 수 있습니다. '트럼프 이름이 달렸다'라는 이유만으로 FOMO가 형성되면, 추후 시세 폭락 시 대규모 손실자가 나올 수 있다는 우려가 큽니다.

(2) 정치 자금·규제 이슈

미국 선거법, 미국 SEC(증권거래위원회) 규제 등 여러 측면에서, 코인이 정치 활동에 직간접적으로 쓰인다면 법적 분쟁이 발생할 수 있습니다. 이미 '캠페인 자금과는 무관'이라 밝힌 만큼, 실제로도 엄격히 분리 운영되지 않으면 안 된다는 지적이 있습니다.

(3) 불투명한 토큰 이코노믹스

코인 총량, 배분 계획, 팀 보유 물량, 유통 스케줄 등 핵심 정보가 제대로 공개되지 않으면 러그풀 우려나 내부자 매도 위험이 부상할 가능성도 존재합니다. '공식 라이선스'로도 이런 리스크가 해소되는 것은 아니기 때문에, 투자 전 철저한 정보 확인이 필수입니다.

(4) 트럼프 개인 이슈에 좌우

트럼프 대통령의 정치적 행보, 대선 출마, 각종 사법 리스크 등에 따라 코인 인기도가 들쑥날쑥 변동할 수 있습니다. 밈코인 특유의 변동성에 정치적 변동성까지 겹치면, 투자 안정성을 담보하기 어려운 측면이 있습니다.

정리: 트럼프 '오피셜 밈코인(Official Trump Coin)'은 그동안 무단으로 트럼프 이름을 차용했던 수많은 사칭 밈코인과 달리, 초상권·상표권을 정식 승인받은 공식 프로젝트라는 점에서 밈코인 역사상 이례적인 사례로 주목받고 있습니다. 트럼프 대통령의 강력한 팬덤을 토대로, NFT에 이어 코인까지 '공식 브랜드'를 가미한 디지털 자산을 선보인다는 점은 정치·엔터테인먼트·블록체인의 융합을 여실히 보여주고 있습니다.

하지만, 밈코인 특유의 투기성, 정치인 관련 규제·법률 문제, 토큰 이코노믹스 불투명 등 위험 요인은 여전합니다. '공식'이라는 수식어가 붙었을지라도, 그것이 곧 안정적 투자나 확실한 효용을 담보한다는 의미가 아니라는 점을 유념해야 합니다. 디톡스 관점에서는, 실제 코인 발행 정보(총량, 분배, 거버넌스), 트럼프 측의 마케팅 계획, 그리고 규제 당국의 대응 등을 꼼꼼히 확인하면서, 장기적 가치와 리스크를 함께 판단하는 신중함이 필요해 보입니다.

5) 봉크(BONK) 코인: 솔라나(Solana) 생태계가 만든 '시바견' 밈코인 열풍

봉크(BONK)는 2022년 말~2023년 초, 솔라나(Solana) 커뮤니티에서 돌연 등장해 화제를 일으킨 밈코인입니다. 솔라나가 그 당시 FTX 파산 여파로 침체에 빠져 있던 상황 속에서, 봉크는 '솔라나판 시바견 코인'을 표방하며 커뮤니티 참여와 밈 마케팅을 통해 단기간에 큰 관심을 받았습니다.

(1) 솔라나판 '시바견' 밈코인

봉크는 시바이누(SHIB)나 도지코인(DOGE)와 유사한 '시바견' 이미지를 마스코트로 사용하며, 주로 솔라나 생태계를 겨냥해 발행된 밈코인입니다. 트위터 등 SNS에서 '솔라나의 커뮤니티 주도 밈코인'이라는 구호를 내걸고 급속도로 퍼져나갔습니다.

(2) 등장 시점과 배경

FTX·앨라메다 리서치 등 사건으로 인해 솔라나 생태계가 큰 타격을 입은 2022년 하반기, 투자 심리가 극도로 악화된 가운데, 봉크는 '커뮤니티 주도의 부흥(Revival)'을 슬로건으로 탄생했습니다. '우리가 직접 밈코인을 만들고 즐기며, 솔라나를 다시 살리자'라는 식의 마케팅이 먹혀들면서, 단기적으로 높은 거래량을 일으켰습니다.

(3) 이름의 의미

'BONK'라는 단어 자체에는 특별한 사전적 의미가 있는 건 아니지만,

인터넷 밈 문화에서 "봉!" "뻥!" 같은 의성어로 해석될 수 있으며, 코미디·장난스러운 뉘앙스를 주기 위한 작명으로 보입니다.

봉크의 특징 및 배포 방식

(1) 에어드롭(Airdrop) 중심 배포

봉크 팀은 발행된 봉크 토큰의 상당 부분을 **솔라나 NFT 아티스트, 개발자, 커뮤니티 회원** 등에게 무료로 분배했습니다. 이 덕분에 많은 솔라나 관련 지갑이 일시적으로 봉크를 보유하게 되면서, 코인에 대한 관심과 거래가 폭발적으로 증가했습니다.

(2) 밈코인 특유의 '커뮤니티 실험'

화려한 백서나 기술 로드맵 없이, 단순히 '우리가 함께 즐기는 코인'이라는 분위기를 강조합니다. 이에 따라, 초기에 유동성 풀에 참여하거나, NFT 프로젝트가 BONK를 결제나 리워드 수단으로 활용하는 등 자발적 실험들이 활발히 진행됐습니다.

(3) 인플레이션·거버넌스 구조의 불투명성

봉크는 발행량이 많고, 토큰 이코노믹스가 상당히 단순·유동적이라, 장기적 안정성은 미지수입니다. 밈코인답게 개발팀 정보나 공식 로드맵이 잘 공개되지 않아, 향후 진행 상황은 커뮤니티 의지와 마케팅 열기에 따라 달라질 가능성이 큽니다.

봉크 열풍과 솔라나 커뮤니티 영향

(1) 단기 가격 급등·급락

2023년 초, 봉크의 가격이 일시적으로 수십 배 이상 상승하며 대형 거래소·매체의 스포트라이트를 받았지만, 뒤이어 급락하는 전형적인 밈코인 패턴이 재현되었습니다. 이건 암호화폐 시장에서 여전히 **투기적 심리**가 쉽게 형성된다는 점을 보여줍니다.

(2) 솔라나 생태계 '바닥 반등' 신호?

일부 애널리스트들은 '봉크 열풍이 솔라나 투자 심리를 개선해, SOL 가격 반등의 계기가 되었다'는 평가를 제시하기도 했습니다. 밈코인이 솔라나의 근본적 기술·가치와 무관하긴 해도, 커뮤니티 활기를 회복시키는 촉매로 작용했다는 의견이 있습니다.

(3) NFT·디앱 프로젝트의 봉크 활용

솔라나 NFT 프로젝트들이 일시적으로 봉크를 결제나 경품으로 도입하면서, 봉크 생태계가 잠깐 확장되는 모습을 보였습니다. 다만, 이런 활용이 장기적으로 이어질지는 불확실하다는 지적도 있습니다.

장점

⑴ 커뮤니티 주도 '밈코인'의 긍정적 측면

봉크는 2023년 초의 암호화폐 시장 침체기 동안, 솔라나 커뮤니티에 새로운 활력을 불어넣었습니다. 밈코인 문화가 가볍고 재미있게 참여 가능한 진입점을 제공했다는 측면에서 의미가 있습니다.

⑵ 솔라나 생태계 결속

대규모 에어드롭 방식으로 배분된 덕분에, 솔라나 생태계의 다양한 참여자들이 '우리도 봉크를 가지고 있으니 함께 키워보자'는 동질감을 느낄 수 있었습니다.

단점

⑴ 전형적인 밈코인 투기성

봉크는 기술적 혁신이나 안정적 로드맵 없이, 짧은 기간 과도한 투기가 발생했다는 점에서 위험 신호를 안고 있습니다. 초기에 강력한 FOMO(놓치면 안 된다는 불안심리)를 유발했지만, 뒤이어 폭락해 많은 후기 참여자들이 큰 손실을 봤습니다.

⑵ 장기 가치 보장이 어려움

프로젝트 팀이 익명에 가깝고, 토큰 경제가 명확하지 않으며, 거버넌스 구조나 개발 계획도 미흡합니다. 결국 밈코인 특유의 '유행이 지나면 관심이 빠르게 식는' 패턴에 노출될 가능성이 높습니다.

(3) 솔라나 자체의 네트워크 리스크

봉크는 완전히 솔라나에 의존하는 ERC-20 유사 토큰(SPL 토큰)이므로, 솔라나 네트워크가 다운타임을 겪거나 유동성 문제가 생기면, 봉크 거래도 함께 타격을 받을 수 있습니다.

정리: 봉크(BONK)는 솔라나 생태계가 FTX 사태로 침체되어 있던 시점에 등장해, '커뮤니티 주도 밈코인' 돌풍을 일으킨 프로젝트입니다. 에어드롭을 통한 폭넓은 분배와 SNS 마케팅으로 단기적 가격 급등을 이끌어내며, 솔라나 사용자들에게 새로운 활기를 선사했다는 평가를 이끌어냈습니다.

하지만 전형적인 밈코인 투기 성격이 강하고, 장기 로드맵·개발 계획이 불투명해 지속 가능성은 여전히 미지수입니다. 디톡스 마인드로 접근한다면, 단기 트렌드에 편승하는 대신, 밈코인 특유의 고위험성을 인지하고, 솔라나 생태계 내에서 봉크가 실제 유의미한 사용처를 확보할 수 있을지 신중히 지켜보는 자세가 필요하다고 생각됩니다.

7부

지속 가능한 투자자로 거듭나기

암호화폐 시장에서 지속 가능한 투자자가 된다는 것은 단순히 한두 번의 행운이나 일시적 수익에 그치지 않고, 장기적으로도 꾸준한 성과를 내며 멘탈과 재정을 함께 지켜나가는 상태를 의미합니다. 이건 크립토 디톡스에서 말하는 핵심 가치와도 직결됩니다. 즉, 과도한 투기나 중독에서 벗어나, 합리적이고 체계적인 태도로 시장을 바라보면서 변화에 유연하게 대응하는 것을 목표로 합니다.

이번 장에서는 그 목표를 달성하기 위해 구체적으로 장기 투자 습관을 어떻게 형성할지, 그리고 '묻고 잊기'라는 단순 방치형 장기 투자가 아닌, 주기적 점검을 통해 안전판을 확보하는 노하우를 심도 있게 다루겠습니다.

장기 투자 습관
형성

장기 투자라고 하면 흔히 '그냥 사서 오래 들고 있기만 하면 되지 않나?'라고 단순화해서 생각하기 쉽습니다. 하지만, 암호화폐 시장은 변동성이 극심하고, 규제나 기술 발전이 빠르게 바뀌는 특성이 있습니다. 이런 환경에서 정말로 장기적 안목을 지키려면, 오히려 더 체계적인 절차와 원칙이 필요합니다. 이 절차와 원칙이 갖춰지지 않은 상태에서의 장기 보유는 자칫 대규모 손실로 이어질 수도 있다는 점을 명심해야 합니다.

일정액 적립식 투자, 분할 매수 매도 전략

1. 적립식 투자 왜 필요한가?

일정액 적립식 투자(DCA, Dollar Cost Averaging)는 주기적으로 일정 금액을 일정 자산에 투자해 평균 매수가를 안정적으로 만들어가는 방법입니다. 사실 주식이나 펀드 세계에서는 이미 대중화된 방식인데, 변동성이 더 큰 암호화폐 시장에서도 DCA는 감정적 매매를 억제하고 장기적 수익을 추구하는 데 유효한 전략이라고 할 수 있습니다.

암호화폐 시세는 하루에도 아래위로 10%, 20% 이상 움직이는 일이 흔합니다. 그래서, 지금이 저점인지 고점인지를 예측하기가 매우 어렵기 때문에 한 번에 몰빵 투자하는 것은 매우 아주 많이 위험 부담이 큽니다. 그래서 DCA를 실행하면 매달(또는 매주) 일정 금액만큼 꾸준히 매수하기 때문에, 단기 변동성에 흔들리지 않고 장기 추세에 초점을 맞출 수 있습니다. 이 과정을 반복하면서 자연스럽게 시장 타이밍보다는 시간 분산에 따라 평균 단가가 만들어지기 때문에, 결국 투자 심리가 안정되고 꾸준한 목돈 형성에 기여합니다.

1) DCA 실천 단계

(1) 주기 결정: 매주, 매월, 분기별 등 본인의 경제 활동이나 수입 리듬에 따라 결정합니다. 예: 매월 월급 받는 날 30만 원어치 비트코인 매수.

(2) 대상 종목 선정: DCA는 대체로 '장기 우상향 가능성이 높다'고 판단되는 우량 자산에 적용하는 것이 바람직합니다. 암호화폐에서는 시가 총액 상위 코인(비트코인, 이더리움 등)이 주로 거론됩니다.

(3) 투자 금액 결정: 무리하게 생활비나 대출금을 끌어 쓰지 않도록, 소득 중 일부를 할당합니다. 예: 월급의 5~10% 정도.

(4) 주기적 점검 & 복기: DCA 역시 '자동 투자 → 방치'로만 끝내서는 안됩니다. 최소 분기별로 얼마나 쌓였는지, 시장 환경이 바뀌지는 않았는지 체크하는 과정이 필요합니다.

2) DCA의 장단점

장점

(1) 타이밍 스트레스에서 해방: 저점·고점을 맞추려 애쓰지 않아도 되므로 멘탈 관리가 수월합니다.

⑵ 자동화로 인한 편의성: 매번 시세를 봐 가며 매수할 필요가 없어서, 본업이 바쁜 사람에게 유리합니다.

⑶ 중장기 우상향 시장에서 유효: 암호화폐가 아직 장기적으로 성장 가능성을 가진 시장이라고 믿고 신뢰한다면, DCA는 장기 수익을 모으는 합리적 방식이 될 수 있습니다.

단점

⑴ 폭락장에서 적극적으로 저점 매수를 못 할 수 있음: 가격이 많이 떨어졌을 때 한꺼번에 사야 더 큰 수익을 볼 수도 있으나, DCA는 그런 탄력적 대응이 제한됩니다.

⑵ 상승장에서는 한 번에 몰빵한 쪽이 더 수익률이 높을 수도 있음: 하지만 그만큼 리스크도 큽니다.

결국, DCA는 장기적 마인드를 가진 투자자가 '시장 변동성에 흔들리지 않고 꾸준히 자산을 쌓아가려는' 목적으로 선택하는 전략이라 할 수 있습니다.

2. 분할 매수·매도 전략의 활용

DCA가 '시간 분산'을 통한 접근이라면, 분할 매수·매도는 '가격 구간 분산'이나 '단기 추세'에 초점을 맞춘 전략입니다. 이는 장기 투자에도 적용 가능하되, 약간 더 능동적으로 시세 흐름을 해석하는 과정이 필요합니다.

1) 분할 매수

• 시세가 특정 지지선에 도달했을 때 일부 매수, 추가 하락 시 또 매수. 이런 식으로 구간별로 자금을 나누어 진입합니다.

• 암호화폐 특성상 하루아침에 급락이 잦기 때문에, 유동성(현금)을 일부 보유해 두었다가 '추가 하락 시 매수' 시나리오에 대비할 수 있습니다.

• 단, 무리하거나 기준 없는 물타기는 크립토 디톡스 관점에서는 경계해야 하는 행위입니다. 일정 선에서 손절 라인을 설정하거나, 총 투자금 한도를 정해 둬야 합니다.

2) 분할 매도

• 장기 보유 중이던 코인이 단기에 급등했을 때, 한 번에 전량 매도하기가 애매할 수 있습니다. 더 오를 수도 있지만, 이미 수익이 많이 났는데 놓치기 아까운 상황입니다.

• 이때 분할 매도를 사용하면, 예컨대 1차 목표가에서 30% 매도, 2차 목표가에서 30%, 최종 목표가에서 나머지 40%를 정리하는 식으로 유연하게 대응할 수 있습니다.

• 장기 투자라 해도, 시장이 과열되었다고 판단되는 시점에 일부 물량을 익절해 현금화를 해두면 심리적 안정과 추후 조정장에서 재매수 기회를 얻을 수도 있습니다.

3) 장기 투자와 분할 매수·매도의 결합

• 예를 들어, 비트코인을 '3~5년 장기 보유'할 생각이지만, 시장이 단기 과열이거나 폭락할 것 같은 시점에는 일부 물량을 줄이거나(분할 매도) 현금으로 재배분하고, 반대로 큰 폭으로 떨어지면 분할 매수로 추가 매집하는 방식입니다.

• 이렇게 하면 완전히 '묻고 잊기'보다는, 장기적 성장성을 지지하되 중간중간 시세 흐름을 활용해 수익을 극대화할 수 있습니다.

3. 장기 투자 습관 형성의 필수 조건

1) 목표와 기간 설정

'왜 이 코인을 사서, 얼마 동안 보유하고, 어느 정도 수익을 기대하는지' 가 명확해야 합니다. 예: 비트코인은 디지털 금으로서 5년 내 안정적 상승을 기대, 매월 30만 원 DCA로 투자.

2) 정기적 학습과 모니터링

장기 보유 중에도 프로젝트 업데이트, 거시경제 상황, 규제 변화를 놓치지 않아야 합니다.

3) 자산 배분 원칙

너무 한 종목에 올인하지 않고, 분산을 통해 전반적 리스크를 조정합니다. 비트코인과 이더리움 등 장기 투자를 지지해줄 코어 코인과 단기 스윙 알트코인을 구분.

4) 감정 통제와 기록 습관

장기적으로 시장이 흔들려도, 애초 설정한 전략을 쉽게 포기하지 않도록 투자 일지에 목표와 진입 근거를 상세히 적어둡니다. 이후 정기 복기와 함께 개선점을 찾습니다.

'묻고 잊기'가 아니라
'주기적 점검'을 통한 안전판 확보

1. 방치형 장기 투자의 위험성

암호화폐 투자는 높은 성장 가능성을 지닌 동시에 다양한 리스크를 수반하는 시장입니다. 특히 프로젝트 자체의 실패, 시장 사이클의 급격한 변동, 보안 사고, 규제 변화 등 여러 요소가 투자자들에게 예상치 못한 위험을 초래할 수 있습니다. 이러한 리스크를 인지하고 미리 대비하는 것이 장기적으로 안전한 투자 전략을 구축하는 핵심입니다.

먼저, 프로젝트 실패 리스크는 암호화폐 시장에서 가장 흔히 발생하는 위험 중 하나입니다. 초기에는 혁신적인 기술과 비전을 앞세워 많은 관심을 받던 프로젝트도 시간이 지나면서 로드맵 이행이 지연되거나 핵심 개발진이 이탈하면서 점차 쇠퇴하는 경우가 많습니다. 또한, 자금 조달이 원활하지 않거나 운영상의 문제로 인해 프로젝트가 중단되기도 합니다. 대표적인 사례로 2017년 ICO(Initial Coin Offering) 붐이 있었으며, 당시 수많은 프로젝트가 자금을 유치했지만, 2018~2019년 사이 상당수가 개발을 지속하지 못하고 시장에서 사라졌습니다. 따라서 프로젝트의 지속 가능성을 평가하는 것은 암호화폐 투자에서 필수적인 요소입니다.

시장 사이클의 극단적 변동은 투자자들에게 큰 도전 과제라고 할 수 있습니다. 암호화폐 시장은 일정한 주기를 따라 강세장과 약세장을 반복하는데, 한 번 약세장이 시작되면 -80% 이상의 하락이 발생하는 것도 드문 일이 아닙니다. 가격이 급등할 때 수익 실현을 하지 않으면, 이후 시장이 장기간 침체될 경우 자산이 크게 줄어들고 그때부터 인고의 시간이 펼쳐질 수 있습니다. 반대로, 하락장이 지속될 때 손절 타이밍을 놓치면 투자금이 거의 사라질 수도 있습니다. 따라서 시장 사이클을 이해하고, 상승기와 하락기마다 적절한 대응 전략을 마련하는 것이 필수적입니다.

보안 사고는 암호화폐 투자자들이 직면하는 현실적인 위험입니다. 거래소 해킹, 개인 지갑 해킹 등으로 인해 자산이 도난당하는 사례가 빈번히 발생하고 있습니다. 특히, 중앙화 거래소에 모든 자산을 보관하는 것은 상당한 리스크를 동반하는데, 한 번 해킹이 발생하면 투자자들은 자산을 회수하기 어려운 경우가 많습니다. 이에 대비하기 위해서는 분기별 혹은 연간 단위로 계정 보안 상태를 점검하고, 직접 관리하고 싶을 경우에는 콜드 월렛(하드웨어 지갑)에 주요 자산을 보관하는 것이 바람직합니다. 또, 시드 문구(Seed Phrase)와 개인 키(Private Key)를 안전한 장소에 보관하여 피싱 사기 등의 위협을 예방해야 합니다.

규제 변화 역시 암호화폐 시장을 위축시키거나 예기치 않은 손실을 초래할 수 있는 중요한 요소입니다. 특정 국가가 암호화폐 거래를 금지하거나, 주요 거래소에 대한 퇴출 조치를 시행할 경우, 해당 지역 투자자들은 시장에서 강제로 퇴출되며 투자금을 회수하지 못할 위험에 처할 수 있습니다. 이에 따라 투자자는 각국 정부의 정책 변화를 지속적으로 모니터링하고, 법적 환경에 맞춰 포트폴리오를 조정할 필요가 있습니다.

결과적으로, 암호화폐 투자에서 성공하기 위해서는 단순히 가격 상승

만을 기대하는 것이 아니라, 다양한 리스크 요인을 사전에 파악하고 대비하는 것이 필수적입니다. 프로젝트의 지속 가능성을 면밀히 분석하고, 시장 사이클을 고려한 매매 전략을 세우며, 철저한 보안 관리와 규제 변화를 주기적으로 모니터링하는 것이 안정적인 투자 수익을 실현하는 핵심 전략이라고 할 수 있습니다.

2. 주기적 점검의 내용과 절차

1) 포트폴리오 재조정(Rebalancing)

- 분기별or반기별로, 각 코인 보유 비중을 확인해봅니다. 시장이 폭등해서 한 종목 비중이 지나치게 커졌다면 일부 익절해 다른 자산으로 옮길 수도 있고, 반대로 시장 조정기로 인해 저평가된 영역이 있다면 매수를 고려할 수도 있습니다.

- 장기 투자라 해도, 이런 '점검 후 조정' 과정을 통해 집중도 과도를 막고 새로운 기회를 잡을 수 있습니다.

2) 프로젝트 로드맵 및 커뮤니티 상황 확인

- 장기로 보유 중인 코인의 공식 홈페이지, 트위터, 깃허브 업데이트, 로드맵 이행 정도, 개발진 인터뷰 등을 살펴봅니다.

• 커뮤니티나 미디어에서 제기되는 문제(스캠 의혹, 핵심 개발자 이탈, 자금 부족 등)를 주기적으로 모니터링.

3) 거시경제·규제 변수 체크

• 금리, 경기 흐름, 주요국 규제 동향이 암호화폐 시장 전반에 큰 영향을 준다는 점을 인식하고, 최소한 분기별로 주요 뉴스를 정리해보는 습관이 좋습니다.

• 암호화폐 세금 제도, 거래소 라이선스, 거래소 상장·폐지 이슈 등도 수익성과 유동성에 직결되므로 놓치면 안 됩니다.

4) 멘탈·목표 재평가

• 장기 투자 과정에서도 '내가 왜 이 코인을 샀는가', '언제까지 보유할 생각인가' 같은 근본적 질문을 해보는 것이 좋습니다.

• 크립토 디톡스에서 말하는 투자 일지나 주기적 복기를 통해, 감정적 매매나 무리한 확대·축소를 예방.

3. 안전판 확보의 이점

1) 갑작스러운 폭락 대응

주기적으로 시세와 뉴스를 점검하면, 하락 신호가 나타났을 때 빠르게 판단할 수 있습니다. 정해둔 손절 라인을 발동시키거나, 분할 매도로 피해를 줄일 수 있습니다.

2) 급등장 기회 활용

시장이 급등해 보유 코인에서 큰 수익이 났다면, 일부 익절로 현금을 확보하고, 남은 물량으로 추가 상승을 노리는 등 유연한 전략이 가능합니다. 전혀 신경을 안 쓰다가 '어? 2배 올랐었는데 지금 다시 떨어졌네' 같은 상황을 맞으면 안타까운 기회를 놓칠 수 있습니다.

3) 신기술·새로운 섹터 포착

디파이(DeFi), NFT, 메타버스, WEB3, 레이어2 등 새로운 섹터가 급부상할 때, 정기 점검 중에 이를 알아채고 일부 자금을 할당하는 결정이 가능해집니다. 2021년 강세장 때만 하더라도 주목받지 못했지만 2024년 강세장에서 새롭게 각광받은 테마 섹터로 실물 자산 토큰(RWA)을 꼽을 수 있습니다.

4) 장기적 멘탈 안정

'아무것도 모르겠으니까 그냥 냅둔다'는 식의 태도는 시장이 흔들릴 때 오히려 더 불안해집니다. 정기 점검을 통해 내 투자 상태를 확인하고, 시장 변화를 민감하게 파악하면, 설사 큰 변동이 와도 침착하게 대응할 수 있습니다.

4. '묻고 잊기'와 주기적 점검의 균형

물론, 장기 투자의 기조 자체가 '단기 변동성에 휘둘리지 않는다'는 것이기 때문에, 지나치게 자주 시장을 들여다보면서 매매하는 것도 바람직하지 않을 수 있습니다. 중요한 것은 '방치'와 '과잉 집착' 사이의 균형을 찾는 것이라고 할 수 있습니다.

1) 점검 주기 설정

일주일에 한 번, 한 달에 한 번, 혹은 분기별처럼 본인의 라이프스타일과 스트레스 허용도를 고려해 적절한 점검 간격을 정합니다. 단, 중대한 이벤트(규제 발표, 프로젝트 핵심 이슈, 전쟁·금융 위기 등)가 터졌을 땐 수시로 대응합니다.

2) 점검 포인트 명확화

시세가 얼마 올랐나만 보지 말고, 프로젝트 로드맵 이행도, 커뮤니티 반응, 개발진 변화, 거시경제 흐름 등 체크 리스트를 사용하면 효율적으로 모니터링할 수 있습니다.

3) 장기 보유 코인 vs. 단기 스윙 코인 구분

포트폴리오를 구성할 때 '이건 최소 3년 이상 보유할 메인 코인', '이건 6개월 내 승부 보겠다는 알트코인' 등으로 구분해 둡니다. 장기 보유 코인은 점검 횟수를 크게 줄이거나, 가격 알람을 설정해두고 큰 변동이 있을 때만 확인해도 됩니다. 단기 스윙 코인은 좀 더 자주 모니터링하되, 장기 코인에는 무리한 단타 시도를 자제하는 것이 좋습니다.

정리: 장기 투자를 통해 지속 가능한 투자자로 성장하기

암호화폐 시장이 가진 초고변동성, 기술·규제의 급변, 스캠과 해킹 위험 등은 장기 투자를 어렵게 만듭니다. 하지만 그럼에도 불구하고, 장기 투자 습관을 정착시키면 단기적인 가격 등락에 일희일비하지 않고 장기적 성장과 수익을 누릴 가능성이 높아집니다. 동시에 크립토 디톡스에서 말하는 '투자자로서의 심리 안정'과 '중독에서의 자유'도 확보할 수 있게 됩니다.

1. 일정액 적립식 투자(DCA)와 분할 매수·매도 전략을 결합해, 시점·가격 분산을 실천하면, 시장 흐름을 장기적으로 활용할 수 있습니다.

2. '묻고 잊기'라는 방치형 투자보다, 주기적 점검을 통해 프로젝트·시장 상황을 체크하고, 필요하면 포트폴리오를 재조정함으로써 위험을 줄이고 기회를 잡을 수 있습니다.

3. 멘탈 관리와 자금 배분 원칙을 지키면서, 감정적 욕심이나 공포에 흔들리지 않는 태도가 필수입니다. 손절·익절 라인을 준비해 두고, 정해진 시나리오에 따라 대응하는 과정을 통해, 장기적 안정성을 높일 수 있습니다.

4. 장기 투자는 단순 수익을 넘어 투자를 통한 자기 성장과 재정적 독

립을 향해 나아가는 길이기도 합니다. 단기적인 등락에 치중하던 사고방식에서 벗어나, 코인 자체의 기술과 생태계, 그리고 시장의 거시적 흐름을 바라보는 투자자로 거듭나게 됩니다.

이것이야말로 크립토 디톡스가 지향하는 궁극적인 목표, 다시 말해 투기적 중독에서 벗어나 지속 가능한 투자철학을 확립하고, 급변하는 암호화폐 시장 속에서도 흔들리지 않는 자기만의 원칙을 견지하면서, 장기적으로 삶의 가치를 높이는 '건강한 투자자'가 되는 길이라고 할 수 있을 것입니다.

2

끊임없는 학습과
정보 업데이트

암호화폐 시장은 순간순간 숱한 뉴스가 쏟아지고, 규제·기술·트렌드가 전 세계적으로 급변합니다. 이 속에서 '지속 가능한 투자자'가 되려면, 단순히 '장기 보유'만 해서는 곤란합니다. 지속적으로 학습하고 정보 업데이트를 함으로써, 시장 변화에 유연하게 대응하는 태도가 필수적입니다. 그렇지 않으면 낙후된 투자 전략에 머물러, 큰 손실을 보거나 새로운 기회를 놓치기 십상입니다.

시장 변화에 대한
꾸준한 모니터링과 대응

1. 왜 '꾸준한 모니터링'이 필요한가?

암호화폐 시장은 전통 금융 시장보다 변동성이 크고, 프로젝트 생태계가 빠르게 변화하는 특징을 가지고 있습니다. 초기에는 혁신적이라 평가받던 코인도 몇 달이 지나면 경쟁 프로젝트의 등장이나 개발 지연 등 여러가지 이유로 관심이 줄어들 수 있고, 이에 따라 투자 매력도 급격히 감소할 수 있습니다. 따라서 장기 투자를 목표로 하더라도 시세를 무조건 확인하지 않는 것이 아니라, 정기적으로 시장 상황을 점검하고 프로젝트의 진척도나 규제 변화를 주시하는 것이 필수적입니다. 이를 통해 예상치 못한 리스크를 줄이고, 보다 안정적인 투자 결정을 내릴 수 있습니다.

또, 꾸준한 모니터링은 새로운 투자 기회를 포착하는 데에도 중요한 역할을 합니다. 암호화폐 시장에서는 NFT, 디파이, 메타버스, 게임파이, 레이어2 등 다양한 분야가 빠른 속도로 부상했다가 사라지기를 반복하고 있습니다. 이런 변화 속에서 투자자가 지속적으로 시장을 관찰한다면, 다음 혁신 흐름을 다른 사람보다 조금이라도 빨리 파악하고 유망한 프로젝트에 초기 투자할 기회를 얻을 수 있습니다. 반대로, 시장 동향을 놓친다면 단기적인 유행에 휩쓸려 잘못된 판단을 내릴 위험이 커질 수 있습니다.

뿐만 아니라, 정기적인 모니터링은 리스크를 조기에 감지하고 대응하는 데에도 필수적입니다. 해킹, 스캠, 개발진 분쟁, 규제 발표, 거래소 상장 폐지 등 다양한 악재가 갑작스럽게 발생할 수 있고, 이런 요소들은 투자 가치를 단숨에 무너뜨릴 수 있습니다. 하지만 꾸준히 시장을 살펴보면 문제의 징후를 조기에 감지할 수 있고, 이걸 바탕으로 보유 자산을 조정하거나 일부 매도하여 손실을 줄이는 대응이 가능합니다. 결국, 암호화폐 시장에서는 단순한 장기 보유만이 아니라, 지속적인 시장 점검과 트렌드 분석이 안정적인 투자 수익을 실현하는 핵심 전략이 됩니다. 다른 말로 표현하면 지속적인 시장 점검과 트렌드 분석이라는 꾸준한 리서치가 수반돼야 한다는 것입니다.

2. 모니터링해야 할 핵심 영역

1) 거시경제 흐름(금리, 경기, 환율)

암호화폐는 위험 자산 성격이 강하기 때문에 유동성 축소 국면(금리 인상기)에서는 약세장, 유동성 확대 국면(금리 인하·경기 부양)에서는 강세장이 펼쳐질 확률이 높습니다. 경기 사이클과 경제 정책 방향을 큰 틀에서 파악해두면, 단기 시세 변동보다 훨씬 중요한 투자 판단 근거가 됩니다.

2) 규제·정책 이슈

정부가 암호화폐 거래를 전면 금지하거나, 세제를 강화하거나, 특정 거래소나 프라이버시 코인을 퇴출하는 등 규제 변화는 시세에 지대한 영향을 줍니다. 미국 SEC(증권거래위원회), EU, 중국, 한국 금융 당국 등의 발표를 수시로 체크할 필요가 있습니다. 특히 암호화폐 세금 이슈, 거래소 라이선스, KYC·AML 요건, 기관 투자 유입 등을 포함해 종합적으로 관찰하면 도움이 됩니다.

3) 프로젝트 펀더멘털

백서 로드맵이 제대로 이행되는지, 깃허브 업데이트는 활발한지, 팀원 이탈이나 해킹 사고는 없는지, 파트너십이나 대규모 투자 유치가 있었는지 체크해야 합니다. 장기 보유 목적 코인의 경우, 분기별·반기별로 이런 요소를 최소 한 번씩 확인해야 합니다.

4) 새로운 기술·트렌드

RWA, 디파이, NFT, 메타버스, WEB3, 레이어2, ZK기술 등 신기술과 섹터 흐름이 빠르게 변하는 시장입니다. 따라서 꾸준히 정보를 모니터링하면, 적절한 타이밍에 투자 대상을 변경하거나 비중을 조절할 수 있습니다.

3. 모니터링 방법과 루틴 예시

1) 정보 소스 다변화

• 전문 매체: CoinDesk, Cointelegraph, The Block, 국내외 주요 암호화폐 뉴스 사이트

• SNS: 트위터(개발자·프로젝트 공식 계정 팔로우), 레딧(Reddit), 텔레그램, 디스코드

• 규제 뉴스: 각국 정부, 금융기관(SEC, FATF, BIS 등) 발표

- 프로젝트 홈페이지, 깃허브, 백서 업데이트

2) 정기 루틴 설정

- 일간: 5~10분 정도 주요 뉴스 헤드라인 확인, 보유 종목 시세 체크.
- 주간: 좀 더 자세하게 시장 분위기와 규제·기술 이슈를 모아서 살펴보고, 포트폴리오의 단기 추세 판단.
- 분기·반기: 로드맵 진척도, 장기 보유 종목 성과 점검, 거시경제 변화 평가 등 종합적인 리밸런싱 검토.

3) 과잉 정보 경계

SNS·커뮤니티에는 근거 없는 루머와 극단적 주장(FUD, FOMO)이 넘칩니다. 각 정보 출처를 확인하고, 여러 채널을 교차 검증해서 신뢰도를 판단해야 합니다. 한쪽 의견만 치우치지 않도록, 최대한 다양한 관점을 접하되, 최종 결론은 본인 몫이라는 자세가 필요.

4. '모니터링 → 대응' 프로세스

1) 심각한 악재 발견 시

- 예시 상황: 개발진 이탈, 상장 폐지, 심각한 해킹 피해 등등
- 보유 자산을 일부 또는 전량 매도해 손실을 최소화하거나, 손절 라인을 계획에 따라 단행. 단, 공식 입장과 커뮤니티 반응을 교차 검증해, 루머인지 팩트인지 판단 후 결정. 이런 공포 상황을 전면 차단하고 싶은 투자자

는 비트코인, 이더리움 등 핵심 메이저 코인을 중심적으로 투자 대상으로 선별하면 됨.

2) 강력한 호재나 시장 상승 시그널 포착 시

- **예시 상황:** 대형 거래소 상장, 대규모 파트너십 체결, 장기 성장성 입증 등등
- 새롭게 투자 진입하거나, 보유 물량을 늘리는 방안 고려. 단, 과열 가능성도 점검해야 함.

3) 장기 관점 유지

- 단기 뉴스에 일희일비하기보다는, 근본적 가치와 로드맵, 거시경제 흐름을 함께 고려해서 매매 의사 결정.
- 크립토 디톡스 마인드: 감정적 반응 대신, 미리 계획된 시나리오와 손절·익절 기준으로 냉정하게 대응.

전문가 의견은 참고하되, 맹목적 추종은 금물

시장이 급변하고 정보가 넘쳐나는 암호화폐 투자 환경에서 초보부터 고수까지 모두 다양한 전문가 의견을 찾게 됩니다. 유튜브·트위터·블로그·전문 애널리스트 리포트 등 무수한 자칭, 타칭 전문가들이 존재합니다. 하지만 그들의 조언을 어떻게 받아들이느냐가 투자 성패를 크게 좌우합니다. 다시 말해 뭘 수용하고 뭘 수용하지 않을지를 판단할 수 있는 판단력이 필요합니다.

1. 전문가 의견의 장점

1) 지식과 경험 축적

업계에 오래 몸담은 애널리스트, 트레이더, 개발자들은 일반 투자자가 알기 어려운 심층 정보를 접근하거나, 노하우가 풍부한 경우가 상대적으로 더 많습니다. 따라서 잘 선별된 전문가 의견은 시장 이해도를 높이는 데 큰 도움이 됩니다. 여기서 관건은 많은 리서치를 통해서 '잘 선별'해야 한다는 데 자리하고 있습니다.

2) 복잡한 이슈 정리

규제 문서, 기술 백서가 복잡할 때, 전문가가 요점을 쉽게 풀어주면 시간과 노력을 아낄 수 있습니다. 특히, 특정 프로젝트의 강점·약점을 분석한 리포트가 있으면, 본인 리서치에 좋은 보조 자료로 활용 가능합니다.

3) 매매 시그널 참고

전문 트레이더가 제시하는 차트 분석, 지지·저항선, 패턴, 온체인 데이터 등은 개인 투자자에게 유용한 인사이트를 줄 수 있습니다. 단, 그대로 따라 하기보다, 자신의 판단과 함께 결합해야 합니다.

2. 맹목적 추종의 위험성

1) 전문가도 틀릴 수 있다

암호화폐는 예측 불가능한 변수가 워낙 많고, 전문가 의견도 확률적 추정일 뿐이라는 점을 늘 염두에 둬야 합니다. 그들의 전망이 한두 번 성공했다고 해서 항상 적중할 것이라는 보장은 없고, 잘못된 정보나 편향된 시각에 빠질 수 있습니다. 특히 투자 시장에서는 전문가로 칭해지는 사람들이 워낙 많기 때문에 옥석을 구분할 줄 알아야 합니다.

2) 광고·협찬, 이해충돌 가능성

일부 인플루언서나 자칭 전문가들은 특정 코인 팀으로부터 스폰서를 받고 과장 홍보를 하거나, 가격 상승을 유도해 본인이 먼저 매도하고 사실상 먹튀하는 경우가 있습니다. 영리 목적이 개입된 의견인지, 객관적 분석인지 출처와 이력을 확인해야 합니다.

3) 자기주도적 학습 저해

전문가 말만 믿고 그대로 투자하면, 본인은 리서치와 판단을 전혀 안 하게 됩니다. 언제나 투자 성패는 본인의 책임이므로, 결국 독자적 판단 능력을 키우지 못하면 장기적으로 시장에서 살아남기 어렵습니다.

4) '책임 회피'의 심리 유발

투자 뿐만 아니라 인생 전반의 영역에서 남탓을 하는 방식은 언제나 하수의 몫이고, 그만큼 질이 떨어지는 방식입니다. 남탓이 일반적인 심리 상태의 기본인 사람의 경우에는 투자 시장의 경우 맹신하던 전문가 예측이 틀려 손실이 나면, "XX 전문가가 잘못 말했으니 난 책임 없다"는 식으로 상황을 정리해버립니다. 제대로 된 학습과 반성이 이루어지지 않으니, 다음에도 같은 실패를 반복할 수 있습니다. 그리고 이런 자세로는 삶의 어느 영역에서도 성공보다는 실패 확률이 높은 것 같습니다.

3. 전문가 의견을 현명하게 활용하는 방법

1) 다양한 출처 교차 검증

한 명의 전문가를 맹신하지 말고, 다른 사람 의견이나 공식 자료, 온체인 데이터 등을 함께 살펴봅니다. 예를 들어, 특정 트레이더가 '이 코인 곧 2배 오른다'라고 발언을 하면, 다른 애널리스트나 해당 프로젝트 개발진, 커뮤니티 반응을 비교해 균형 잡힌 시각을 얻는 과정이 필수적입니다.

2) 전문가의 전문분야 파악

어떤 전문가는 차트에 대한 기술 분석에 전문성을 가지고 있고, 또 다른 전문가는 프로젝트 펀더멘털 분석에 강점이 있을 수 있습니다. 따라서, 규제·법률 분야, 디파이·NFT 전문 등 각자의 전문분야가 다르므로, 주제에 맞는 전문가 의견을 찾아 참고하면 효과적입니다.

3) 객관적 데이터로 보완

전문가 견해가 주관적 판단에 근거할 때가 많기 때문에, 거래량·온체인 트랜잭션·유통 물량 등의 객관적 지표로 사실관계를 검증해야 합니다. 예를 들어 한 전문가가 '프로젝트 A는 굉장히 활성화된 생태계'라고 주장하면, 실제 일일 사용자 수, TVL(Total Value Locked), 커뮤니티 참여도 등을 확인해봐야 합니다.

4) 최종 결정은 본인 몫

어떤 의견이든 참고는 하되, 투자 결과를 최종적으로 책임지는 건 나라는 마음가짐으로 최종 판단을 내립니다. 그래야 신중한 투자 결정을 내릴 수 있고, 결과적으로 감정적이거나 맹목적 추종이 아니라, 이성적·분석적 접근을 통한 크립토 디톡스 방식의 투자가 가능합니다.

정리: 끝없이 배워야 '진짜 지속 가능한' 투자자가 된다

끊임없는 학습과 정보 업데이트는 투자자로서 한층 더 성숙해지고, 급변하는 암호화폐 시장에서 살아남는 가장 중요한 무기입니다. 크립토 디톡스 관점에서, 이 무기는 단순히 수익을 극대화하기 위한 도구가 아니라, 심리적 안정과 중장기적 비전을 지켜주는 보호막이기도 합니다.

1. 시장 변화를 주기적으로 모니터링해서 새로운 기회와 리스크를 조기에 인식한다.

2. 전문가 의견을 적절히 참고하되, 맹목적 추종이 아닌 비판적 수용 자세를 유지한다.

3. 학습과 업데이트를 통해, 내가 왜 이 코인을 투자하고, 왜 이 시점에 매수·매도하는지를 스스로 합리화할 수 있는 근거를 쌓는다.

4. 장기 투자 습관과 결합해, 단기 급등락에 좌고우면하지 않고, 꾸준히 시장과 함께 성장한다.

결국, 정보는 힘이지만, 그 정보를 어떻게 해석하고 활용하느냐는 전적으로 투자자 본인의 역량과 태도에 달려 있습니다. 크립토 디톡스는 단순히 투자를 줄이고 쉬자가 아니라, 투기를 넘어선 건전하고 지속 가능한 투자를 위해, 감정과 무지에서 벗어나 합리적 의사 결정을 내리자는 제 나름의 철학입니다. 이 내용을 현실에서 구현하기 위해서는 끊임없이 공부하고, 다른 관점을 수용하되 최종 판단은 본인이 책임지는 자세가 뒷받침되어야 합니다.

3

투자를 통한
삶의 가치 창출

암호화폐 투자에서 많은 사람이 가장 먼저 떠올리는 목표는 다른 투자 시장에서와 마찬가지로 큰돈을 벌어 재정적 자유를 얻는 것입니다. 물론, 자본 시장에서 수익을 추구하는 행위 자체가 잘못된 것은 아닙니다. 하지만, 암호화폐라는 새로운 기술, 생태계가 단순한 투기 대상이 아닌, 미래 산업과 사회 혁신의 장으로도 기능한다는 사실을 놓치면 우리는 투자를 훨씬 좁은 관점에서만 접근하게 됩니다.

크립토 디톡스는 단순히 도박성 매매나 단기 시세 차익 중독에서 벗어나는 것에 그치지 않습니다. 궁극적으로는 '투자를 통해 어떤 삶의 가치와 의미를 찾을 수 있는가'라는 근본적인 질문에 대해 답을 할 수 있다면 금상첨화일 것입니다. 이번 장에서는 그 관점에서 재정적 자유를 넘어선 더 큰 의미 찾기와 블록체인과 암호화폐 기술이 가져올 미래적 가능성에 대해서 짚어보겠습니다.

재정적 자유를 넘어선 더 큰 의미 찾기

재정적 자유는 많은 투자자에게 강력한 동기이자 목표입니다. 하지만 막상 일정한 자산을 모은 뒤에도, 그 너머의 삶의 방향과 가치를 찾지 못해 공허함을 느끼는 사례는 적지 않습니다. 암호화폐 투자 역시 마찬가지입니다. 단지 돈을 벌기 위해서만 시장에 뛰어든다면, 단기간에 큰 손실을 보거나 과잉 욕심으로 빠져들 가능성이 큽니다.

1. 왜 '재정적 자유'만으로는 부족한가?

재정적 자유는 많은 투자자들이 꿈꾸는 목표이지만, 단순히 돈을 많이 버는 것만으로는 충분하지 않을 수 있습니다. 재정적 독립을 달성한 이후에도 지속적인 만족감이나 삶의 안정이 보장되지 않는 경우가 많고, 오히려 새로운 문제들이 발생할 수 있습니다. 특히, 투자 중독, 삶의 의미 상실, 시장 변동성에 따른 스트레스 등의 요소들은 단순한 자산 증가만으로 해결되지 않고, 장기적으로 보다 균형 잡힌 접근이 필요합니다.

단순히 돈을 극대화하려는 욕망에 초점을 맞추다 보면, 투자자는 시장의 급등락에 크게 흔들리게 됩니다. 수익을 내는 순간에는 더 큰 이익을 노리게 되고, 손실이 발생하면 이걸 만회하기 위해 무리한 투자를 시도하게 됩니다. 그렇게 결과적으로 투자 중독에 빠질 가능성이 높아집니다. 심지어 재정적 자유를 이루고도 새로운 투자 기회를 끊임없이 찾아 헤매게 될 수 있고, 어느 순간에는 돈을 더 벌어야 한다는 압박감 때문에 진정한 만족감을 느끼지 못할 수도 있습니다. 결국, 돈을 버는 과정 자체가 삶의 중심이 되어버리면, 투자 활동이 끝없이 반복되는 강박적인 행동으로 변질될 위험이 있습니다.

또, 돈이 삶을 편리하고 자유롭게 만들어주는 중요한 수단이라는 점은 분명하지만, 그것이 인생의 궁극적인 목표가 될 수는 없습니다. 경제적 안정 이후에도 사람들은 자기 계발, 봉사, 예술, 사회 활동 등을 통해 더 큰 보람과 의미를 찾게 됩니다. 단순히 재산을 불리는 것이 아니라, 자신이 속한 사회와의 연결을 통해 성취감을 얻는 것이 중요하다는 것입니다. 실제로 경제적으로 성공한 많은 사람들이 투자 외에도 의미 있는 사회적 활동을 병행하는 이유가 여기에 있습니다. 단순한 금전적 성취만으로는 진정한 만족감을 느끼기 어려운 경우가 많고, 재정적 자유 이후에도 삶의 목표를 지속적으로 찾아야 합니다. 세상에 가지지 않은 것 없고, 가질 수 없는 것 없는 찐부자들이 기부 행위에 주력하는 것도 다 이유가 있는 것입니다.

이와 함께, 암호화폐 시장처럼 극단적인 변동성을 보이는 시장에서는 재정적 자유만을 목표로 삼고 모든 걸 투자에 걸었을 경우, 하락장에서 겪는 심리적 압박이 너무 커질 수 있습니다. 단순히 수익을 내는 것에 집중하는 태도는 시장이 좋을 때는 괜찮지만, 큰 폭의 조정이 발생했을 때 삶의 다른 영역까지 영향을 미칠 수 있습니다. 투자 손실로 인해 감정적으로 위축되거나, 불안과 스트레스가 극심해지면, 일상생활과 인간관계까지 영향을 받게 됩니다. 크립토 디톡스가 강조하는 균형 잡힌 투자와 정신적 건강은 궁극적으로 돈 이상의 가치를 추구해야만 실현될 수 있습니다.

결국, 재정적 자유는 중요한 목표이지만, 그것이 인생의 최종 목적이 되어서는 안 된다고 생각합니다. 단순한 자산 증가가 아닌, 삶의 의미를 찾고 지속적인 성장과 균형을 유지하는 것이 더 중요한 과제입니다. 투자에서 자유로워지는 것뿐만 아니라, 그 이후의 삶에서 무엇을 추구할 것인가를 고민해야만 진정한 만족과 안정된 삶을 누릴 수 있습니다.

2. 투자에 '더 큰 의미'를 부여하는 방법

1) 장기적 관점에서의 기술·산업 발전 기여

암호화폐 투자는 단순히 코인을 매수 매도하는 행위가 아니라, 블록체인 생태계가 발전해가는 과정에 자금을 대는 일이기도 합니다. 그래서 진정한 장기 투자자는 프로젝트가 사회에 어떤 혁신을 가져오고, 미래 산업에 어떤 가치를 줄 수 있는지 고민하고 연구합니다. 예를 들어 탈중앙화 금융(DeFi), 글로벌 결제 혁신, 디지털 자산 커스터디, NFT 예술 등 각 분야의 미래 잠재력을 지원한다는 관점에서 접근한다면 투자 그 이상의 의미 부여가 가능해집니다.

2) 커뮤니티 참여와 협력

많은 암호화폐 프로젝트는 오픈소스 커뮤니티나 DAO(탈중앙 자율 조직) 형태로 운영됩니다. 투자자로서 단순 보유자가 아니라, 커뮤니티 논의에 참여하거나, 제안·투표 시스템을 통해 생태계 발전에 기여할 수 있습니다. 이렇게 직접 참여하는 과정에서 '내가 세상을 조금씩 바꿔가고 있다'

라는 보람을 느낄 수도 있습니다. 블록체인 프로젝트를 직접 출범시켜서 새로운 혁신을 일으키는 것은 어려운 일이지만, 유망한 프로젝트에 투자해서 사실상 주주의 관점에서 역할을 하는 것은 분명 의미 부여가 가능한 부분입니다.

3) 사회적 기여·기부 활용

암호화폐 자산을 통해 얻은 수익 일부를 기부하거나, 블록체인 기반 NGO 활동을 지원하는 식으로 사회적 가치 창출에 활용하는 사례도 늘어나고 있습니다. 예를 들어 대규모 기부 이벤트, 기부 DAO, 블록체인 투명성을 활용한 기부금 추적 등을 꼽을 수 있습니다. 재정적 자유에 가까워질수록, 이런 공익적 활동에 관심을 두는 것도 재정적 자유를 사회적 기부로 확산하는 방식이 될 수 있을 것입니다.

4) 지적·창의적 성장 자극

암호화폐 기술과 투자에 관심을 기울이는 것은, 단순히 자본 증식이 아니라 '새로운 세계관'을 접하는 학습 기회이기도 합니다. 경제, 컴퓨터 공학, 암호학, 분산시스템, 법/규제, 거버넌스, 심지어 예술까지 다양한 분야를 아우르며 넓은 안목을 기를 수 있습니다.

블록체인·암호화폐 기술이 가져올
미래적 가능성

암호화폐 투자를 단순한 돈벌이로만 보지 않고, 그 이면에 놓인 블록체인 기술과 탈중앙화 철학을 이해하면, 훨씬 폭넓은 미래 가능성을 발견할 수 있습니다. 이는 곧 '투자'가 개인의 부를 늘리는 차원을 넘어, 혁신 생태계에 기여하고 새로운 시대를 함께 만들어가는 과정이 될 수 있다는 것을 의미합니다.

1. 탈중앙화 금융(DeFi)의 확장

1) DeFi의 개념

DeFi(Decentralized Finance)는 중개기관 없이 스마트 컨트랙트로 금융 서비스를 제공하는 형태를 말합니다. 예금, 대출, 파생 상품 거래 등 전통 금융 역할을 탈중앙화 방식으로 구현하는 혁신입니다. 암호화폐 투자자 입장에서는 DeFi의 성장에 동참함으로써 새로운 수익 기회를 찾을 수 있지만, 더 나아가 기존 금융이 담보하지 못한 투명성과 개방성을 부여해 금융 혁신을 도모할 수 있습니다. 2025년 현재 미국 월가 금융 대기업들이 암호화폐에 관심을 두는 몇 가지 이유 가운데 핵심적인 부분이 바로 이 디파이입니다. 블록체인 디파이 혁신을 통해 기성 금융권이 해결하지 못한 치명적인 문제, 느린 송금 속도와 비싼 송금 비용을 단번에 해결할 수 있기 때문입니다. JP모건이나 씨티 등 초대형 금융 기관들이 괜히 심심해서 DeFi를 채택하는 게 아니라는 것입니다.

2) 금융 접근성 확대

전 세계적으로 17억 명 이상이 은행 계좌가 없는 언뱅크드 상태로 살아 가고 있다는 추정치가 있습니다. DeFi는 이들에게 인터넷만 있으면 누구나 참여 가능한 금융 서비스를 제공할 수 있습니다. 아프리카 국가에서 블록 체인 디파이 채택이 상대적으로 전폭적인 것은 금융 인프라가 없는 현실을 해결하는데 있어 디파이 혁신이 그만큼 혁신적이라는 것을 방증하는 부분 입니다. 그래서 투자자로서 DeFi 프로젝트를 지원하는 것은, 곧 전 지구적 금융 포용성(Financial Inclusion)에 기여하는 일이 될 수도 있습니다.

3) 수수료·중개기관 축소 효과

은행, 증권사, 카드사 등 중앙화된 중개 기관에 의존하지 않고도, P2P 방식으로 자금을 빌려주거나 빌릴 수 있다는 건 디파이 혁신이 가져다주 는 축복이 아닐까 생각됩니다. 쉽게 말해 중간에서 수수료만 받아먹는 중 개인들을 건너뛸 수 있다는 점에서 일반적인 소매 금융 사용자에게는 너무 도 매력적인 혁신입니다. 특히 마음만 먹으면 개인이 직접 유동성 공급자가 되어 이자를 받는 구조를 만들 수도 있습니다. 스스로 은행의 역할을 할 수 있게끔 만드는 것이 디파이 혁신인 것이고, 이건 좀 더 우아한 표현을 사용 하면 기술 혁신을 통해 금융 효율성을 높이는 활동이라고 할 수 있습니다.

2. NFT와 디지털 자산 혁신

1) NFT(Non-Fungible Token)란?

NFT는 대체 불가능 토큰으로 이미지, 음악, 영상 등 디지털 파일에 고유한 식별값을 부여해 소유권을 증명하는 역할을 합니다. 2021년 이후 예술, 게임, 메타버스, 스포츠 등 다양한 영역에서 폭발적 관심을 받았고, 투자자도 NFT 시장을 통한 수익뿐 아니라 새롭고 창의적인 디지털 자산 문화를 경험할 수 있습니다. NFT는 미래 어느 시점에 구현될 메타 버스 시대에 기본 자산의 역할을 할 수 있다는 점에서 더 매력적으로 바라볼 수 있습니다. 실물 자산 토큰화 이슈 역시 NFT의 관점에서 다룰 수 있는 만큼, 여러모로 혁신성을 가지고 있는 부분입니다.

2) 창작자 경제(Creator Economy) 확대

NFT를 통해 아티스트와 창작자가 중개 기관 없이 자신의 작품을 판매하고, 2차 거래에서도 로열티를 받을 수 있게 됩니다. 투자자로서도 단순 매매가 아닌, 창작 생태계 지원자로서 의미를 찾을 수 있습니다.

3) 디지털 소유권·이력 추적

블록체인 위에 기록된 NFT 거래 이력은 투명하고, 위조·복제가 어렵습니다. 이건 예술, 명품 시장뿐 아니라, 부동산 등 실물 자산 토큰화까지 확장되는 추세입니다. 모르긴 몰라도 2025년을 기준으로 앞으로 5년 안팎의 시간을 거치게 되면 NFT와 실물 자산 토큰 RWA는 블록체인 혁신의 선두에 자리하고 있지 않을까, 개인적으로는 바라보고 있습니다. 장기적으로 디지털 소유권 혁신이 가져볼 사회적 파급 효과가 어느 정도가 될지 무척 궁금한 부분입니다.

3. WEB3, DAO, 메타버스 등 새로운 패러다임

1) WEB3

기존 플랫폼 중심의 WEB2에서 벗어나, 인터넷 사용자가 데이터와 플랫폼 소유권을 더 많이 가지는 탈중앙화 웹을 의미합니다. 암호화폐 토큰 경제를 통해 사용자에게 보상하고, 커뮤니티가 플랫폼 운영에 참여하는 구조가 대표적 예입니다. 특히 개인 정보의 통제권을 기존 웹2에서는 구글과 페이스북 등 빅테크 대기업들이 쥐락펴락했다면, 웹3에서는 탈중앙화 신원 인증을 통해서 내 정보를 내가 통제하는 시대가 강화될 것입니다. 정보의 주권을 원래 주인이 갖게 되는 정상화 과정이 펼쳐지게 될 것이라고 생각해 볼 수 있는 부분입니다.

2) DAO(Decentralized Autonomous Organization)

DAO는 규칙과 의사 결정이 스마트 컨트랙트로 실행되는 자율 조직을 의미합니다. 전통 기업과 달리 중앙집중적 리더가 아니라, 토큰 보유자가 제안하고, 투표를 통해 운영 방침을 결정합니다. DAO가 활성화되면, 사회·경제 조직 구조가 크게 달라질 수 있고, 투자자로서는 DAO 토큰을 보유해 의사 결정에 참여함으로써 새로운 형태의 거버넌스를 경험할 수 있습니다. 블록체인 시대가 완전히 정착될 미래 어느 시점에서는 진정한 민주주의가 꽃피울 수도 있지 않을까 생각되기도 합니다.

3) 메타버스

메타버스라는 표현이 처음 등장한 것은 1992년 닐 스티븐슨의 소설 '스노우 크래시'였습니다. 당시 가상 현실(VR) 기반의 디지털 세계를 묘사하면서 메타버스라는 용어가 처음으로 사용된 것입니다. 당시 소설 속에서 메타버스는 현실과 연결된 가상 공간으로서 디지털 경제, 사회적 상호작용 등이 존재했는데, 불과 30여년 만에 참 많은 부분이 현실화되고 있다는 걸 느낄 수 있습니다.

메타버스의 사전적 의미는 가상 현실(VR), 증강 현실(AR), 디지털 공간에서 사람들이 소통하고 거래하고 창작하는 환경입니다. 여기에 블록체인 기술이 결합해, 아바타, 아이템, 토지 등이 NFT로 거래되는 등 새로운 경제권이 생겨납니다. 게임, 교육, 문화 행사 등 다양한 분야가 이미 메타버스와 결합 중이고, 투자자들은 이 생태계가 장기적 가치를 지닌다고 믿으면 관련 프로젝트에 참여하여 개발 초기부터 성장 과실을 함께 누릴 수 있습니다. 물론 현실 세계를 완전히 복제하는 듀얼 리얼리티 수준의 메타버스 시대가 열리기까지는 꽤나 오랜 시간이 걸릴 것입니다. 하지만, 이미 메타버스 혁신의 관점은 경제 사회적으로 깊숙이 자리하고 있는 모습입니다. 물론, 듀얼 리얼리티를 구현하는 완벽한 수준의 메타버스 시대가 열리기 위해서는 모르긴 몰라도 앞으로 수십 년의 시간은 더 필요하지 않을까, 개인적으로는 바라보고 있습니다.

4. 사회·경제적 혁신에 대한 기대

1) 데이터 주권과 프라이버시

블록체인 기반 신원 인증(DID)이나 탈중앙화 SNS가 활성화되면, 개인이 자신의 데이터 주권을 더욱 강하게 지키면서도 보다 편리한 서비스를 이용할 수 있게 될 것입니다. 기존의 온라인 서비스들은 중앙화된 기업이나 기관이 사용자 데이터를 수집·관리하는 방식으로 운영됐지만, 블록체인 기술이 적용된 DID 시스템을 통해 개인이 자신의 신원 정보를 직접 통제할 수 있게 됩니다. 예를 들어, 금융 서비스나 의료 기록, 소셜미디어 로그인 등 다양한 온라인 플랫폼에서 중앙기관 없이도 안전하게 신원을 증명할 수 있고, 기업이 사용자의 정보를 무단으로 저장하거나 활용하는 문제도 방지할 수 있습니다.

탈중앙화 SNS 역시 기존의 소셜미디어 플랫폼과 근본적으로 다른 패러다임을 제시합니다. 현재의 SNS는 페이스북 등 소수의 대형 빅테크 기업들이 운영하고, 사용자의 데이터와 게시물을 독점적으로 통제하고 광고 수익을 극대화하는 구조를 가지고 있습니다. 하지만 탈중앙화 SNS에서는 사용자가 콘텐츠의 소유권을 가지고, 블록체인 기반 토큰 경제를 통해 보다 공정한 보상을 받을 수 있는 환경이 조성될 가능성이 높습니다. 예를 들어, 사용자가 올린 콘텐츠가 광고 수익을 창출할 경우, 기존 중앙 플랫폼이 대부분을 가져가는 대신, 콘텐츠 제작자가 직접 수익을 배분받을 수 있는 구조가 될 수 있습니다.

투자자로서 이런 프로젝트에 자금을 지원하고, 생태계의 적극적인 참여자가 됨으로써 데이터 독점이 없는 사회를 만드는 데 기여할 수 있습니다. 단순한 금전적 이익을 넘어, 기술 발전과 사회적 가치를 동시에 추구하는 투자 철학을 실천하는 기회가 될 수 있는 것입니다. 궁극적으로, DID와 탈중앙화 SNS는 사용자의 자율성을 극대화하는 한편, 정보의 투명성과 보안성을 높이는 역할을 하게 되며, 이러한 변화 속에서 투자자는 단순한 수익 창출을 넘어 보다 공정하고 개방적인 디지털 생태계 구축에 일조할 수 있습니다.

2) 정부·공공 서비스 혁신

최근 들어 글로벌하게 정부와 공공 서비스 부문에서 블록체인 기술을 활용하려는 움직임이 점점 더 활발해지고 있습니다. 특히 선거 시스템, 행정 업무 처리, 공공 데이터 관리 등 다양한 분야에서 블록체인의 투명성, 보안성, 효율성을 높일 수 있는 가능성이 연구되고 있습니다. 전통적인 행정 시스템은 중앙 기관에서 데이터를 관리하고 승인하는 방식으로 운영되기 때문에, 부패, 조작, 운영 비효율성 등의 문제가 발생할 수 있지만, 블록체인을 활용하면 데이터의 무결성을 보장하면서도 중간 과정에서 발생하는 불필요한 절차를 줄일 수 있습니다.

예를 들어, 블록체인을 활용한 전자 투표 시스템이 개발되면, 유권자들이 자신의 투표가 조작되지 않고 안전하게 기록되었는지를 직접 확인할 수 있는 구조가 마련될 수 있습니다. 전통적인 전자 투표 시스템은 중앙 서버에서 데이터를 관리하기 때문에 해킹 위험이 존재하지만, 블록체인을 활용하면 각 투표 데이터가 분산 원장에 기록되면서 위·변조가 불가능해지고,

선거의 공정성과 신뢰도가 더욱 높아질 수 있습니다. 이런 기술이 실현된다면, 국가 단위의 대선뿐만 아니라 지방 선거, 기업 주주 총회, 공공 정책 결정 과정에서도 보다 투명하고 효율적인 투표 방식이 정착될 수 있습니다.

또한, 정부 행정 서비스에서도 블록체인이 도입될 경우, 서류 위·변조 방지, 신속한 행정 절차, 개인 정보 보호 강화 등의 효과를 기대할 수 있습니다. 예를 들어, 토지 소유권 관리 시스템에 블록체인을 적용하면, 소유권 정보가 조작될 위험 없이 안전하게 기록되며, 등기 절차도 간소화될 수 있습니다. 마찬가지로, 의료 기록 관리 시스템에서도 환자의 진료 이력을 블록체인에 저장하면, 병원 간 데이터 공유가 원활해지고 환자가 자신의 의료 정보를 보다 안전하게 관리할 수 있게 됩니다.

암호화폐 투자자들은 이러한 흐름 속에서 블록체인 기술이 사회 혁신에 미칠 영향을 고민하면서, 공공 부문과 민간 투자가 연결되는 접점을 탐색할 수 있습니다. 단순히 개인적인 투자 수익을 넘어서, 정부와 기업들이 블록체인을 어떻게 활용할지에 주목하고, 이를 바탕으로 장기적인 성장 가능성을 가진 프로젝트에 선제적으로 투자하는 전략을 세울 수도 있습니다. 궁극적으로, 블록체인이 공공서비스 혁신에 기여할 수 있는 가능성이 커질수록, 이 기술이 금융을 넘어 보다 다양한 분야에서 활용될 수 있는 길이 열릴 수 있고 암호화폐와 디지털 자산의 실질적 가치도 더욱 강화될 것입니다.

3) 금융·거래 비용 절감

블록체인이 금융 거래 비용 절감에 미치는 영향은 매우 큽니다. 앞서도 짚어봤지만 미국 월가 금융 대기업들이 블록체인에 관심을 갖는 본질적인 이유 중 하나가 바로 블록체인 디파이 혁신입니다. 해외 송금, 크로스보더 결제(국경 간 결제), 글로벌 무역 금융 등 기존 금융 시스템에서 발생하는 복잡한 절차와 높은 비용을 혁신할 수 있는 잠재력을 가지고 있습니다. 기존의 국제 금융 시스템은 은행과 결제 네트워크, 금융 규제 기관 등 여러 중개 기관을 거쳐야 하기 때문에 송금 결제 프로세스가 느리고, 각 단계마다 추가적인 수수료가 부과되는 구조를 가지고 있습니다. 그래서 무척 느리고 매우 비쌉니다. 하지만, 블록체인이 도입되면, 탈중앙화된 네트워크를 통해 거래를 실시간으로 기록하고 검증할 수 있어, 중개 과정을 생략하고 비용을 획기적으로 절감할 수 있습니다.

예를 들어, 기존 해외 송금은 SWIFT(국제은행간통신협회) 네트워크를 통해 진행되는데, 국가별 은행 시스템 간 호환성 부족, 환율 변동, 금융 규제 등의 문제로 인해 빠르면 2~3일에서 길게는 일주일까지 소요되는 경우가 많습니다. 하지만 리플과 스텔라루멘 등 블록체인 기반 송금 네트워크를 활용하면, 몇 초~몇 분 안에 거의 공짜 수준으로 국제 송금을 할 수 있습니다. 이러한 기술은 현재 빠르게 확신되고 있고, 우리 일상의 금융 혁신에 빠른 속도로 들어오고 있습니다.

뿐만 아니라, 크로스보더 결제에서도 블록체인은 중요한 역할을 할 수 있습니다. 글로벌 전자상거래 및 무역 환경에서는 국가 간 자금 이동이 필수적이지만, 결제 네트워크의 복잡성과 금융 기관들의 중개 수수료가 높은 장벽이 돼왔습니다. 하지만 블록체인 기술이 적용되면 스마트 컨트랙트(Smart Contract)를 통해 실시간으로 거래가 검증되고 자동 실행될 수 있어, 불필요한 행정 절차와 비용을 줄일 수 있습니다. 예를 들어, 한 기업이 해외 거래처와 대금을 정산할 때, 기존 은행 시스템에서는 송금, 환전, 확인 절차 등을 거쳐야 하지만, 블록체인 기반 네트워크를 활용하면 수수료 부담이 낮아지고, 거래의 투명성이 높아져 무역 금융의 신뢰도를 향상시킬 수 있습니다.

이러한 금융 혁신이 현실화되면서, 각국 중앙은행들도 CBDC(중앙은행 디지털화폐, Central Bank Digital Currency) 도입을 검토하거나 시범 운영을 진행하고 있습니다. CBDC는 기존 법정 화폐의 디지털 버전으로, 블록체인을 활용해 중앙은행이 직접 발행하고 관리할 수 있는 화폐 시스템입니다. CBDC가 본격적으로 도입되면, 국가 간 결제의 효율성이 높아지고 금융 인프라가 더욱 발전할 것으로 기대됩니다. 물론 중국처럼 CBDC를 활용해 금융 혁신을 구축하려는 곳도 미국처럼 스테이블 코인을 활용해 금융 혁신을 일구려는 곳도 있어서 지역별 국가별로 차이점이 있습니다.

이처럼 금융 및 거래 비용 절감을 위한 블록체인 기술의 발전은 투자자들에게도 새로운 기회를 제공합니다. 결제 솔루션, 크로스보더 금융, CBDC 인프라 구축 등과 관련된 프로젝트에 선제적으로 투자한다면, 장기적으로 이 기술 혁신의 혜택을 누릴 수 있는 가능성이 커집니다. 암호화폐 시장이 단순한 투기적 자산에서 벗어나, 실질적인 금융 혁신의 기반이 되어가고 있는 흐름을 고려할 때, 이러한 프로젝트들은 장기적으로 높은 가치를 지닐 것으로 전망됩니다. 따라서 투자자는 단기적인 가격 변동성보다는, 금융 인프라 변화의 장기적 흐름을 이해하고 관련 프로젝트의 기술적·경제적 실효성을 면밀히 검토하는 전략을 취하는 것이 중요하다고 생각합니다.

정리: 투자를 넘어 '삶의 가치'로 나아가기

암호화폐 시장이 본격적으로 성장한 지 얼마 되지 않았지만, 이미 여러 혁신적 시도가 나타나고 있습니다. 탈중앙화 금융, NFT, WEB3, 메타버스 등은 단순히 가격이 오르고 내리는 자산이 아니라, 새로운 패러다임을 형성하고 있습니다.

크립토 디톡스가 제안하는 '지속 가능한 투자자'란, 결국 이런 흐름을 단기적 투기의 장이 아닌, 장기적 혁신 생태계 참여의 관점에서 바라보는 사람이라 할 수 있습니다. 재정적 자유도 물론 중요한 목표지만, 그걸 넘어 '내가 이 시장에 왜 참여하는가?', '이 기술이 사회와 미래에 어떤 변화를 가져올 수 있는가?'를 고민하면, 투자 과정에서 더 큰 의미와 만족을 찾을 수 있습니다.

암호화폐 투자를 통해 어느 정도 경제적 안정을 얻었다면, 이제는 사회적 가치, 예술·문화, 혁신 생태계 기여 등 다양한 영역에 눈을 돌려볼 수 있습니다. 본인이 가진 지식과 자원을 활용해, 블록체인·암호화폐 기술 발전을 지원하거나, 새로운 창작자·프로젝트에 투자함으로써 더 큰 의미를 발견하는 길이 열립니다.

투자자로서 탈중앙화 금융(DeFi), NFT, WEB3, DAO, 메타버스 등 현재 진행형의 혁신이 앞으로 어떤 사회 변화를 주시하고 연구하다 보면, 단순 시세 차익 이상의 인사이트와 기회를 얻게 됩니다. 동시에, 암호화폐 투자에 대한 책임감과 방향성을 갖추게 되어, 도박적 심리에 빠지지 않고 더 안정적이고 지속 가능한 자세를 유지하게 됩니다.

암호화폐 투자를 통해 재정적 자유도 중요하지만, 그 너머에 있는 '더 큰 삶의 의미'를 모색할 때, 암호화폐 투자에 대한 시각이 한 단계 깊어지고, 오랫동안 시장과 함께 성장할 수 있는 기반이 마련될 수 있을 것이라고 생각합니다.

에필로그

암호화폐 시장에 처음 발을 들인 순간을 돌아보면, 누구나 한 번쯤은 '이건 진짜 기회다'라고 느꼈던 기억이 있을 것입니다. 밤낮 없이 시세를 쫓고, 단타로 수익을 노리다가 급락을 맞고, 때로는 정보의 홍수 속에서 허우적거린 경험도 분명 있을 것입니다. 그 과정에서 소소한 이익을 보기도 했지만, 커다란 손실이나 감정적 매매로 인한 스트레스에 시달리며, "이게 정말 올바른 투자 방식인가?"라는 의문에 현타를 느껴을지도 모릅니다.

크립토 디톡스(Crypto Detox) 개념은 바로 그런 의문들에서 출발했습니다. 비트코인 이더리움 리플 등의 암호화폐가 보여준 혁신과 성장 가능성은 분명 대단하지만, 그 이면에 도박적 심리와 투기적 함정이 짙게 깔려 있어 많은 투자자가 힘든 시간을 보내곤 합니다. 그렇다고 그 잠재력을 통째로 포기하기엔 아쉬움이 너무 크다는 것이 문제입니다.

크립토 디톡스가 궁극적으로 지향하는 지점은 여러 차례 강조했듯이 '코인 투자를 하지 말자'가 아닙니다. 오히려 좀더 건강하고 장기적인 마인드로 시장에 접근해, 대형 변동성에도 흔들리지 않는 심리와 투자의 원칙을 확립함으로써, 지속 가능한 투자자로 거듭나는 것이 목표입니다.

이 책에서 다뤄온 투기 열풍과 심리적 중독, 계좌와 자산 관리, 시장 변동성 대응법, 규제 보안 이슈, 그리고 장기 투자 습관과 학습 방식은 결국 한 방향을 향합니다. 암호화폐 투자에 대한 책임감 있고 합리적인 태도를 구축하는 것입니다.

그 과정에서 자연스럽게 정신적 심리적 안정, 그리고 재정적 성과를 함께 추구할 수 있습니다. 중독적 매매 습관에 빠져 들쑥날쑥한 수익을 오가거나, 레버리지로 극단적 베팅을 일삼다 패닉에 빠지는 대신, 체계적으로 매매 전 체크 리스트를 쓰고, 목표 수익, 손절 라인을 설정하고 지키며, 장기 투자를 위한 주기적 점검을 실천할 때, 비로소 우리는 코인 시장에서도 온전한 '투자자'로 자리잡게 됩니다.

이 책이 제안하는 크립토 디톡스의 구체적 실천들이 독자 여러분에게 완벽한 투자 성공을 당연히 보장해 주진 못할 것입니다. 암호화폐 시장은 예측 불가능하고, 기술·규제·거시경제 변수 등이 끊임없이 변동하기 때문입니다. 하지만 디톡스 원칙을 충실히 지키려고 노력한다면, 최소한 무모한 투기나 한탕주의 심리, 과도한 공포와 욕심에 휘둘리는 위험은 크게 줄일 수 있을 것이라고 생각합니다.

그리고 무엇보다, 건강한 정신과 투자 철학을 갖춘 사람만이, 장기적으로 암호화폐 시장이 주는 혁신적 가능성과 재정적 기회를 함께 잡을 수 있습니다. 단기 시세에 휩쓸려 하루에도 몇 번씩 멘탈이 흔들리고, 어리석은 결정을 반복하는 상태에서는 코인 시장이 열어줄 블록체인 기반의 새로운 경제 질서, 웹3 생태계, 디파이·NFT·메타버스 융합 등 더 큰 미래에 효과적으로 참여하기 어려울 것입니다.

이제, 이 책의 마지막 페이지를 넘기는 순간, 또 다른 성장의 여정이 될 수 있으면 좋겠습니다. 중독적 투자 방식에서 완전히 벗어나 장기적이고 책임 있는 투자를 실천하는 '크립토 디톡스'의 길을 걸어가며, 독자 여러분이 발견하게 될 것은 단순한 수익 이상의 삶의 가치일지도 모릅니다.

시세의 파도 속에서도 흔들리지 않고, 기술 혁신과 미래 비전에 눈뜨며, 꾸준히 자산과 지식을 쌓아가는 투자자로서 여러분이 이 여정에서 스스로의 원칙을 더욱 공고히 다지고, 의미 있는 결과를 얻길 바라며, 크립토 디톡스라는 항해를 함께 마무리하고자 합니다.

"결국, 코인은 도구일 뿐 인생의 목표는 따로 있다."

이 책이 그 여정에서 든든한 나침반이 되어 주길 바라며, 모든 독자분들의 안전하고 건전한 투자와 풍요로운 미래를 기원합니다. 크립토 디톡스를 통해 여러분들의 투자가 성공적으로 이어질 수 있기를 기원하겠습니다. 함께해 주셔서 고맙습니다. 지금까지 크립토 노마드였습니다.

크립토 디톡스

ⓒ크립토 노마드

초판 1쇄 인쇄 | 2025년 4월 25일

지은이	크립토 노마드
편집인	김진호
디자인	주서윤
마케팅	네버기브업

펴낸곳	네버기브업
ISBN	979-11-94600-19-0(03320)

이메일	nevernevergiveup2024@gmail.com